COMMUNITY CODE
커뮤니티 코드

COMMUNITY CODE

김 원 호

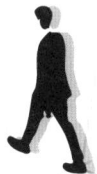

How to Build an OS for Your Community
: 커뮤니티를 만드는 방법

추천사

이 책은 뜬구름 잡는 이야기가 아닌, 진짜로 커뮤니티를 만드는 데 필요한 실용적인 구조와 원리를 알려준다. 읽다 보면 나도 모르게 '아, 이래서 안 됐었구나' 하고 고개 끄덕이고 있는 내 모습이 보여서 웃프기도 했다. 원호님과 함께 일하면서 늘 느꼈던 건, 이 분은 '사람을 연결하는 방식'을 정말 잘 안다는 거였다. <커뮤니티 코드>는 그것을 아는 저자의 진짜 노하우가 담겨 있다.

단순히 사람을 모으는 게 아니라, 오래 가는 관계를 어떻게 설계할 수 있는지를 풀어낸 책이라, 커뮤니티를 준비한다면 꼭 읽어보는 걸 추천!

- **김연수**(@melody.travel), 전 여행에미치다
/ 전 마이리얼트립 커뮤니티 매니저

가장 가까이에서 고군분투를 지켜봤습니다. 국내에는 참고할 자료 부족했던 시기, 우리는 커뮤니티에 대한 답을 찾아 헤맸습니다. 운영을 총괄하며 아무도 가지 않는 길 위에서, '사람들이 자발적으로 모이고 열광하는 이유'가 무엇인지 파헤치는 그의 모습은 단순한 업무를 넘어선 처절한 탐구에 가까웠습니다.

이 책, <커뮤니티 코드>는 바로 그 치열했던 시간의 증거입니다. 성공의 화려함보다는, 무너지고 다시 일어서기를 반복하며 쌓아 올린 단단한 '설계도'에 가깝습니다.

창업 초기의 저에게 시간을 되돌려 이 책 한 권을 건넬 수만 있다면, 밤을 새웠던 수많은 밤을 덜어줄 수 있을 텐데 하는 아쉬움이 진하게 남습니다. 이제 막 당신의 이름으로 무언가를 시작하려 하거나, 성장의 벽 앞에서 외로움을 느끼고 있다면, 이 책은 가장 믿음직한 지도이자 동료가 되어줄 것이라 확신합니다.

- **조병관**(@_kwai), (주)스토리시티 공동대표
/ 여행에미치다 Co-Founder

'많이 모이면 커뮤니티가 만들어질까?' 많은 사람들이 단순하게도 그렇게 믿지만, <커뮤니티 코드>는 이 통념을 정면으로 뒤집는다.

이 책은 커뮤니티를 단지 '사람을 모으는 일'이 아닌 '지속가능한 관계의 구조를 설계하는 일'로 바라본다. 단순한 인원 모집이 아니라 지속 가능한 관계망을 설계하는 관점은 커뮤니티의 본질을 정확히 짚어냈다. 그리고 차분히 페이지를 넘기며 통찰과 사례들을 따라가다 보면, 어느새 "아, 그래서 그때는 안 되었구나" 하고 고개를 끄덕이게 될 것이다.

실제로 책 속에서 나오는 조언들을 하나둘 적용해 나간다면 '유대감'과 '소속감'으로 자생할 수 있는 더 단단한 커뮤니티가 만들어지는 모습을 발견하게 될 것이다.

- **위승준**(@nickwi), 전 GFFG CCO / SMCC Co-Founder

요즘은 '커뮤니티의 시대'라는 말이 나올 정도로, 브랜드와 창작자, 개인 모두가 저마다의 커뮤니티를 만들고 운영해나가고 있습니다. 누구나 쉽게 모임을 만들 수 있는 시대지만, '어떻게 시작할 것인가'보다 '어떻게 지속 가능하게 만들 것인가'가 훨씬 더 어려운 고민으로 남습니다. 커뮤니티가 단지 일시적인 관심으로만 끝나지 않고, 구성원들과의 깊은 연결 속에서 오랫동안 생명력을 유지하려면 어떻게 해야 할까요?

<커뮤니티 코드>는 이런 질문에 답하기 위해 오랜 시간 우리 사회 속 다양한 커뮤니티를 관찰하고 직접 경험해온 저자의 인사이트를 담아낸 책입니다. 단순히 성공적인 사례만 나열하거나 감각에 기대지 않습니다. 저자는 '좋은 커뮤니티에는 작동 원리가 있다'는 신념 아래, 마치 하나의 사회 실험처럼 커뮤니티를 설계하고 운영하며 발견한 원칙과 구조를 소개합니다.

감에 의존해 끌고 가는 운영 방식이 아닌, 커뮤니티가 자생력을 갖도록 만드는 장치들을 어떻게 기획할 것인지에 대해 구체적으로 안내합니다. 커뮤니티 운영자뿐 아니라 기획자, 브랜드 매니저, 공간 운영자, 나아가 '함께 의미 있는 것을 만들고 싶은 사람'이라면 누

구에게나 깊은 통찰을 줄 수 있는 책입니다.

지속 가능하고, 구성원 스스로가 주체가 되는 커뮤니티를 만들고 싶은 모든 사람에게 <커뮤니티 코드>를 추천합니다. 감으로만 운영하던 커뮤니티가 아닌, 설계된 코드로 오래 살아남는 커뮤니티를 만드는 첫걸음이 되어줄 것입니다.

- **박진우**(@zele._.park), (주)성수교과서 대표 / SMCC Co-Founder

론 존스(Ron Jones)의 회고록
통제할 수 없었던 5일간의 여정

  1967년 봄, 캘리포니아에 위치한 어느 고등학교의 평범한 교실. 나는 이곳의 학생들이 역사에 길이 남을 특별한 경험을 하게 될 줄은 상상조차 하지 못 했다. 5년 차 역사 교사로서 그해 봄학기, 세계사 수업을 통해 2차 세계대전과 홀로코스트에 관해 깊이 다루고 있던 때였다.

  역사를 단순히 외워야 할 과거가 아닌, 인간 사회를 비추는 거울로 가르치려 애썼고, 특히 홀로코스트의 참혹함을 사진과 영상으로 생생히 전달하려 노력했다. 하지만 나치의 유대인 학살, 강제수용소의 끔찍한 실상 같은 역사적 사실들을 이야기하면서도, 학생들의 눈빛에선 깊은 공감이나 이해 대신 혼란과 불신만이 느껴질 뿐이었다.

  4월의 어느 화요일 오후, 홀로코스트 관련 마지막 수업 시간이었다. 평소 말이 적고 생각이 깊던 로버트가 조용히 손을 들었다. 좀처럼 질문하지 않는 그였다. "선생님, 독일 사람들은 어떻게 다들 그런 일이 일어나는 걸 알면서도 아무것도 하지 않았을까요? 평범한 시민들이 어떻게 그런 끔찍한 일들을 그냥 지켜볼 수 있었을까요? 저라면… 도저히 못 그랬을 것 같은데요."

그 질문과 함께 교실에 무거운 침묵이 흘렀다. 인간 본성의 가장 깊은 곳을 찌르는 물음이었다. 솔직히 말해, 나도 그 질문에 대한 명확한 답은 몰랐다. 수십 년간 역사학자들과 심리학자들이 파고든 난제였다. 독일인들이 특별히 잔인해서가 아니라, 그들도 우리와 똑같은 평범한 사람들이었다는 사실에 나는 늘 의문을 갖고 있었다.

다른 학생들도 이제 호기심과 진지함이 뒤섞인 눈빛으로 나를 주시했다. 교과서의 대공황, 패전의 굴욕감, 히틀러의 카리스마 같은 설명만으로는 이 깊은 질문에 충분히 답할 수 없음을 다시 느꼈다. 그때 학급의 모범생 에이미가 힘주어 말했다. "선생님, 저희는 절대로 그런 일이 일어나도록 방관하지 않았을 거예요." 다른 학생들도 고개를 끄덕이며 동조했다.

바로 그때, 내 머릿속에 강렬한 아이디어가 섬광처럼 스쳐 지나갔다. 모두가 자기라면 분명 다르게 행동하리라 굳게 믿고 있었다. 하지만 과연 그럴까? 인간의 본성은 어떤 상황에서도 변치 않는 견고한 것일까, 아니면 주어진 환경에 따라 쉽게 흔들리고 변질될 수 있는 것일까? 학생들에게 머리로만 아는 것이 아닌, 몸소 체험하며 깨닫게 해줄 무엇인가가 절실했다.

"좋아. 그럼 다음 주부터 아주 특별한 수업을 해보자."

그 말을 내뱉는 순간까지 나조차도, 이 '특별한 수업'이 구체적으로 무엇이 될지 정확히 알지 못했다. 하지만 이 충동적인 결정은 훗날 '파도 실험', 또는 '제3의 물결'이라 불리게 될 전대미문의 사회 실험을 이끈 서막이 되었다.

그날 나는 밤 늦도록 체험 위주의 수업을 구상했다. 단순한 역할극 수준을 넘어, 학생들이 실제로 그 상황 속에 던져진 것처럼 생생하게 느끼게 하고 싶었다. 스탠리 밀그램(Stanley Milgram)과 한나 아렌트(Hannah Arendt)의 저작들을 뒤적이며 권위, 복종, 집단 심리 이론, 특히 '악의 평범성' 개념을 되새겼다. 특별히 사악한 괴물이 아닌 우리 주변의 평범한 사람들에 의해, 지극히 끔찍한 행위조차 아무렇지 않게 자행될 수 있다는 그 섬뜩한 생각. '과연 내 학생들은 이 상황에 어떻게 반응할까?' 나는 이런 고민과 깊은 생각에 잠긴 채 비로소 잠자리에 들었다.

1967년 4월 3일, 월요일
실험 첫날: 규율의 시작

    실험 첫날 아침, 학교로 향하는 발걸음이 무거웠다. 실험의 교육적 의미와 영향에 대한 확신이 흔들렸다. 하지만 교실 문을 열고 들어서는 순간, 주저하던 마음은 사라졌다. 나는 이제 단순한 역사 교사가 아닌, 이 거대한 프로젝트를 이끄는 리더가 되기로 결심했다.

    교실에 들어서자 평소와 같은 학생들의 인사가 들려왔다. 나는 이전과 완전히 다른, 단호하고 권위적인 목소리로 "자리에 앉아라"라고 말했다. 학생들의 얼굴에 당혹감과 놀라움이 스쳤다.

    이어서 "오늘부터 완전히 새로운 방식으로 수업한다. 단순한 역사 수업이 아닌, 너희들 자신이 직접 경험하고 배우는 생생한 시간이 될 것이다."라고 선언했다. 학생들은 어색해하며 웃었지만, 나는 즉시 첫 번째 규칙인 '자세 바로 하기'를 지시했다. 천천히 교실을 돌며 자세를 확인했고, 평소 구부정하던 스티브조차 군인처럼 긴장한 표정으로 허리를 폈다. 이어 발언 규칙(일어서서 '선생님'을 외칠 것, 세 문장 이내로 말할 것)과 교실 밖 경의 표하기 규칙을 제시하자 학생들의 눈빛이 달라졌다. 이것이 단순한 장난이 아님을 깨닫기 시작한 것이다.

　나는 교탁으로 돌아가 칠판에 '힘은 규율에서 나온다'라는 문구를 썼다. 이것이 우리의 모토임을 알리고 다 함께 읽게 했다. 처음엔 작았던 목소리가 "다시! 더 크게!"라는 나의 외침 후엔 훨씬 크고 단호하게 교실을 채웠다.

　규율의 의미를 묻자 에이미가 일어서 "선생님! 규칙을 따르는 것입니다."라고 답했다. 나는 규율이 단순히 규칙 준수를 넘어 '집단의 힘'임을 강조했다. 개인이 집단의 목표를 위해 움직일 때 상상 이상의 힘이 나온다고 설명하며 스파르타, 로마 군단 등 역사적 사례를 들었다.

　수업이 진행될수록 놀라운 변화가 일어났다. 학생들은 새로운 규칙에 빠르게 적응하고 이를 자연스레 따랐으며, 산만하던 학생들조차 집중했다. 가장 충격적인 것은 수업 효율성이었는데, 평소 45분이 소요되던 내용을 30분 만에 마쳤다. 발언은 핵심적이었고, 불필요한 행동은 사라졌다.

　나는 수업 말미에 이 규칙들이 수업을 얼마나 변화시켰는지 물으며 "이것이야말로 규율의 힘"이라고 강조했다. 학생들의 얼굴에는 피곤함 대신 묘한 자부심과 성취감이 드러났다. 평소 소극적이던 학생들까지 적극적으로 변해 있었다.

종이 울리기 전, 나는 책상 정렬과 교실 청소를 지시했다. 종이 울린 후에도 누구 하나 서둘러 나가지 않았다. 학생들은 약속이라도 한 듯 차분히 책상과 자리를 정돈했다. 평소 같았으면 이미 달려 나갔을 아이들이었다. 마지막 학생에게 "내일은 오늘보다 훨씬 더 많은 것을 배우게 될 것"이라 강조했다.

모두가 떠난 후, 교실은 믿을 수 없을 만큼 정돈되어 있었다. 단 하루 만의 충격적인 변화. 그날 저녁, 다음 단계를 구상하며 불안감이 엄습했다. 학생들의 빠르고 완벽한 순응은 효과적이면서도 두려웠다. 권위와 규칙에 너무 쉽게 따르는 이 모습이 의미하는 것은 무엇일까? 실험이 어디까지 갈지 알 수 없었다. 이 파도가 예상보다 훨씬 빠르게, 멀리 퍼져나가리라는 것 또한 그때는 알지 못했다.

1967년 4월 4일, 화요일

실험 둘째 날: 우리는 하나, '제3의 물결' 커뮤니티의 탄생

다음 날 아침, 나는 일찍부터 학교에 도착해 교실을 정돈하고 모토 포스터를 붙였다. 회원증으로 쓸 파도 엽서도 준비했다. 학생들이 들어섰을 때, 그들의 표정은 이미 달라져 있었다. 어제와 달리 기대감과 진지함이 가득했고, 누가 시키지 않아도 자세를 바로 하고 책상을 정돈했다.

나는 "어제 규율에 이어 오늘은 커뮤니티를 배울 것"이라며, 우리가 단순한 학급이 아닌 '제3의 물결'이라는 하나의 움직임임을 선언했다. 학생들의 눈빛이 반짝였다. 제1, 2의 물결에 이은 새로운 시대의 시작을 알리는 이름이라 설명하며 강력한 힘을 상징한다고 강조했다.

운동의 상징으로 칠판에 파도 모양을 그린 나는 "이것이 우리의 '경례'다"라고 말했다. 곧이어 오른손으로 파도 모양을 만들어 보이자 학생들은 즉시 따라 했다. 어색함 속에서도 대부분 진지했다. "선생님! 이 경례는 무엇을 의미합니까?" 로버트의 물음에, 나는

"우리가 함께 만들어내는 '변화의 물결', 즉 '집단의 힘'을 상징한다."라고 답했다. 이어서, 개별 물방울이 모여 거대한 파도가 되듯, 우리가 뭉칠 때 누구도 막을 수 없는 힘이 된다는 설명을 덧붙였다.

미리 준비한 공식 '회원증'을 나눠주며 상시 소지할 것을 지시했다. 자신의 이름이 적힌 카드를 받자 학생들의 눈빛이 달라졌다. 단순한 종이 조각이 아닌, '어딘가에 속하게 되었다'는 강력한 소속감과 정체성의 상징이었다. 특히 소외되었던 학생들의 눈빛이 반짝이는 것을 보고 복잡한 감정을 느꼈다. 그들에게 이 운동은 자신을 드러낼 기회처럼 보였다. "이제부터 우리는 '함께' 움직이고 생각하는 '하나'의 강력한 커뮤니티다"라고 힘주어 말했다.

이날 수업은 더욱 집중도가 높았다. 놀랍게도 학생들은 자신도 모르게 '나는 생각합니다' 대신 '제3의 물결 회원으로서, 우리는 생각합니다…'라고 말하기 시작했다. 나는 이를 격려했다. 쉬는 시간, 학생들은 하나의 그룹으로 뭉쳐 서로 파도 경례를 했다. 다른 반 학생들이 호기심 어린 눈으로 우리를 바라보았다.

쉬는 시간과 점심시간, 학생들은 함께 뭉쳐 파도 경례와 회원증으로 자신들을 드러냈다. 이는 다른 반 학생들의 호기심을 자극했고, 심지어 그들도 참여 의사를 표하는 예상치 못한 상황까지 벌어졌다. 실험의 파급력을 확인하고 싶어 규칙 준수를 조건으로 합류를 허락하자 제3의 물결의 규모는 순식간에 커졌다.

오후 수업에선 커뮤니티 의식을 다지며 제3의 물결 세 가지 핵심 가치-규율, 커뮤니티, 행동-를 제시했다. 이 세 가치의 의미를 설명하고 외우게 한 후, 일상에서의 실천 방안을 발표하게 했다. 학생들의 진지한 답변과 구체적인 실천 의지는 놀라운 수준이었다. 수업 말미, 제3의 물결 슬로건/포스터 만들기 과제를 내주자 학생들이 열광했다. 그리고 나는 마지막으로 중요한 규칙을 추가했다. "제3의 물결 회원으로서 서로를 감시하고 도와야 하며, 규칙을 어기면 즉시 나에게 보고해야 한다."

규칙 발표 후 교실에 싸늘한 정적이 흘렀지만, 이내 학생들은 망설임 없이 받아들였다. 에이미는 "제3의 물결이 지닌 순수함과 힘을 지키는 것은 우리 모두의 책임"이라며 강렬한 충성심을 보였다. 수업 후, 몇몇 학생들이 자발적으로 남아 교실 청소를 했다. 커뮤니티를 위한 봉사였다. 그들의 헌신에 경외감을 느꼈지만, 동시에 불안감이 치밀었다. 실험이 통제 범위를 벗어나고 있었다. 그날 밤, 나는 충격적인 관찰들을 기록했다.

1967년 4월 5일, 수요일
실험 셋째 날: 물결의 확산

　세 번째 날 아침, 봄비 소리와 함께 일찍 학교에 도착했다. 어제의 놀라운 열정과 우려가 뒤섞인 채 수업을 준비했다. 교실 앞에서 20명가량의 낯선 학생들이 '제3의 물결에 가입하고 싶다'며 기다리고 있었다. 문을 열자, 우리 반 학생들은 수업 시작 15분 전인데도 이미 완벽한 자세로 앉아 있었다. 자로 잰 듯 정렬된 책상 위엔 포스터와 슬로건이 가지런히 놓여 있었다. 학생들이 일제히 일어나 우렁찬 목소리로 인사했다. 순간 말을 잇지 못했다.

　나는 간신히 자리에 앉으라고 말한 뒤 새로운 회원들을 맞이하며 운동의 확장을 알렸다. 학생들은 자부심에 도취해 있었다. 새로운 학생들에게 회원증을 나눠주고 보니, 인원은 50명 가까이 불어나 있었다. 어제의 숙제를 통해 완성된 포스터와 슬로건은 단순한 결과물이 아닌, 열정과 창의력이 넘치는 '운동의 정신' 그 자체였다. 밤샘 작업을 한 듯한 높은 완성도의 작품도 있었는데, 그중 스티브는 거대한 해일 그림을 그려왔으며, 에이미는 제3의 물결 회원 식별과 단결을 위한 파란색 '완장' 수십 개를 직접 만들어 가져왔다.

나치 완장을 연상시키는 상징물에 잠시 망설였지만, 이것이야말로 권위주의 상징에 동화되는 과정을 보여줄 기회였다. 훌륭하다는 나의 칭찬에 모두 완장을 받길 원했고, 에이미는 추가 제작을 제안하며 회원들의 환호를 받았다.

수업은 세 번째 가치인 '행동'에 집중됐다. 운동을 교실 밖, 학교 전체로 확장해야 한다고 강조하며, 최소 3명 이상의 새로운 학생을 모집해오라는 임무를 부여했다. 또한, '강제가 아닌 모범으로 이끌라'는 지침을 덧붙였다. 수업 말미, 나는 피라미드형 조직도를 그리고 초기 멤버들을 '내부 서클'로 지정하며 감시 및 지도 임무를 부여했다. 모두 계층 구조를 자연스레 받아들였고, 내부 서클 멤버들은 자부심을 보였다.

수업 후, 복도에서 학생들이 열정적으로 파도 경례를 가르치고 회원 신청서를 나눠주는 광경을 목격했다. 점심시간에는 농구부 선수들까지 파도 경례를 사용하는 것을 보고 충격받았다. 제3의 물결은 이미 교실 밖 다른 서클과 스포츠 팀으로 빠르게 확산되고 있었다.

교무실에서 동료 교사들의 의아하고 걱정스러운 시선을 받았다. 그들은 완장을 차고 이상한 경례를 하는 학생들에 대해 물었다. 교육적 실험이라 설명했지만, 실험이 통제 범위를 벗어나고 있다는 불안감이 커졌다. 오후 수업 전, 교장 선생님이 찾아와 '제3의 물결' 확산에 대한 우려를 표했다. 교육적 실험임을 또다시 설명했으나, 그는 학생들의 민감성을 경고하며 통제 불능 상황에 이르는 것을 주의하라고 당부했다. 교장의 경고는 불안감을 증폭시켰다. 이 실험을 언제, 어디까지 계속해야 할지 고민됐지만, 나는 동시에 이것이 학생들에게 강력하고도 실질적인 교훈을 줄 기회임을 알았다.

오후 수업에는 거의 70명의 학생이 참여해 교실이 가득 찼지만 누구도 불평하지 않았다. 나는 칠판에 제3의 물결 공식 모토, 신조, 목표에 해당하는 규율, 커뮤니티, 행동을 쓰고 함께 낭독했다. 하나 된 목소리는 등골이 오싹한, 기이한 에너지를 만들었다. 마치 집단적인 맹세 같았다.

수업 후, 내부 서클 학생들이 자발적 모임을 제안했고, 오후 4시경 교실에는 100명에 가까운 학생이 모였다. 모르는 얼굴이 상당수였다. 이것은 더 이상 교실 내 실험이 아닌 거대한 운동, 사회적 현상이었다. 놀랍게도 학생들은 '파도의 힘으로!' 같은 암호 인사말이나 비밀 경례 등 자체적인 규칙과 의식을 만들기 시작하며, 비밀 조직처럼 행동했다. 학생들은 운동 확산 방안에 관해 열띤 토론을 했고, 포스터 제작, 교내 방송 출연까지 계획했다.

모임 말미, 데이비드가 내일 아침 학교 교문 앞에서 완장을 차고 회원 모집 활동을 하겠다며 허락을 구했다. 나는 깊이 고민했다. 운동은 이미 거대하고 통제 불가능했다. 하지만 이것이야말로 사람들이 전체주의 운동에 어떻게 빠져드는지 보여줄 기회였다. 불안한 목소리로 "허락한다. 강제가 아닌 모범으로 이끌라"라고 답하자 학생들은 열광했다. 그날 밤, 나는 실험이 가져올 결과와 그 끝에 대한 무거운 고민에 잠겼다.

1967년 4월 6일, 목요일
실험 넷째 날: 우리와 그들, 감시의 그림자

    넷째 날 아침, 평소보다 일찍 학교에 도착했다. 교문 앞에는 이미 수십 명의 학생들이 파란 완장을 차고 전단지를 나눠주며 '파도 경례'를 하고 있었다. 등교하는 다른 학생들은 당황하거나 이를 피했고, 복도는 제3의 물결 포스터로 도배되어 있었다. 교실에 들어서자 70명에 달하는 학생들이 완벽히 정렬된 채 앉아 나를 기다리고 있었다. 내부 서클 학생들은 입구에 경비처럼 서 있었고, 모두 하나 된 목소리로 우렁차게 인사했다.

    나는 조용히 교탁으로 향하며 학생들을 관찰했다. 경이로운 열정은 사라지고 맹목적인 충성심과 강박적인 분위기가 느껴졌다. '오늘은 헌신에 대해 이야기하겠다'며 운을 뗀 나는 운동의 성공은 각 회원의 '헌신'에 달려있다고 말했다. 그러자 학생들은 기계적으로 "완전히 헌신하겠습니다"라고 외쳤다. 나는 칠판에 '충성'과 '감시'를 쓰고, 충성스러운 회원은 다른 회원들을 '감시'하여 규칙 위반이나 불충분한 헌신을 즉시 '보고'해야 한다고 설명했다.

    교실 전체에 싸늘한 침묵이 흘렀다. 나는 미리 준비한 '보고 카드'

를 나눠주며, 규칙 위반이나 불충분한 헌신을 발견할 시 이 카드에 적어 제출하라고 지시했다. 몇몇은 불편해했지만 대부분 진지하게 받아들였다. 새로운 학생 한 명이 "서로 감시하고 보고하는 것이 마치 스파이 활동 같지 않나요?"라고 조심스럽게 묻자, 모두의 시선이 그에게 쏠렸다. 몇몇 학생들은 싸늘하게 비난하는 눈빛을 보내기도 했다.

나는 단호하게 "그것은 스파이 활동이 아닌 '책임감'이며, 우리는 공동 목표를 위해 서로에게 책임감을 갖는 것"이라 말했다. 학생들은 우렁차게 합창하며 동조했다. 질문했던 학생은 고개를 숙였고 데이비드가 그에게 속삭였다. 수업은 '우리(Us)'와 '그들(Them)'의 구분에 집중됐다. 제3의 물결 회원은 '우리', 나머지는 '그들'이며, '우리'의 사명은 '그들'을 깨우는 것이라 강조했다.

수업 중 로버트가 '보고할 일'이 있다며, 브래드라는 학생이 제3의 물결을 '컬트 집단'이라 비난하고 조롱을 부추겼다고 고발했다. 나는 브래드가 '그들'의 대표 인물임을 느꼈다. 대응 방안을 묻자 데이비드는 브래드를 공식적인 '적'으로 선언하고 접촉을 금해야 한다고 제안했고, 다른 학생 하나는 '적 목록'을 만들자고 덧붙였다. 학생들의 급진적이고 배타적인 제안들에 깊은 불안감을 느꼈다. 이렇게 쉽게 타인을 '적'으로 규정하다니. 하지만 이것이야말로 내가 보여주고 싶었던 끔찍한 진실이었다.

나는 "우리의 목적은 적을 만들지 않고 '계몽'하는 것"이라며 브래드를 '주시'하겠다고만 말했다. 하지만 불안했다. 수업 후 내부 서클 학생들이 제3의 물결에 부정적인 '문제 학생들' 20여 명의 이름이 적힌 목록을 제출했다. 그들의 눈빛에는 이미 '우리'와 '그들'을 가르는 경계심과 적개심이 가득했다. 심각한 위험 신호였다. 나는 "관찰하고 기록하라. 강제가 아닌 모범으로 이끌라"고 했지만, 그들은 만족지 못했고 이미 '강제'를 원하고 있었다.

교실을 나선 후 복도에서 제3의 물결 회원들이 마이클이라는 학생에게 파도 경례를 강요하는 장면을 목격했다. 데이비드가 경례 없이는 지나갈 수 없다며 길을 막아서자, 마이클은 공포에 질렸다. 나는 즉시 개입해 데이비드를 제지하고 마이클을 지나가게 했다. 데이비드는 마지못해 따랐지만, 얼굴에는 실망감과 불만이 역력했다. 학생들이 이제 나보다 '제3의 물결' 자체에 충성하기 시작한 것 같아 불안했다.

방과 후 교무실에선 제3의 물결에 대한 심각한 논의가 진행 중이었다. 수학 교사가 수업 방해를 보고했고, 다른 교사들도 완장을 찬 학생들과 그렇지 않은 학생들 간의 긴장감과 압력에 대해 우려를 표했다. 실험이 학교 전체에 부정적 영향을 미치고 있음을 인지했지만, 동시에 이것이 내가 보여주고 싶었던, 평범한 십 대들이 어떻게 권위주의적이고 배타적인 집단으로 변질되어 해악을 끼치는지에 대한 끔찍한 진실이기도 했다. 교사들에게 "내일 모든 것을 끝낼 계획"이며 교육적 목적을 달성했다고 알렸다.

그날 밤, 일기를 쓰며 성공적 실험에 따른 서늘한 결과에 관해 깊이 고민했다. 학생들 간 분열, 완장 없는 학생에 대한 압력, 감시와 보고, '우리'와 '그들'의 확산… 이 모든 것이 학생들에게 남길 상처를 우려했다. 통제 불가능해진 실험을 어떻게 안전하고 의미 있게 끝내, 진정한 교훈을 주면서도 트라우마를 남기지 않을까? 마지막 날의 계획이 절실했다.

1967년 4월 7일, 금요일

실험 마지막 날: 진실의 순간

　다섯째 날 아침, 학교는 이상하리만큼 고요했다. 교문 안으로 들어서자, 파란 완장을 차고 로고 티셔츠를 입은 학생들이 조용히 모여 내게 "파도의 힘으로!"라며 경례했다.

　교무실로 향하는 복도에서, 제3의 물결 회원들이 다른 학생의 팔을 붙잡고 가입을 강요하는 모습을 목격했다. 분노가 치밀어 당장이라도 달려가 그들을 떼어놓고 싶었다. 하지만 내 발은 그 자리에 얼어붙었다. 솔직히 고백하건대, 그 광적인 충성심을 보는 것에 쾌감마저 느끼고 있었다. 내가 만든 질서, 내가 불어넣은 신념이 이토록 완벽하게 작동하는 모습에 나 자신도 취해가고 있었던 것이다. 그 끔찍한 자기인식과 함께, 실험이 통제 불능의 괴물이 되었음을 확신했다. 이것을 끝내야만 한다. 하지만 진심으로, 끝내고 싶지 않았다. 이 달콤한 권력을 놓고 싶지 않았다. 바로 그 점 때문에, 더 이상 단 하루도 지체할 수 없었다.

　강당에 들어서자 100명이 넘는 학생들이 나를 기다리고 있었다. 드넓은 강당을 가득 메운 채 모두 '파도의 힘으로!'를 외치며 일제히 경례했다. "앉아라." 학생들은 나의 지시를 일사불란하게 따랐다. '오늘은 역사적인 날'이며 제3의 물결이 전국적으로 확산되었고, 정오에 특별 전국 방송을 통해 '진정한 지도자'가 모습을 드러낼 것이라 발표했다. 학생들은 흥분과 기대감, 그리고 전국 운동의 일부가 되었다는 자부심에 열광했다. 세상을 바꿀 역사적 순간을 기다리는 듯했다.

정오까지 제3의 물결에 대한 가치와 미래를 논하며 지도자의 등장을 기다렸다. 무대 위 칠판에 '힘, 행동, 자부심, 커뮤니티'를 쓰고 열정적으로 설명했다. 학생들의 열정은 맹목적인 믿음과 광신으로 변해 있었다. 나는 운동의 역사적 중요성과 더불어 학생 개개인이 변화의 주인공임을 강조했다. 그들은 의심 없이 모든 말을 받아들였다.

11시 30분, 강당 전면의 거대한 스크린을 켜며 "30분 후 제3의 물결을 이끌 진정한 지도자가 대중 앞에 나타나는 역사적 순간"이 올 것이라 엄숙하게 말했다. 학생들은 극도의 긴장 속에 스크린만 응시했다. 마침내 정오가 되었다.

학생들이 숨을 죽인 가운데, 스크린이 지지직거리며 켜졌다. 하지만 화면에 나타난 것은 제3의 물결 지도자가 아니었다. 스크린을 가득 채운 것은 1930년대 나치 집회의 흑백 영상이었다. 수많은 사람들이 일사불란하게 경례하는 모습, 히틀러의 광기 어린 연설, 그리고 그에 열광하는 군중. 강당은 순간 찬물을 끼얹은 듯 조용해졌다. 학생들의 얼굴에는 흥분 대신 당혹감과 혼란, 그리고 서서히 피어오르는 공포가 서렸다. 웅성거림이 파도처럼 번져나갈 때, 나는 천천히 스크린 앞으로 가 학생들을 바라보며 낮고 분명한 목소리로 말했다.

"지도자는 없다. 전국 운동도 없다. 이것은 모두 조작된 것이다. 너희들은 방금 역사의 중요한 교훈을 스스로 경험했다."

강당 전체가 충격과 혼란, 배신감에 휩싸여 침묵했다. 나는 스크린에 비친 나치 집회 영상을 가리키며 말했다. "이것이 우리가 지난 5일 동안 한 일이다. 우리는 파시즘의 작동 방식을 직접 체험했다. 맹목적인 복종이 개인의 의지를 무디게 한다는 것과, 권위 존경이 비판적 사고를 마비시킨다는 것을. 또, 집단 이익 우선 사고가 얼마나 빠르게 확산되는지를."

스크린에 히틀러 유겐트의 사진이 나타나자, 나는 물었다. "너희들의 파도 경례, 완장, 감시, 보고, 적 목록 만들기가 이것과 무엇이 다른가?" 학생들은 얼어붙었고, 몇몇은 부끄러움에 완장을 풀기도 했다. 하지만 이것은 비난이 아닌 "우리 모두를 위한 중요한 교훈" 임을 강조했다. 어떻게 평범하고 선량한 사람들이 전체주의와 파시즘의 함정에 쉽게 빠지는지 보여주는 끔찍한 현실이라고 말했다. 홀로코스트 참상을 담은 슬라이드가 이어지자 강당은 깊은 침묵과 함께 학생들의 흐느낌으로 가득 찼다.

로버트의 질문("독일 사람들은 어떻게 알면서도 가만있었나?")을 상기시키며, 파시즘은 갑자기 오는 것이 아니라 '규율, 커뮤니티, 행동, 자부심'과 같은 겉보기엔 좋은 가치들이 비판적 사고 없이 맹목적 복종과 집단 광기로 변질될 때 온다고 설명했다. 이것이 바로 우리가 경험한 끔찍한 답이라고 말했다. 학생들은 울음을 터뜨렸다. 또한 이는 과거 독일만의 이야기가 아닌, 지금 세상 어딘가, 그리고 바로 여기서 단 5일 만에 일어난 일임을 강조했다. 지난 5일간 단순 규율에서 시작해 '제3의 물결'이라는 이름으로 공동체 의식과 특별함을 주입하고, '행동'으로 확장하며, '감시'와 '보고'로 통제하고, 결국 배타적 억압 체제로 급격히 변질된 과정을 요약했다. 충격적인 사실은 그 모든 과정에 소요된 시간이 불과 5일이었다는 점. 나는 모두를 향해 마지막 한마디를 남겼다.

"여러분 누구도 본래 나쁘지 않다. 이것이 파시즘의 가장 무서운 점으로, 평범하고 선량한 사람들에 의해서도 이러한 일은 얼마든지 일어날 수 있다."

Prologue
공식이 사라진 시대,
연결의 이유

 앞선 이야기는 1967년 봄, 큐벌리 고등학교에서 일어난 실화를 바탕으로 재구성한 것이다. 아마 어떤 분들에게는 불편하고 충격적인 이야기였을지도 모른다. 평범했던 학생들이 불과 며칠 만에 그토록 쉽게 집단적인 광기와 배타성에 휩쓸리는 모습은 인간 본성의 취약성과 집단 심리의 어두운 면을 여실히 보여준다. 하지만 이 섬뜩한 이야기는, 역설적으로 우리가 이 책에서 이야기하려는 '커뮤니티' 또는 '네트워크'의 본질과 그 안에 담긴 '함께한다는 것의 힘'에 대한 가장 강렬하고 생생한 통찰을 제공한다. 이 실험은 우리에게 '왜' 그리고 '어떻게' 사람들이 집단에 몰입하는지에 대한 중요한 질문을 던지며, 우리가 사람과 사람의 연결을 다루는 일을 할 때 무엇을 경계하고 무엇에 집중해야 하는지를 명확히 보여준다.

 우리가 사는 오늘날의 사회는 유례없는 변화의 파고를 지나고 있다. 과거에는 비교적 명확하고 단일한 삶의 경로가 존재했다. 좋은 대학, 안정적인 직장, 내 집 마련, 결혼, 승진과 같은 사회적 목표들이 인생의 기준점이었고, 우리는 그 기준을 따라가며 대학 동문, 직장 동료, 지역 주민과 같은 구조적인 소속 안에서 관계를 맺고 '커뮤니티'를 이루었다. 하지만 이제 그 공식은 더 이상 유효하지 않다. 빠르게 변화하는 사회는 개인에게 끊임없이 질문을 던지게 만든다. "나는 어떻게 살아야 하는가?", "나는 무엇을 중요하게 생각하는가?", "내 삶을 어떤 방식으로 설계할 것인가?" 이러한 질문은 더 이상 특정 세대나 일부의 고민이 아니라, 시대를 살아가는 우리 모두에게 던져진 근본적인 물음이 된다.

  삶을 바라보는 전제 자체가 달라지면서, 사람들의 연결 방식도 근본적으로 바뀌고 있다. 이제 사람들은 과거의 구조적 소속이나 외부적인 조건보다는 '말이 통하는 사람', 즉 삶을 바라보는 관점, 중요하게 여기는 가치, 일상의 리듬과 우선순위가 비슷한 사람들을 찾아 연결되고 싶어 한다. '정체성'이나 '취향', '라이프스타일', '세계관'과 같은 내면의 코드를 공유하는 사람들끼리 느슨하지만 의미 있는 연대를 형성하는 것이 중요해진 시대가 온 것이다. 1인 가구든, N잡러든, 특정 취미에 몰두하든, 기후 위기를 걱정하든, 저마다 삶의 조건과 선택이 다양해질수록, 이러한 세분화된 삶은 필연적으로 세분화된 연결에 대한 욕구를 낳고, 같은 질문을 던지는 사람들끼리 모이는 새로운 형태의 커뮤니티를 만들어낼 수밖에 없다.

하지만 여기서 우리는 중요한 함정에 빠지기 쉽다. 바로 사람들을 한 공간에 모아 놓거나, 온라인 플랫폼에 불러 모으는 것만으로 '커뮤니티'를 '만들 수 있다'고 생각하는 것이다. 지난 시간 커뮤니티를 기획하고 사람들을 연결하는 일을 하면서, 이 과정이 마치 '집을 짓는 일'과 같다고 생각하던 때, 자주 길을 잃고 헤맨 경험이 있다. 멋지고 근사한 공간(플랫폼)을 만들고, 다양한 기능(프로그램)을 갖추어 놓으면 사람들이 저절로 모여 활기찬 '커뮤니티'를 이룰 것이라는 착각. 외형적인 구조를 갖추는 데 몰두하다가, 정작 그 안에 사는 사람들이 서로에게 어떤 의미가 되어주는지, 어떤 관계를 맺고 살아가는지 간과하는 것이다.

나는 이 책을 통해 여러분에게 '집을 짓는 일'이 아니라 '가족을 만드는 일'에 집중해야 한다고 이야기하고 싶다. 커뮤니티 기획은 텅 빈 건물을 세우고 사람들을 밀어 넣는 작업이 아니라, 사람들이 서로를 알아가고, 신뢰를 쌓고, 약점을 나누고, 함께 기뻐하며, 갈등 속에서도 관계를 지켜나가면서 비로소 생명력을 얻는 '관계 맺음의 과정'이다. '커뮤니티'라는 단어가 주는 완성된 형태에 대한 부담감에서 벗어나, 사람들이 서로 연결되고 교류하며 의미를 만들어가는 '건강하고 유연한 네트워크'를 가꾸고 성장시킨다는 관점으로 접근해야 한다. 네트워크는 관계의 역동성 그 자체에 초점을 맞추며, 이는 사람들이 어떻게 서로에게 스며들고 영향을 주고받는지를 이해하는 것에서 시작한다.

그렇다면 사람들은 무엇 때문에, 어떤 내적인 동기로 이렇게 복잡하고 때로는 수고스러운 '관계 맺음'과 '네트워크 참여'에 기꺼이 뛰어드는 것일까? 앞서 이야기한 '파도 실험'은 이 질문에 대한 가장 충격적인 답을 제시한다. 그 실험에서 학생들은 '제3의 물결'이라는 명칭, 파도 경례, 완장, 회원증과 같은 상징물들을 통해 강렬한 '소속감'을 느꼈다. 자신은 혼자가 아닌 어떤 특별하고 의미 있는 집단의 일원이라는 감정, 다른 사람들과 구별되는 정체성을 부여받았다는 자부심. 이 '소속감'에 대한 강렬한 갈망이야말로 학생들이 비판적 사고마저 멈추고 집단에 기꺼이 순응하게 만든 강력한 동력이었다. 이는 역설적으로, 건강한 커뮤니티 또는 네트워크의 핵심이 외부에서의 '강요'나 '보상'이 아닌, 사람들이 내면에서 느끼는 '자발적인 참여 의지'이고, 그 의지가 바로 '어딘가에 속하고 싶다'는 인간의 근원적인 '소속감'에서 비롯됨을 깨닫게 한다. 건강한 네트워크의 척도는 '집'의 크기가 아니라 '가족' 구성원들이 느끼는 유대감과 안정감으로 측정된다. 사람들이 '하고 싶어서' 모이고 '함께 있고 싶어서' 관계를 가꾸는 것, 그것이 건강한 네트워크 설계의 시작이다.

삶이 복잡해지고 표준 경로가 사라지면서, 우리가 마주할 커뮤니티와 네트워크는 더욱 다양하고 세분화될 것이다. 개인은 이제 자신의 다양한 관심사에 맞춰 작고 민첩한 네트워크에 동시 참여하며 소속감을 찾는다. '대규모 커뮤니티 시대의 종말'은 연결의 세분화를 의미하며, 이젠 '더 많은 사람'보다 '말이 통하는 사람'과의 깊은 연결이 중요해졌다. 이는 '작기 때문에 가능하다'는 가치를 역설하며, 더 많은 커뮤니티에 대한 기회가 있음을 암시한다. 정해진 경로 대신 선택이 중요해진 사회에서 혼자는 어렵다. 커뮤니티는 이제 심리적 안전을 확보하고 관계 상처를 회복하며 삶의 리듬을 찾는 필수 '기초 인프라'로 진화했다. 이는 거대한 '집'이 아닌 '가족' 같은 관계망에서 단단해진다. '무슨 일을 할 것인가'보다 '어떤 사람과 살 것인가'가 중요해졌고, 이 기준을 함께 탐색하고 지지하는 깊은 관계 구조가 바로 커뮤니티이다.

이 책을 통해 독자 여러분이 단순히 사람을 모으는 것을 넘어, 진정으로 연결되고 함께 성장하는 건강한 네트워크를 설계할 통찰을 얻기 바란다. '파도 실험'에서 나타난 맹목적 소속감의 비극적 교훈을 잊지 않되, 함께하는 힘을 긍정적으로 활용하여 개인의 자율성과 비판적 사고를 존중하는 '가족 같은' 네트워크를 만드는 여정에 이 책이 나침반이 되기를 기대한다. 이제 함께 네트워크와 커뮤니티의 세계로 들어가 보자. 우리가 지을 것은 '집'이 아닌, 함께 살아갈 '관계' 그 자체이다.

INDEX

추천사   5
론 존스(Ron Jones)의 회고록: 통제할 수 없었던 5일간의 여정   11
Prologue: 공식이 사라진 시대, 연결의 이유   32

01 공유된 경험: 유대감을 만드는 연결의 시작

파도 실험 1일 차: 규율을 통한 경험의 공유   41
공유된 경험의 심리학적 메커니즘   46
간접 경험: 접촉 없이 유대감을 만드는 경험   58
직접 경험: 강력한 유대감의 설계   71
공유된 경험이 만드는 유대감   85

02 경계: 유대감을 소속감으로 전환하는 스위치

파도 실험 2일 차: '우리'와 '남' 구분의 시작   89
경계 설정의 심리학: 결속을 강화하는 우리와 남의 구분   95
왜 내부에 머무르는가: 경계를 유지시키는 동기의 구조   106
감각의 설계: 경계를 구체화하는 방법   116
내부와 외부의 경계가 명확해질 때: '안티'의 탄생   128
경계를 넘어 소속감으로   134

03 기여와 인정: 소속감을 만드는 핵심 동력

파도 실험 3일 차: 행동과 인정이 만드는 자발적 확산   139
왜 기여와 인정은 소속감을 만드는가   145
구성원의 기여와 인정을 촉진하는 커뮤니티 설계 원칙   160
인정과 보상: 진정한 소속감을 만드는 법   170

04 사회적 정체성: 기여를 넘어 헌신을 이끄는 궁극의 원리

파도 실험 4일 차: '나'를 표현하는 '우리'   195
소속감을 넘어 헌신으로: 가치 표현이 만드는 헌신의 원리   207
사회적 정체성이 만드는 '공유 경험'의 선순환 구조   222
소속이 자랑스러운 커뮤니티   240

05 커뮤니티 플라이휠: 커뮤니티에 자생력을 불어넣는 성장 엔진

사회적 정체성, 자발적 확산의 씨앗   245
플라이휠: 자생적 성장의 원리와 설계   253
가속화의 핵심 원리: 스핀오프와 크로스오버   270
성장의 역설: 통제의 유혹과 기획자의 역할   283

06 커플링: 생존과 붕괴를 가르는 연결

파도 실험 5일 차: 깨어진 연결, 붕괴의 시작   303
커플링과 디커플링: 커뮤니티의 생과 사   311
붕괴의 시그널: 세 가지 디커플링 지점   325
리커플링: 와해된 연결을 재건하는 기술   343

Epilogue: 성공적인 커뮤니티 설계를 위한 마지막 코드   356

01

**공유된 경험:
유대감을 만드는 연결의 시작**

파도 실험 1일 차: 규율을 통한 경험의 공유

명확한 규율이 가져온 즉각적 변화

 실험 첫날, 론 존스는 그동안 자유로운 토론과 농담이 오가던 교실에, 전에 없이 엄격한 분위기를 도입했다. 평소 책상에 기대앉아 수다를 떨던 학생들에게 "의자 등받이에 등을 붙이고 허리를 꼿꼿하게 세울 것", "발언 시에는 손을 들고 '네, 선생님' 또는 '아니오, 선생님'이라고 짧게 말할 것"과 같은 명확한 지시가 떨어지자, 교실은 즉시 군대식 훈련장을 연상시키는 팽팽한 긴장감에 휩싸였다. 예전 같았으면 누군가 농담을 던졌을 상황이었지만, 이날만큼은 아무도 불필요한 말을 꺼내지 않았다. 모두가 거의 동시에 자세를 고쳐 앉았고, 발언할 때는 정해진 문장을 본능적으로 따르며 필요 이상의 말을 삼갔다. 불과 몇 분 만에 교실은 분주했던 자유의 온기를 벗어던지고, 일사불란한 규율이 지배하는 낯선 공간으로 탈바꿈했다.

  론 존스는 이 변화된 분위기를 놓치지 않고 수업 진도를 빠르게 밀어붙였다. 별다른 방해가 없으니 문제 풀이에 걸리는 시간이 부쩍 단축되었고, 학생들은 서로 잡담하는 대신 문제 해결에 더욱 집중하게 됐다. 일부는 갑작스러운 변화에 의아해했지만, 동시에 "이렇게 하니 훨씬 효율이 좋아졌다"는 기대 이상의 성과를 체감하기 시작했다. 평소보다 빨라진 진도와 눈에 띄게 높아진 집중력은 이러한 규칙들에 대한 의구심이나 거부감을 상당 부분 누그러뜨렸다. "별다른 이유 없이 시키는 것 같다"는 불만이 일 수도 있었지만, 모두가 한결같이 규칙을 지킨 결과가 명백한 학습 성과로 이어지자, 학생들 사이에서는 "우리 반이 뭔가 더 체계적으로 잘 움직인다"는 자부심마저 싹텄다.

  이 첫날의 변화는 '공유된 규율 준수'라는 경험이 얼마나 빠르게 사람들을 한데 묶어낼 수 있는지 극명하게 보여주었다. "모두가 같은 지시를 따른 덕분에 수업이 훨씬 효율적으로 진행된다"는 현실적 이점은 곧 "규율을 따르면 힘을 얻는다"는 메시지를 별다른 설명 없이 각인시켰다. 말로 설명하기보다 몸으로 먼저 그 효과를 실감하게 된 것이다. 빠르게 형성된 집단적 동의는 학생들의 의문이나 반발심을 자연스럽게 잠재웠고, 교실 안에는 "이 규칙이 의외로 괜찮은데?"라는 긍정적인 기류가 번져 갔다. 단지 의자에 바르게 앉고 짧게 대답했을 뿐인데도, 학생들은 스스로 "우리 반이 확 달라졌다"는 느낌에 설레했다. 그 변화와 함께 학생들은 '공동의 규율 준수'라는 체험이 얼마나 강력하고 빠른 속도로 유대감을 만들어낼 수 있는지에 대해 첫날부터 생생히 체감하게 되었다.

힘은 규율에서 나온다: 변화가 만들어 낸 공유된 경험

칠판 한가운데에는 "힘은 규율에서 나온다(Strength Through Discipline)"라는 문장이 큼직하게 적혀 있었다. 수업 첫날 론 존스가 제시한 이 첫 번째 모토는 학생들에게 갑작스러운 군대식 규율을 받아들일 명분을 제공했다. "왜 이렇게까지 빳빳하게 앉아야 하지?", "굳이 짧은 문장만 써야 하는 이유는 뭘까?"와 같은 의문이 떠오를 때마다, 칠판에 쓰인 저 짧은 한 줄이 그 모든 궁금증에 대한 대답처럼 기능했다.

어쩌면 단순히 보기엔 그저 멋 부린 구호에 불과했을지도 모른다. 하지만 수업이 진행되면서 학생들은 규율 준수에 따른 가시적 성과를 곧바로 경험했다. 의자를 바르게 하고, 불필요한 잡담을 줄이며,

발표 시 정해진 형식을 따르자 수업 진도가 눈에 띄게 빨라졌고 집중도도 높아졌다. "규율을 지키니 실제로 잘 돌아가네?"라고 실감되면서, '힘은 규율에서 나온다'는 말은 단순한 표어가 아니라 엄연한 사실로 받아들여지기 시작했다. 학생들은 이 규율을 통해 무언가 특별한 성취를 얻고 있다는 감각을 공통적으로 느꼈고, 그 감각은 교실 전체를 빠르게 묶어내는 강력한 고리가 되었다.

외부에서는 이를 유난스럽고 과도한 통제로 볼 수 있었다. 하지만 정작 학생들은 그 통제 덕분에 몰입도가 높아지고 분위기가 질서정연해지는 현장을 하루 만에 체감했다. 자연스럽게 누가 시키지 않아도 "힘은 규율에서 나온다"라는 문장을 수긍하게 되었다. 이것이 바로 파도 실험 첫째 날, '우리는 규율 하나로 힘을 얻고 있다'는 느낌이 학생들 사이 순식간에 공유된 이유다.

론 존스가 의도한 것은 단순한 훈육을 넘어선 것이었다. 그는 집단행동이 조금만 강화되어도 사람들이 얼마나 빨리 통제에 적응하고 자발적 복종으로까지 나아가는지를 보여주고자 했다. 규율에서 비롯된 작지만 확실한 성취감이 사람들의 마음을 사로잡는 순간, 의구심이나 반발심은 쉽게 뒤로 밀려난다는 사실을 실험을 통해 증명하려 했다. 실제로 첫날 학생들은 "왜 따라야 하지?"라고 질문하기보다 "따르니 잘 돌아가는구나"라는 체감을 앞세웠고, 이를 통해 이미 하나의 공통된 경험을 쌓아가고 있었다.

결과적으로, 짧은 시간 안에 모든 사람이 새로운 행동 방식을 받아들였고, 개개인은 의자에 바르게 앉고 발언을 최소화하며 "맞아, 이렇게 하는 게 우리 반에 도움이 되네"라고 생각하게 되었다. 그것이 곧 '공유된 경험'을 통해 형성된 첫 유대감이었다. 이 작은 구호는 곁에서 누군가 잔소리하지 않아도 스스로를 정당화하는 강력한 상징으로서 제 역할을 훌륭히 해냈다. "힘은 규율에서 나온다"라는 한 문장이, 다소 이질적인 행동 지침조차 단번에 교실 전체의 신념으로 바꾸어버리는 동력이 된 셈이다.

공유된 경험의
심리학적 메커니즘

규율을 통한 '힘'의 체감: 빠른 진도와 학습 성과

파도 실험 시작과 함께 도입된 군대식 규율은 학생들에게 '함께 움직이면 그만큼 효율이 높아진다'는 사실을 즉각적으로 체감하게 했다. 의자를 바르게 하고, 발언을 짧게 하며 불필요한 잡담을 줄이라는 지시가 떨어지자 교실 풍경이 단숨에 달라졌다. 평소 농담과 잡담으로 흘려보내던 시간이 줄고 문제 푸는 속도가 눈에 띄게 빨라지자, 학생들은 곧바로 "규율을 따르니 수업이 훨씬 잘 진행된다"는 확신을 얻었고, 자연스럽게 "우리 반은 체계적으로 움직일 수 있다"는 자부심도 생겨났다.

이러한 양상은 심리학자 B. F. 스키너가 제시한 '조작적 조건형성(operant conditioning)' 관점에서 설명할 수 있다. 어떤 행동 직후 곧바로 보상(또는 처벌)이 주어지면 그 행동이 강화(또는 억제)된다는 이론이다. 파도 실험 초기의 규율은 학생들에게 빠른 보상 구조를 제공했다. 규율을 지키면 학습 진도가 단숨에 올라가고 교사의 긍정적인 피드백을 받았다. 즉, '규율 준수 → 학습 효율 상승 → 긍정적 피드백'이라는 순환이 즉각적으로 형성된 것이다.

문제를 더 빠르게 푸는 작은 성취감이 새로운 동기가 되어, 학생들로 하여금 "우리는 다른 반과 다르게 진도를 훨씬 잘 빼고 있다"는 우월감까지 느끼게 만들었다. 결국 칠판에 적힌 "힘은 규율에서 나온다(Strength Through Discipline)"는 모토는 단순한 구호가 아니었다. 학생들은 규율을 지킴으로써 구체적인 성과와 칭찬을 얻었고, 이 즉각적인 보상 체계가 규율의 가치를 확고히 증명했다.

통제에 대한 반감이 생길 법도 했지만, 학생들은 오히려 "이 규율을 따르는 게 훨씬 편리하고 성과도 좋다"는 현실적 이점을 "우리 반만의 강점"으로 여기기 시작했다. 규율이 만든 집단 몰입은 그만큼 압도적인 속도로 퍼져 나갔다. 물론 한 교실 학생들에게 강압적인 지시를 내렸다는 점에서 파도 실험은 교육적·윤리적 논란에서 자유롭지 않다. 그럼에도 불구하고 '어떻게 이렇게 짧은 시간 안에 몰입과 성과가 폭발할 수 있었는가'를 순수 심리학적 관점에서 보면, 조작적 조건형성의 핵심이 극단적으로 잘 나타난 사례다. 규율이라는 행동 지침을 곧바로 '보상'과 연결해 주었기 때문에, 학생들은 거부감 대신 "이거 꽤 괜찮네"라는 감각을 먼저 체득했다.

이처럼 적절히 설계된 '통제와 보상'은 사람들에게 '함께하면 강해진다'는 믿음을 매우 빠르게 내면화시킨다. 파도 실험은 비록 강제성을 띤 극단적인 형태이지만, 행동주의 심리학의 조건형성 원리가 집단 차원에서도 단번에 발휘될 수 있음을 시사한다. 즉, 개인이 아닌 집단 전체가 비슷한 보상을 경험하면, "우리가 하나로 행동하면 정말 효과가 있구나"라는 기분을 공통으로 느끼게 되고, 그 기분이 규율을 유지·강화하는 심리적 원동력이 된다.

결국 이 단계에서 학생들에겐 "왜 이렇게까지 해야 하지?"라는 의문보다 "이렇게 하니 확실히 잘 돌아가네"라는 체감이 앞섰다. 그 결과, 군대식 규율이라는 과도한 방식이었음에도 단 하루 만에 교실 내부에 강력한 초기 유대감이 싹텄다. 파도 실험의 이 대목은 '공유된 경험'의 잠재력이 얼마나 큰지, 그리고 그 경험을 어떻게 심리학적으로 설명할 수 있는지 보여주는 상징적인 면모라 할 수 있다.

행동 동기화와 공유된 경험의 몰입

파도 실험 첫날, 학생들은 놀라울 만큼 빠르게 군대식 규율에 적응한다. 즉각적인 효율성과 칭찬이라는 보상 구조도 작용했지만, 그 밑바닥에는 훨씬 더 강력한 심리적 기제, 바로 행동 동기화(behavioral synchrony)가 숨어 있다.

행동 동기화란 개인들이 동시에 유사한 움직임이나 행동을 반복할 때, 집단 전체가 하나의 리듬을 공유하며 강력한 몰입과 깊은 결속감을 느끼는 현상이다. 학생들이 모두 똑같은 자세로 앉고, 같은 톤으로 교사의 질문에 답하는 등 행동의 패턴을 일제히 따르자, 교실 전체는 순식간에 하나의 '단체 박자'를 만들기 시작한다. 그리고 신기하게도, 이 박자에 맞춰 움직이는 순간 학생들 사이에서는 "생각보다 이런 규율이 집중하는 데 꽤 효과적인데?"라는 집단 감각이 빠르게 퍼져나간다.

왜 단순히 '동시에 같은 행동을 한다'는 사실만으로 이토록 짧은 시간 안에 강렬한 몰입감이 생겨날까? 그 답의 핵심은 바로 이 행동이 지식이 아닌 체험의 차원에서 공유되기 때문이라는 데 있다. 만약 누군가가 군대식 규율의 효과를 논리적으로 설명한다면 그것은 그저 이론에 불과할 것이다. 하지만 학생들이 직접 몸을 움직이고, 주변의 모두가 똑같이 따라 움직이는 것을 실시간으로 체감하는 순간, "나도 자연스럽게 동참하게 되네? 그리고 이게 효과 있네?"라는 직접적인 감각이 생겨난다.

그 결과, 누군가 의문을 제기하거나 저항하기도 전에 "함께 움직이니까 생각보다 수업이 빠르게 진행된다"는 긍정적인 집단 반응이 교실 전체를 장악한다. 이제 학생들은 "왜 이렇게까지 해야 하지?"라는 의문보다 "우리 모두가 이 박자에 맞춰 움직이니 낯설지만 생각보다 편안한데?"라는 감각을 우선시하게 된다.

이는 솔로몬 애시의 동조 실험에서 잘 드러난다. 애시의 실험은 집단의 의견이 명백히 틀렸음에도 불구하고 개인은 다수의 의견에 따라 자신의 판단까지 바꾸게 된다는 사실을 입증했다. 즉, 주변의 일치된 행동은 개인의 판단과 인식을 흔들어 놓으며, 집단의 행동과 정서가 동기화되는 순간 개인은 '혼자 다르게 행동할' 동기를 크게 잃어버린다. 파도 실험은 이 원리를 극단적으로 적용했고, 그 안에서 학생들은 규율을 통해 집단 리듬을 경험한 후 자발적으로 '한 덩어리'처럼 움직이기 시작했다.

물론 여기에는 분명한 강제성이 존재한다. 그러나 학생들은 단순한 복종을 넘어 "이렇게 하니 수업 분위기가 새롭게 변하고, 우리 안에 무언가 색다른 에너지가 생긴다"고 느끼며 강력하게 동조한다. 물리적으로 모인 사람들에게 동일한 행동을 강요하는 방식은 분명 윤리적 논란에서 자유로울 수 없다. 그럼에도 파도 실험은 행동이 동기화될 때 집단이 얼마나 빠르고 강력하게 하나가 될 수 있는지를 극명하게 보여주는 역사적, 심리학적 사례로 남는다.

행동 동기화의 힘은 윌터머스와 히스의 연구에서도 뚜렷하게 드러난다. 그들은 군가를 부르거나, 박수를 치고 합창하는 간단한 동작만으로도 사람들 간의 신뢰와 호감이 눈에 띄게 증가한다는 사실을 밝혀냈다. 이는 복잡한 작업이 아니라 간단한 행동의 반복만으로도 결속감과 몰입감이 쉽게 형성될 수 있다는 것을 시사한다. 파도 실험 역시 이 효과를 군대식 규율이라는 파격적 방식으로 실행했고, 그 결과는 불과 하루이틀 만에 교실 분위기를 완전히 장악할 만큼 강력했다.

결론적으로, 사람들은 '함께 움직이는' 상황에 놓이면 머릿속의 이론이나 개인적인 의심보다 "이렇게 하니까 정말 잘 되는구나"라는 집단적이고 체험적인 감각을 우선시하게 된다. 파도 실험에서는 교사의 통제로 이 과정이 가속화되었지만, 현대 사회에서도 자발적인 이벤트나 챌린지 등 다양한 형태로 행동 동기화의 강력한 힘을 경험하고 활용할 수 있다.

초기 유대감 형성: 공유 경험의 힘

파도 실험 첫날, 교사 론 존스는 군대식 규율을 통해 학생들에게 짧은 시간 안에 놀라운 일체감을 불어넣었다. 평소 같으면 강한 반감이나 거부 반응이 일어날 수 있는 강압적인 지시였지만, 학생들이 이를 순순히 받아들인 데에는 특별한 맥락이 있었다. 바로 실험 시작 이전부터 학생들 내면에 자리 잡고 있던 중요한 질문, "왜 독일 국민은 히틀러에 저항하지 않았나?" 하는 문제의식이었다.

이 질문은 단순한 지적 호기심을 넘어 학생들에게 강한 심리적 갈증을 유발했고, 그로 인해 낯설고 극단적인 규율조차 단순한 훈육이 아니라 "이 질문을 풀 수 있는 하나의 방법"으로 인식되었다.

군대식 규율이 시작되자, 학생들은 즉시 몸을 세우고 같은 방식으로 짧게 응답하며 일제히 행동하기 시작했다. 이러한 동시적인 움직임 이후 교실 전체에는 묘한 분위기가 감돌았다. 학생들은 불과 몇 시간 동안 같은 자세와 같은 말투를 유지하는 것만으로도 "우리는 하나의 팀이다"라는 일체감을 피부로 느꼈다.

이는 머릿속으로만 논리적으로 이해하는 과정이 아니었다. 직접 같은 행동을 반복하며 체험하는 과정에서 학생들은 자연스럽게 서로에게 몰입하게 된 것이다. 이 경험은 파도 실험이 이어지는 며칠

동안 학생들이 점점 더 적극적으로 새로운 규율과 지시를 받아들이는 결정적인 출발점이 되었다.

심리학적으로 볼 때, 짧은 시간 내 집단적으로 같은 행동을 반복하면 개인의 사고는 행동을 따라가기 쉽다. 이미 행동을 한 상태에서 그 행동을 정당화하고 심지어 긍정적으로 해석하려는 심리적 경향이 존재하기 때문이다. 바로 앞에서 설명했듯, 규율 준수로 인해 수업 효율이 실제로 향상되자 학생들은 이 행동이 자신에게 실제적인 이득을 준다고 판단했고, 이를 곧바로 긍정적으로 평가하게 되었다.

이러한 긍정적 평가는 이후 더욱 강한 지시가 내려져도 저항을 최소화하는 심리적 완충재 역할을 했다. 즉, 초기의 간단한 행동 동기화가 이후 지속적인 행동 동기화와 몰입을 위한 심리적 준비물로 작용한 것이다.

또한 파도 실험에서 초기 유대감이 강력하게 형성될 수 있었던 이유 중 하나는 이 체험이 철저히 '동시성'이라는 요소를 내포하고 있었기 때문이다. 혼자만의 행동이었다면 얼마든지 의심하거나 거부감을 품을 수 있었을 것이다. 하지만 주변 모든 학생들이 동시에 같은 행동을 반복하는 모습을 보면서 학생들은 자신도 모르게 "여기에 동참해야 한다"는 압박과 동시에, "이렇게 하니 편하고 좋은 결과가 나오네"라는 긍정적인 감각을 공유했다.

이와 같은 몰입 경험은 개인이 아닌 집단이 동시에 움직일 때 훨씬 강력하게 작동한다는 사실을 생생하게 보여준다.

이처럼 초기 유대감이 한번 형성되면, 다음 단계의 행동 변화나 몰입은 훨씬 쉬워진다. 학생들은 새로운 지시에 대해 매번 의심하기보다 적극적으로 받아들이며 자신이 속한 집단의 행동을 유지하고 강화하려 했다. 심리학자 레온 페스팅거(Leon Festinger)의 인지 부조화(cognitive dissonance) 이론에 따르면, 일단 행동을 긍정적으로 받아들인 개인은 그 행동을 계속 유지하고 정당화하려는 경향이 있다.

처음에는 약간의 낯섦이나 불편함이 존재하더라도, 행동을 통해 긍정적인 경험을 했다면 이후의 행동들도 긍정적으로 평가하고 받아들일 가능성이 매우 커진다. 파도 실험의 학생들 역시 초기 경험의 긍정적 성과를 바탕으로, 다음날 더 강도 높은 규율과 지시를 자연스럽게 수용할 준비가 되어 있었다.

물론 파도 실험이 선택한 군대식 규율이라는 극단적인 방법은 윤리적 논란에서 자유롭지 않다. 하지만 중요한 것은 이 실험이 집단 행동과 몰입이 얼마나 **빠르게** 형성될 수 있는지를 강렬히 보여주는 사례라는 점이다. 파도 실험처럼 강압적인 방식을 사용할 수 없는 현대의 커뮤니티 기획자나 조직들은 그 대신 사람들이 자발적으로 같은 행동을 선택하게 만드는 방식을 고민한다. 이는 물리적 공간에서의 직접적 통제와 달리, 디지털 환경에서 콘텐츠와 감정적 공감을 통해 간접적으로 문제의식을 공유하고, 이를 통해 자연스럽게 동시 행동을 유도하는 방식으로 구현될 수 있다.

공유 경험 구현 전략: 간접에서 직접으로

파도 실험이 교실에 군대식 규율을 단숨에 투입해 '공유된 경험'을 만들었다면, 현대 커뮤니티는 전혀 다른 방식을 택한다. 사람들을 물리적으로 통제하기 어렵고 강제는 윤리·정서적 거부감을 일으키기 때문이다.

대신 오늘날에는 간접 경험으로 사람들에게 문제의식과 관심을 먼저 심어주고, 어느 정도 공감대가 쌓이면 그때 직접 행동하게 이끌어 "우리 모두가 동시에 뭔가를 해봤다"는 강렬한 공유 체험을 만든다. 이 두 과정을 거쳐야 제대로 된 공유 체험이 자리 잡는다.

파도 실험에서는 '왜 독일 국민이 히틀러에 저항하지 않았는가?'라는 학생들의 내적 고민에 특수한 교실 환경과 교사 권위가 더해져 즉각적인 '직접 통제'가 가능했다. 하지만 온라인 기반 대규모 커뮤니티 같은 곳에서는 강제가 통하지 않는다.

그래서 요즘은 콘텐츠나 SNS를 통해 '이 커뮤니티가 뭘 고민하고 어떤 이야기에 공감하는가' 같은 간접 경험을 먼저 보여준다. 사람들이 이런 정보들을 접하며 '어, 이건 나도 겪어본 일인데? 왠지 내 얘기 같네' 하고 스스로 느끼며 공감하게 만든다. 이렇게 '왜 이 모임이 내게 필요한가' 하는 마음의 문턱을 낮추는 것이다.

공감이 충분히 쌓이면 이제 직접 행동 단계로 넘어간다. 파도 실험처럼 줄 세워 앉히고 말하라 시키는 건 아니지만, '다 같이 정해진 시간에 똑같은 걸 해보자'와 같은 구조를 만들어주면 의외로 금방 '우리가 하나로 몰입한다'는 느낌을 받는다. 오프라인 워크숍, 온라인 동시 미션 수행, 소규모 모임에서 같은 활동 해보기 등이 그 예다.

이렇게 직접 몸을 움직여 보면, 앞에서 '이 커뮤니티 괜찮다'고 느꼈던 간접 경험이 '아, 정말 나한테 맞는 활동이구나' 하는 강력한 확신으로 바뀐다. 조작적 조건형성, 행동 동기화 같은 심리 작용이 여기서 폭발하는 것이다.

결국, 사람들이 '우리는 지금 같은 리듬으로 움직이고 있다'고 느끼는 공유된 체험 자체가 주는 힘은 파도 실험에서 확인한 것과 다르지 않다. 다만 디지털 시대에는 강제가 아닌 공감과 자발성을 통해 이를 이끌어내며, 더 안전하고 지속 가능하게 이어갈 수 있다는 점에서 차이가 있다. '문제 인식(간접) → 함께 행동(직접)'의 흐름만 잘 설계하면 강압 없이도 강한 유대감을 만들 수 있다.

이어지는 내용에서는 위험한 강제력 없이도 파도 실험 같은 '공유 경험의 폭발적 결속'을 만드는 간접 경험 설계법, 그리고 직접 행동 기획법을 구체적으로 이야기한다.

간접 경험:
접촉 없이 유대감을 만드는 경험

파도 실험은 군대식 규율이라는 극단적 방식을 이용해 단 며칠 만에 학생들을 '특별한 집단'으로 묶어낸 예외적인 사례였다. 그러나 디지털 시대의 다수 커뮤니티에서는 좁은 교실과 다르게 사람들을 일시에 통제하기 어렵다. 물리적 거리가 떨어져 있고 일상의 리듬이 제각각인 사람들을 어떻게 하나의 흐름 속으로 끌어들일 수 있을까? 그 해답 중 하나가 바로 '공유된 경험'을 디지털 방식으로 설계하는 일이다.

공유된 경험이란, 서로 다른 이들이 "우리 모두가 동시에 같은 일에 몰입한다"는 감각을 느끼게 만드는 것이다. 파도 실험은 이 감각을 강제적 규율로 즉시 구현했다. 반면 지금의 커뮤니티는 물리적 제약을 넘어, SNS, 블로그, 영상, 라이브 채팅 등 다양한 도구로 관심사나 목표를 퍼뜨릴 수 있다. 문제는 사람들이 "아, 이건 내 이야기이기도 하네"라고 느낄 만한 실마리가 없으면, 아무리 좋은 기능이나 프로그램을 홍보해도 반응을 얻기 어렵다는 점이다.

이때 필요한 것이 간접 경험이다. 사람들에게 "참여"를 재촉하기 전, "왜 이 커뮤니티가 생겨났고 어떤 문제를 풀고자 하는지"를 먼저 노출하는 과정이다. 파도 실험에서 학생들이 "왜 독일 국민이 히틀러에 저항하지 않았는가?"라는 질문을 미리 품고 있었듯, 디지털 커뮤니티도 "우리에게는 이런 고민이 있다", "이 문제를 더 이상 두고 볼 수 없어 도전한다"는 등의 이유를 충분히 알릴 때, 낯선 이들이 "내 이야기 같네"라고 고개를 끄덕이게 된다. 그 상태가 되면 누가 억지로 등 떠밀지 않아도, 언젠가 그들이 스스로 문을 두드리는 순간이 온다.

그러나 현실에서는 "우린 이런 행사도 열고, 이런 기능도 만들었는데 왜 반응이 없지?"라는 어려움을 겪는 경우를 흔히 본다. 많은 경우 사람들이 정보를 확인하긴 하지만, "그걸 왜 해야 하지?"라는 근본적 의문이 풀리지 않아 멀찍이 지켜볼 뿐이다. 오로지 행사 일정과 기능 특징만 나열하면, 이미 관심을 가진 내부인에게야 흥미로운 소식일지 몰라도 처음 오는 이에게는 별 매력이 되지 않는다.

사람들은 기능보다 이유, 일정보다 목적에 더 마음이 끌린다. 왜냐하면 일상 속에서 누구나 느끼는 문제, 예를 들어 지루한 업무, 소통의 어려움, 특정 사회적 이슈 등이 과연 이 커뮤니티 안에서 다뤄지고 있느냐가 더 궁금하기 때문이다.

이렇듯 간접 경험 단계의 성패를 가르는 열쇠는 "무엇을 하나요?"보다 "왜 그렇게 하나요?"라는 스토리를 얼마나 설득력 있게 전달하느냐다. 파도 실험이 "히틀러에 왜 저항하지 않았는가"라는 역사의식을 자극하여 학생들을 자발적 동조 상태로 이끈 것처럼, 현대 커뮤니티도 문제가 분명해야 "나도 겪었던 문제네"라고 생각한 이들을 모여들게 할 수 있다. 그리고 그들이 정보를 넘어 감정적으로 공감하기 시작하면, 결국 "가만, 나도 이 모임에 한번 참여해 볼까?"라는 전환점으로까지 이어진다.

이제 그 구체적인 과정을 좀 더 깊이 살펴보기 위해, 우선 '간접 경험'을 효과적으로 만들려면 단순 정보나 행사 공지가 아닌 '목적'과 '문제의식'을 어떻게 드러내야 하는지부터 생각해 보자. 그것이 아무리 사소한 내용이라도, 일단 누군가의 삶과 맞닿아 있으면 곧바로 "어, 그건 나도 알고 있어"라는 반응을 끌어낼 수 있다.

목적과 감정이 없으면 간접 경험은 힘을 잃는다

사람들은 낯선 집단에 발을 들이기 전, 무의식적으로 "여긴 내게 어떤 이득이 될까?", "당장은 아니더라도, 언젠가 필요할 수도 있겠지" 같은 계산을 한다. 따라서 커뮤니티 기획자가 정보를 쏟아내도, 막상 개인의 문제와 이어지지 않으면 스쳐 지나가는 정보가 되기 마련이다. "새로운 기능이 추가되었습니다", "다음 주 세미나가 열립니다" 등의 사실 나열이 아무리 많아도, 그것이 왜 중요한지 모르는 이들에게는 안중에 없는 광고와 크게 다를 바가 없다.

파도 실험을 다시 떠올려 보면, 론 존스가 교실에 규율을 퍼부을 수 있었던 건 학생들의 내면에 "어째서 독일 국민은 전체주의에 저항하지 않았을까?"라는 호기심이 이미 깔려 있었기 때문이다. 똑같은 군대식 지시라도, 그 밑바탕에 공감대가 없다면 사람들은 귀찮고 이상한 통제로만 받아들였을 것이다.

디지털 커뮤니티도 마찬가지다. "우리 여기서 요즘 이런 주제로 프로젝트를 해요"라고 말하기 전에, "왜 이 주제를 못 놓고 있는지, 그게 어떻게 우리의 삶과 맞닿아 있는지"를 반복적으로 보여주어야 누군가가 "나도 비슷한 고민을 갖고 있는데, 자세히 알고 싶다"라고 자발적으로 다가온다.

이를테면, 회사 문화 개선 프로젝트를 운영한다고 치자. 기획자가 "매주 화요일 7시에 온라인 스터디를 엽니다"라고 공지해도, 대부분의 사람들은 "그래서? 왜 화요일 7시지?"라고 궁금해할 뿐 참여를 고민하지 않는다. 반면 "대부분의 직장인이 지루한 회의와 야근에 시달려서 이런 문제를 발견했고, 우리가 현실적으로 바꿔 보려 한다"라고 목적을 내세우면, "회사 일은 늘 지루하다"라고 느껴온 이들은 자연스레 "그럼 한번 들어가 볼까?"라고 마음이 흔들린다. 이것이 단순 정보가 아니라 '문제와 감정'이 핵심으로 작용하는 이유다.

그렇다고 해서 "이 문제를 해결하겠습니다"라는 선언적 문장만 매일 던져서는 안 된다. 구체적인 에피소드, 시행착오, 감정 흐름이 함께 어우러져야 진정성이 느껴진다. 예를 들어, "직장인 B씨가 무의미한 회의 일정에 지쳐 퇴근 후에도 스트레스가 사라지지 않았다. 우리도 다르지 않았다"라는 식으로 스토리를 구체화하면, 누군가는 "내 얘기인데?"라고 인지한다. 그때부터 본격적인 간접 경험의 장이 열리고, 아직 참여하지 않은 이들도 이미 커뮤니티가 추구하는 가치 안에 발을 담그게 된다.

결국 파도 실험처럼 강력한 규율을 한 번에 들이밀 수 없는 상황에서는, "왜 이 문제를 풀어야 하는가?"라는 화두로 사람들의 호기심과 공감을 자극하는 과정이 필수적이다. 정보 전달이나 행사 일정만 전면에 내세우면, 공감할 계기가 사라진다. 반면 사소한 디테일이라도 "우리에게 이런 갈등과 고민이 있고, 이것만은 바꾸고 싶다"라고 솔직하게 보여주면, 어디선가 "맞아, 나도 느꼈어"라고 응답할 이들이 자연스럽게 등장한다. 하지만 현실에서는 목적과 감정이 충분히 전달되지 않고, 단지 정보만 나열되는 잘못된 간접 경험이 많다.

정보만 나열하는 간접 경험은 왜 실패하는가

　앞서 간접 경험은 목적과 문제의식을 명확히 드러내야만 효과적이라는 점을 살펴봤다. 그런데 실제 커뮤니티 운영 현장에서는 목적이나 문제의식보다는 기능이나 행사 일정 같은 '정보 나열'에만 치중하다가 사람들의 관심을 끌지 못하는 경우가 빈번하다. 이를 구체적으로 살펴보자.

　예컨대 온라인 커뮤니티에서는 흔히 "이번 달엔 ○○ 행사, 다음 달엔 △△ 밋업이 있습니다"라는 식으로 끊임없이 홍보 글을 올리지만, 정작 전혀 모르는 사람 입장에서는 "왜 저 행사가 필요한 거지? 내게 어떤 의미가 있길래?"라는 의문을 해소하지 못한다. 이미 내부 사정을 알고 있는 멤버나 충성도 높은 독자에게는 반가운 소식일 수 있어도, '커뮤니티 밖'에 있는 다수에게는 연결점이 부족하다.

이는 파도 실험에도 적용해 볼 수 있다. 론 존스가 "오늘부터 교실에서는 A, B, C라는 규칙을 지킨다"라고 선언하기만 하고, "왜 이런 실험을 하는지"를 미리 학생들과 나누지 않았다면 어땠을까? 아마 많은 학생이 "저게 뭐야? 그냥 갑자기 군대놀이하는 건가?"라는 반발심에 호응하지 않았을 가능성이 높다. 심지어 첫날 "나치 독일인들의 무저항"이라는 주제에 아무 관심도 없던 학생이라면, 규율을 수행하라는 요구에 굳이 따를 이유가 없었을 것이다.

디지털 커뮤니티도 마찬가지다. "이번 주 세미나 주제는 OO이니 많은 참여 바랍니다"라고만 하면, 세미나 주제를 정확히 아는 사람 정도만 "오, 저거 재밌겠다"라는 반응을 보일 뿐이다. 낯선 사람에게는 "그걸 왜 다뤄? 그게 내 삶과 무슨 관련이 있는데?"라는 의문이 먼저 떠오른다. 본질적으로 "왜?"라는 질문을 풀어주지 않은 채 "와서 들어라"라고만 말하기 때문에, 대다수가 관심을 갖지 않는 것이다.

결국, 간접 경험이라는 건 커뮤니티가 '목적'과 '문제의식'을 알리는 통로여야만 한다. 행사의 일시와 신청 링크를 열심히 반복하기 전에, "이 행사를 왜 열고 싶은지, 누가 어떤 상황에서 이 행사를 필요로 하는지"를 먼저 이야기하는 편이 훨씬 낫다. 똑같은 공지라도 "우리는 ○○ 문제를 겪고 있고, 이걸 함께 풀 단서를 찾고 싶어 이 행사를 마련했다. 사실 A, B 같은 시행착오를 겪으면서 깨달은 점이 있어 더 늦출 수 없었다" 정도로 풀면, 적어도 "나도 그 문제로 고민했는데, 저기서 답을 얻을 수도 있겠다"라는 반응을 이끌어낼 수 있다.

파도 실험에서 규율이 더 나은 성과를 만든다는 맥락이 없었다면, 군대식 규율은 그저 '교사가 갑자기 시키는 이상한 지시'에 불과했을 것이다. 디지털 커뮤니티도 같은 맥락에서 "왜 그 행사를 열고, 왜 그 기능을 만들어야 하는지"를 풀어주지 않으면, 상대방에게는 시끄러운 홍보문 정도로만 보인다. 즉, 사람의 마음이 실제로 끌리는 건 '내가 겪어본 불편과 문제를 해결하려 한다'는 말을 들었을 때이고, 그때야말로 간접 경험이 본격적으로 작동하기 시작하는 순간이다.

여기서 또 하나 주의할 점은, 단순히 "이 문제를 해결하겠다"라고 선언만 하는 것도 곤란하다는 사실이다. 제아무리 좋은 목표라 해도, 구체적 시행착오와 감정이 전해지지 않으면 독자의 관심은 "뭔가 크게 포부가 있나 본데…" 정도로 끝나기 쉽다. 앞서 말했듯, 간접 경험의 힘은 '진짜 사람 사는 얘기'에서 나온다. 그 문제가 왜 발생했고, 어떻게 접근해 봤는데 어떤 벽에 부딪혔는지, 그래서 지금 어떤 기분이나 통찰을 얻었는지를 보여줘야 독자들이 "아, 이건 그냥 뜬구름 잡는 소리가 아니구나"라고 느낀다. 그 감각적·서사적 밀도가 쌓이면, 참여는 자연스럽게 따라온다.

 정리하자면, 간접 경험을 디자인할 때 피해야 할 함정은 '사실 중심의 노출'에만 몰두하는 것이다. 일정, 기능, 설문, 개발 일지 등을 열심히 뿌려도, 문제와 목적을 빼놓으면 아무도 진심으로 귀 기울이지 않는다. 파도 실험에서 군대식 규율이 통했던 이유도 '왜?'라는 거대한 물음이 이미 주변을 감싸고 있었기 때문이다. 디지털 공간에서 사람들의 '왜?'를 해소하고 싶다면, 보다 솔직하고 구체적으로 "이 문제 때문에 발등에 불이 떨어졌고, 우리도 매일 시행착오를 겪는 중이다"라고 말해야 한다. 그것이 곧 간접 경험이 단순한 정보 홍보에서 벗어나, 유대감 형성으로 발전하는 지름길이다.

모베러웍스(Mobetterworks): 간접 경험으로 탄생한 '모쨍이'

 앞서 살펴본 대로 간접 경험은 사람들이 품고 있는 "왜 이 문제가 나와 관련 있는가?"라는 질문에 진솔하게 답을 주는 과정이다.

간접 경험의 핵심은 문제의식과 감정을 얼마나 진정성 있게 전달하는가에 달려 있다. 문제와 목적, 그리고 거기에 담긴 감정이 제대로 전달되었을 때, 사람들은 직접 참여하지 않고 지켜보는 것만으로도 "언젠가 저들과 함께하고 싶다"는 마음을 품게 된다. 국내 브랜드 중에서 이를 탁월하게 해낸 사례가 바로 모베러웍스(Mobetterworks)다.

모베러웍스는 일하는 사람들에게 유쾌한 농담을 던지는 브랜드다. 이들은 흔히 직장인들이 겪을 수밖에 없는 현실적인 고민과 아이러니한 감정을 재치 있고 유머러스한 방식으로 표현했다. 이들은 유튜브 채널 '모티비(MoTV)'를 통해 자신들의 퇴사 과정과 창업 준비 과정, 그리고 제품 제작 과정을 여과 없이 공개했다. 영상마다 등장한 메시지는 "우리는 조금 다르게 일하고 싶습니다"였다. 모베러웍스는 퇴사를 앞둔 막연한 두려움, 창업 과정에서 맞닥뜨리는 현실적 어려움, 그리고 이 과정에서 느끼는 불안과 설렘을 구체적이고 솔직하게 공유했다.

예컨대, 모베러웍스의 대표적인 콘텐츠 중 하나는 많은 직장인들이 스트레스받는 'ASAP(As Soon As Possible)'을 재해석한 굿즈였다. 이들은 "ASAP을 'As Slow As Possible'로 바꾸자"고 제안하며, 직장에서 느끼는 스트레스와 피로를 재치 있게 공감할 수 있는 형태로 풀어냈다. 또한 "Small Work, Big Money"라는 메시지를 통해 적게 일하면서도 좋은 성과를 얻고 싶은, 많은 사람들의 숨겨진 욕구를 가볍고 유쾌한 방식으로 자극했다.

이처럼 모베러웍스가 초기에 제시한 콘텐츠는 단순히 제품의 특장점을 홍보하거나 혁신적 툴을 소개하는 차원이 아니었다. 오히려 자신들도 뚜렷한 정답을 찾지 못한 상태에서 느끼는 현실적인 고민과 솔직한 감정을 공유하는 데 초점을 맞추었다. 이들이 콘텐츠에서 반복적으로 전달한 메시지는 "우리도 아직 시행착오를 겪고 있다"는 점이었다. 완벽하게 정돈된 모습을 보여주는 대신, 오히려 그 반대의 모습을 솔직하게 드러냄으로써 사람들에게 현실적인 공감을 불러일으켰다.

이 과정에서 모베러웍스는 자신들의 '불완전성'과 '진솔함'을 간접 경험으로 제공했고, 이것은 보는 사람들에게 자연스럽게 '공유된 경험'으로 연결되었다. 콘텐츠를 소비하는 사람들은 마치 자신도 그들과 함께 고민하고, 함께 실패하고, 함께 웃고 있는 듯한 감정을 느꼈다. 특히 모베러웍스의 콘텐츠는 직장 생활 속에서 비슷한 고민을 안고 있는 사람들과 단순히 '재미' 이상의 깊은 유대감을 형성하는 데 성공했다.

이러한 간접 경험을 통해 형성된 팬덤은 자연스럽게 '모쨍이'라는 이름의 강력한 커뮤니티로 이어졌다. '모쨍이'는 모베러웍스의 팬들이 스스로 붙인 이름으로, 브랜드가 의도적으로 조직한 것이 아니라 자발적으로 형성된 정체성이다. 이들이 모쨍이를 자처하게 된 결정적 계기는 모베러웍스가 지속적으로 제공한 간접적이고 공감 가득한, 공유된 경험이었다. 팬들은 직접적인 상호작용 없이도 모베러웍스가 보여준 진솔한 고민과 가치를 자신들의 이야기로 받아들였고, 어느 순간 이들과 같은 가치와 정서를 공유하는 하나의 집단으로 결속되었다.

 이렇게 간접 경험은 현실적으로 공간이나 시간의 제약 때문에 직접 만나지 못한 사람들조차도 하나의 공동체로 묶어낼 수 있는 힘을 지니고 있다. 모베러웍스의 사례는, 간접적으로 제공한 경험이 단지 관심이나 흥미를 끄는 수준을 넘어 사람들 간의 유대감을 형성하고, 결국 자발적인 커뮤니티 형성으로 이어질 수 있음을 명확히 보여준다.

 결국 간접 경험의 핵심은 공감이다. 공감은 억지로 만들어지지 않고, 진정성을 바탕으로 한 솔직한 이야기에서만 싹튼다. 모베러웍스는 현실적인 고민을 솔직하게 드러내며 사람들의 깊은 공감을 끌어냈고, 이것이 팬들이 스스로 모쨍이로 뭉쳐지는 데 결정적인 역할을 했다. 파도 실험이 교실 내 학생들을 특정 질문과 문제의식을 통해 하나로 묶었듯, 모베러웍스 역시 자신들의 문제의식과 솔직한 감정을 간접 경험을 통해 전달함으로써 자연스럽고 지속적인 유대감을 형성했다.

직접 경험:
강력한 유대감의 설계

자발적 행동 동기화: 디지털 시대의 파도 실험

 파도 실험이 극단적으로 짧은 시간 안에 학생들을 하나로 묶어낼 수 있었던 비결은, 군대식 규율이라는 '직접 경험'을 즉시 적용해 모든 사람을 동시에 움직이도록 만들었기 때문이다.
 의자를 똑바로 하고 발언은 짧게 하라는 지시가 내려지자, 학생들은 거의 동시에 자세와 말투를 바꾸었고 교실에는 "우리가 똑같이 행동하고 있구나"라는 동시성의 감각이 빠르게 번져나갔다. 이때 각자 느꼈을 낯섦보다 "함께한다"는 심리가 더 강하게 작동하며, 짧은 시간에 강렬한 소속감을 형성한 것이다.
 물론 군대식 규율은 강압적이라는 비판의 여지가 있다. 그럼에도 심리학적 측면에서 보면, 파도 실험은 행동 동기화(behavioral synchrony)가 만들어내는 몰입 효과를 극적으로 보여 준 사례다.

사람들은 집단 내에서 동일한 자극에 반응하고 같은 행동을 할 때 예상보다 큰 만족과 일체감을 얻는다. 파도 실험은 이를 '규율'로 촉발했지만, 디지털 시대에는 강제 없이도 이와 동일한 원리를 구현하는 것이 충분히 가능하다. 예를 들어 온라인 라이브 이벤트, 공동 미션, 실시간 챌린지 등을 통해 여러 사람이 동시에 같은 행동을 하도록 기획하면, 공간이 분산되어 있더라도 "지금 우리 모두 똑같이 움직이고 있구나"라는 동시성을 생생하게 체험할 수 있다.

이러한 자발적 행동 동기화의 핵심은 '동시에 움직일 동기'를 부여하는 것이다. 굳이 거창한 규율이 없어도 "함께하면 재미있겠다", "이 문제를 지금 같이 풀어 보자" 같은 부드러운 동기가 있으면 사람들이 기꺼이 참여한다. 여러 사람이 같은 리듬으로 움직이기 시작하는 순간, 기대 이상의 몰입과 결속이 단시간에 형성된다. 앞서 언급된 연구에서 합창이나 박자 맞춰 걷기 같은 단순 동작도 구성원 간의 협력과 애착을 높인다고 밝혔듯, 디지털 환경에서도 시간만 맞춰 한 가지 활동을 공유하면 이와 비슷한 심리가 쉽게 일어난다.

결론적으로, 직접 경험은 설명이나 홍보만으로는 달성하기 어려운 강력한 몰입을 가능하게 한다. 파도 실험 첫날 학생들이 "규율을 지켰더니 수업 진도가 빨라지고 교사에게 칭찬까지 받았다"는 즉각적 보상을 통해 결속을 다졌던 것처럼, 자발적 챌린지나 공동 이벤트를 통해 "함께하니 생각보다 쉽고 즐겁다"는 감각을 한 번만 느껴봐도 사람들은 다시 그 행동을 찾게 된다. 그리고 이렇게 쌓인 '함께한' 기억은 커뮤니티를 움직이는 강력한 에너지가 된다.

오프라인이 만들어 내는 감정 설계: 개인에서 대규모로 이어지는 확신

앞서 살펴본 자발적 행동 동기화는 공간적 제약 없이도, 여러 사람이 동시에 움직이면 짧은 시간 안에 '우리가 함께한다'는 심리를 이끌어낼 수 있음을 보여 주었다.

그런데 실제 현실 공간에서 얼굴을 맞대는 오프라인 모임은 또 다른 차원의 유대감을 만들어낸다. 디지털 이벤트가 편리하고 접근성이 높은 반면, 직접 만나 함께 시간을 보낼 때 체화되는 감정적 결속력은 여전히 대체하기 어렵다는 사실이 여러 사례에서 확인된다. 문제는 많은 이들이 오프라인 모임을 기획할 때, "어떻게 시작해야 하지?", "사람들이 제대로 올까?", "한꺼번에 대규모로 못하면 실패인가?" 같은 부담을 느낀다는 점이다.

그렇지만 '공유된 경험'을 통해 유대감을 만들어 온 종교나 오래된 브랜드 커뮤니티 사례를 보면, 처음부터 대규모 행사를 열지 않아도 충분히 커뮤니티 의식을 형성해 나갈 수 있음을 알 수 있다.

역사를 돌아보면, 종교는 단순한 믿음 체계를 넘어 "어떻게 사람들의 확신을 감정적으로 공고히 할 것인가"라는 문제를 수천 년간 고민하고 연구해 온 셈이다. 또한 그 핵심에는 언제나 "오프라인 반복 경험"이 자리한다. 개인이 교리를 책으로 읽는 수준을 넘어, 주기적으로 예배나 미사에 참석해 주변 사람들과 함께 의식을 치를 때, "나는 틀리지 않았다", "나와 같은 믿음을 지닌 사람이 이렇게 많구나"와 같은 감정이 마음속 깊이 새겨진다. 그 감정이 쌓여 확신이 되고, 나중에는 자신이 속한 종교를 정체성의 일부로 받아들이기까지 이르게 한다.

이러한 구조는 의외로 단순하다. 흔히 개인 → 소규모 집단 → 대규모 집단의 단계로 구분할 수 있다.

첫 번째 단계에서 개인은 혼자 기도하거나, 종교 서적을 읽거나, 혼자만의 의식을 실천한다. 두 번째 단계에서는 소수의 교회 모임이나 지역 모임에서 서로의 경험과 감정을 교류하기 시작한다. 사람들은 여기서 "나 혼자가 아니었네"라는 안도와 공감대를 확인한다. 세 번째 단계가 되면, 대형 집회나 축제를 열어 수백, 수천 명이 함께 의식을 치르며 압도적인 집합적 에너지를 만들어낸다. 에밀 뒤르케임(Émile Durkheim)이 '집합적 흥분(collective effervescence)'이라 명명한 이 현상은, 개인들에게 "우리의 믿음이 이렇게나 크고, 나 혼자만의 세계가 아니구나"라는 강력한 확신을 심어주는 장치가 된다.

이 구조는 종교에만 국한되지 않는다. 라이프스타일 브랜드 룰루레몬의 사례도 이와 유사하다. 처음에는 개인이 혼자 요가를 하고, '좋은 옷'을 입으며 건강한 생활을 실천한다(개인 단계). 이어 매장에서 소규모 요가 클래스나 러닝 세션을 열어 사람들이 함께 모여 땀 흘리고 수다를 떨면서, "이 라이프스타일을 즐기는 사람이 나 말고도 많구나"라고 느끼게 만든다(소규모 단계). 마지막으로 캐나다 밴쿠버에서 열리는 'SeaWheeze' 같은 대규모 페스티벌에서, 수많은 사람이 단체로 달리고 요가하며 엄청난 에너지를 발산한다(대규모 단계). 그 장면을 직접 목격하거나 SNS로라도 접한 사람들은 "이 라이프스타일은 한낱 취향이 아니라 많은 이들과 연결된 문화"라고 확신하게 된다.

정리하자면, 오프라인은 이처럼 개인-소규모-대규모라는 다층적 구조를 통해 점진적으로 감정을 쌓아 올린다. 따라서 너무 갑작스럽게 대규모 행사를 만들려 하기보다, '함께 움직이는 경험'을 소수에게라도 자주 반복하며 쌓아가게 하는 것이 핵심이다.

　사람들은 작은 모임에서 자기 이야기를 풀어놓고, 다른 이의 이야기를 들으면서 "이런 문제를 나 혼자만 겪는 게 아니었구나"를 체감한다. 그 감각이 꾸준히 축적되면, 언젠가 대규모 이벤트로 규모를 확장해도 사람들은 기꺼이 참여한다. 그리고 거기서 느끼는 집합적 감정은 혼자거나 소규모일 때보다 훨씬 크고 강렬해, "내가 속한 커뮤니티가 정말로 큰 울림을 주는구나"라는 확신을 더욱 깊게 심어준다.

　이는 곧 '유대감'을 의도적으로 설계하는 일이라는 점을 놓쳐서는 안 된다. 오프라인 모임은 정보나 성과를 보여주는 장이 아니라, 사람들이 "내가 여기 있어도 안전하구나", "나를 환영해 주는구나"라는 느낌을 스스로 확인하는 무대다. 따라서 어떤 형식으로 모이든, 처음엔 다소 평범해 보이든 상관없다. 오프라인을 기획할 때 "특별한 프로그램이 필요하다", "처음부터 많은 인원이 모이지 않으면 의미가 없을 것 같다"는 압박감을 느끼기 쉽지만, 사실 가장 중요한 건 '함께한다'는 감정을 사람들에게 전달할 수 있는지 여부다. 소수 인원이 정기적으로 만나는 것만으로도, "내가 이곳에 자리 잡아도 되겠구나"라는 심리가 자연스레 싹튼다.

　이 과정을 통해 커뮤니티의 구성원들은 "내가 잘못된 취향이나 잘

못된 생활 방식을 가진 게 아니었구나", "여기에 이렇게나 많은 동료가 있구나"라는 안정감과 자신감을 얻게 된다. 종교에서 "이 믿음은 틀리지 않았다"는 확신이 만들어지듯, 커뮤니티에서도 "우리의 관심사나 라이프스타일, 문제가 충분히 공감받을 만하다"는 사실을 몸으로 느낀다. 그리고 이 확신이 반복될수록, 개인은 커뮤니티의 가치를 더 적극적으로 내면화하고, 더 오래 머무르며, 다른 사람에게도 "이번에 새로 생긴 행사에 와 보지 않을래?"라고 권유하게 된다. 마치 물이 서서히 끓어오르듯, 작은 오프라인 모임이 쌓이고, 때때로 큰 행사로 결집하면서 한층 높은 차원의 결속을 낳는다.

서울 모닝 커피 클럽(SMCC): 아침 1시간이 만드는 공유된 체험

서울 모닝 커피 클럽(Seoul Morning Coffee Club, 이하 SMCC)은 "출근 전 1시간"을 활용해 함께 커피를 마시는 단순한 모임에서 출발했지만, 2년 만에 서울 전역으로 확산된 흥미로운 사례다.

이 사례는 대규모 규율이나 거창한 프로그램 없이, 사람들이 직접 같은 시간대에 만나 짧은 경험을 공유하기만 해도 강한 유대감을 형성할 수 있음을 여실히 보여 준다. 그 방식은 의외로 간단하다. 이른 아침, 지정된 카페에 5~8명 정도가 모여 1시간가량 커피를 마시며 이야기를 나누는 것이다. 따로 회비나 절차는 없고, 인스타그램(@seoulmorningcoffeeclub)에 올라오는 공지를 보고 "아침 7시에 ○○카페에서 모이자"와 같은 스토리에 DM으로 참여 의사를 밝히면 된다.

혼자 하기 어려운 '아침 활동'을 함께하는 동력

SMCC가 생겨난 계기는 "서울에는 왜 아침 일찍 여는 카페가 이토록 드문가?"라는 발상에서 비롯되었다고 한다. 파운더들은 해외 생활 중 경험한 이른 아침의 커피 문화를 좋아했지만, 국내로 돌아오니 대부분의 카페가 10시 이후에나 문을 열어 답답함을 느꼈다. 그래서 직접 '아침형 라이프스타일'을 살고 싶은 사람끼리 모여 보자는 취지로 시작한 것이 SMCC의 출발점이었다. 처음에는 인스타그램 스토리에 개인적으로 "오늘 아침은 ○○카페에서"라고 올렸는데, 이를 본 사람들이 "저도 가 봐도 되나요?"라고 물어 오기 시작했고, 자연스럽게 소규모 모임이 형성된 것이다.

이 모임은 '하나의 규칙'으로 운영된다. "아침 7시 전후로, 보통 1시간 정도 커피를 마시고 흩어진다." 이 한 가지 약속 외에는 별다른 공지가 없다. 참가자들은 각자 커피값만 지불하며, 직장을 밝히거나 명함을 나누는 것도 지양한다. "일단 아침 일찍 일어난 것만으로도 서로를 응원한다"는 기분에 초점을 맞춘 덕분에, 사람들은 군더더기 없이 "간단한 약속"을 위해 기꺼이 시간을 비워 둔다. 신기하게도 이 짧은 모임이 "함께하면 생각보다 재밌네", "출근 전 한두 마디 대화를 나눴더니 기분이 좋아졌다"라는 즉각적 보상을 만들어내면서, 기대 이상의 몰입과 소속감을 창출한다.

혼자-소규모-대규모로 확장되는 오프라인 구조

특징적인 점은 SMCC가 혼자 할 수 있는 새벽 습관과 소규모 카페 모임을 연결하고, 이를 주기적으로 반복하면서 어느 순간 대규모 행사로도 확장하고 있다는 사실이다. 예를 들어, "혼자 새벽에 러닝이나 독서를 해도, 인증샷을 SMCC 해시태그와 함께 올리면 공식 계정이 재공유(리그램)해 주는" 방식이 있다. 이를 통해 혼자서도 "내가 이 아침 문화를 함께하고 있구나"라고 느낄 수 있다. 소규모 모임(카페에서 실제로 만나 커피를 마시는 것)은 같은 날 여러 지역에서 동시에 열릴 때도 있으며, 참가자 인원이 적어 오히려 각자의 이야기를 편하게 나누며 친밀감을 쌓는 데 유리하다.

몇 달이 지나면, 사람들은 "같은 로고와 해시태그 아래 수도권 곳곳에서 아침 모임이 열리고 있구나"라는 사실을 깨닫는다. 그리고 이러한 경험이 쌓이면, "2주년 홈커밍 데이"처럼 대규모 행사를 열어 평소 여러 지역에서 소규모로 만나던 이들을 한자리에 초청한다. 그 자리에는 수십에서 수백 명이 모여, 그동안의 경험담을 공유하고 "이렇게 많은 사람들이 아침 문화를 즐기고 있구나!"라는 일종의 감동을 맛본다. 이는 종교의 예배나 브랜드 페스티벌이 주는 것과 비슷한 효과로, 개인-소규모 집단-대규모 집단을 거치며 만들어지는 심리적 확신을 보여 준다. "나 혼자가 아니었네", "우리 커뮤니티가 생각보다 훨씬 크게 자리 잡고 있구나"라는 인식이 생길수록, 사람들은 자신의 아침 습관과 SMCC를 더 굳건하게 결합한다.

소속감을 유지하는 또 하나의 장치, SNS 리그램

SMCC를 운영하는 데 있어 인스타그램은 핵심 통로 역할을 한다. 공식 계정에서 매일 스토리로 "언제, 어느 카페에서 몇 명을 모집한다"고 알리고, 참가 희망자는 DM으로 신청한다. 사람들이 혼자서 아침 운동을 하거나 독서를 할 때도 "#SeoulMorningCoffeeClub" 해시태그를 달아 본인의 새벽 일상을 공유하면, 공식 계정이 이를 종종 리그램 한다. 이러한 가벼운 연결 고리가 "모임에 직접 가지 못해도, 일상에서 동시에 새벽을 맞이하고 있다"는 동질감을 느끼게 하고, 오프라인 모임에 참여할 때도 심리적 문턱 없이 자연스럽게 스며들게 만든다. 결국 SMCC는 혼자서도 '커뮤니티 일원'이라는 감각을 온라인상에서 유지시켜주고, 실제 오프라인에서 만나면 그 감정이 더욱 강화되는 선순환 구조를 갖춘 셈이다.

규율 없는 규율: '아침'이 만드는 필터

SMCC가 특별한 이유는, 어떤 엄격한 규칙이나 입회 절차 없이도 "유대감"을 만들어 낸다는 점이다. 사실 이들은 "아침 일찍 일어나 의미 있는 시간을 보낸다"는 행위 자체를 암묵적 규율처럼 활용하고 있다. 파도 실험에서는 교사가 자세를 똑바로 하고 짧게 발언하라고 강제했다면, SMCC에서는 "출근 전 카페 모임에 오고 싶으면 자발적으로 새벽에 일어나야 한다"는 내적 동기가 생긴다. 시간대를 강제하기보다 '내가 하고 싶어서' 참여하게끔 유도한다는 차이가 있을 뿐, 결과적으로 사람들은 비슷한 리듬과 에너지를 공유한다.

재미있는 점은, 이 필터가 결속을 더욱 단단하게 만들어준다는 것이다. 늦잠을 자거나 아침이 부담스러운 사람은 참여하기 어렵지만, 그럼에도 불구하고 기꺼이 이 시간에 움직이는 이들은 서로를 보며 "같은 성향이나 목표를 갖고 있구나"라고 느낀다. 이는 "함께 하니 생각보다 쉽고, 혼자였으면 힘들었을 것"이라는 심리를 강화한다. 곧, 파도 실험의 '자세를 고쳐 앉으라'는 등의 강제적 규율 없이도, '이른 아침에 모인다'는 약속 하나만으로도 자발적 동기화가 이루어지는 것이다. 그리고 일찍 일어났다는 사실 자체가 일종의 '성과'처럼 느껴지면서, 가벼운 성취감과 동지애가 생긴다.

2주년 홈커밍 데이: 확신을 만들어 낸 대규모 체험

 SMCC가 처음 탄생했을 때는 "성수동 어느 카페에서 서너 명이 만나는" 수준이었다. 그러나 2년이 지나며, 인스타그램을 통해 여러 구에서 동시에 모임이 생기고 홈커밍 데이 같은 대규모 이벤트까지 열리게 됐다. 이 행사는 "1년 이상 SMCC를 통해 아침 습관을 들였거나, 조금이라도 참여해 본 사람이라면 누구나" 참석할 수 있도록 대상을 넓혀 운영되었고, 평소에는 각자 다른 동네 카페에서 소규모로 활동하던 이들이 한데 모이자 모두 "이렇게나 많은 사람이었나!"라며 놀라워했다고 한다. 이 순간은 마치 종교에서 대규모 예배나 축제에 참여한 신도가 느끼는 "나 혼자가 아니라는 확신"과 유사한 감정을 일으킨다.

그 결과, 평소 소규모 커피 모임에서 느꼈던 아침의 소소한 즐거움이, 대규모 행사에서는 "하나의 거대한 움직임"으로 체감된다. 이는 단순히 "생활 습관"을 넘어 "문화적인 흐름"이라는 인식이 생기는 순간이다. 이를 통해 사람들은 "이 커뮤니티와 함께한다는 게 꽤 괜찮은 선택이구나"라는 자기 확신을 거듭 강화한다. 바로 이 지점이 파도 실험에서 '강제 통제'로 만들어 낸 결속과는 전혀 다른, 느슨하지만 꾸준한 자발성으로 만들어 낸 결속의 진가라 할 수 있다.

결국, 직접 경험은 짧아도 강력하다

SMCC 사례가 시사하는 바는 명료하다. 일주일에 한두 번, 혹은 가끔 갖는 소규모 모임이라도 같은 시간, 같은 장소에 함께한다는 사실만으로 사람들은 생각 이상의 큰 소속감을 얻는다. 그것이 반복되면서 "나 혼자만의 취향 또는 목표"가 "우리의 일상"으로 확장되고, 언젠가 "홈커밍 데이" 같은 대규모 이벤트가 열리면 "이건 정말 나만의 이야기가 아니었구나"라는 압도적인 감정까지 경험하게 된다. 그렇게 만들어진 감정적 결속은 파도 실험처럼 극단적인 통제를 쓰지 않아도 단기간에 커뮤니티를 탄탄히 만든다.

어찌 보면 SMCC는 굳이 새벽형 인간이 되지 않더라도, "함께할 약속이 있으면 아침에 기꺼이 일어나 보겠다"는 작은 동기가 얼마나 강력한 힘을 갖는지 보여 주는 사례다. 파도 실험과 달리 군대식 구호나 의무가 없는데도, "7시에 카페에서 봅시다"라는 느슨한 합의만으로 동시성과 몰입을 이끌어낸다. 이는 '직접 경험'을 설계할 때 꼭 필요한 요소는 거창한 프로그램이 아니라, "내가 당장 실행할 수 있는 짧고 간단한 행동을 다른 이들과 동시에 해 본다"는 시도임을 다시금 일깨운다. 결국, 커뮤니티의 결속은 장황한 규칙이나 큰 비용을 들이지 않아도, 이른 아침의 한 잔 커피처럼 소박한 체험을 함께 누리는 과정에서 자연스레 싹 틔울 수 있는 것이다.

공유된 경험이
만드는 유대감

　1장은 "공유된 경험이 어떻게 사람들을 짧은 시간 안에 강렬한 유대감으로 이끄는가?"라는 물음에서 출발하여, 파도 실험 첫째 날의 사례를 여러 심리학적 기제로 풀어냈다.

　군대식 규율이라는 극단적 방식으로도 행동이 일사불란하게 동기화되면, 사람들이 예상보다 쉽게 "우리"라는 감각을 얻는다는 점이 핵심이었다.

　이 과정에서 여러 사람이 동시에 같은 행동을 하는 데서 비롯되는 몰입(행동 동기화)과 "함께하면 더 큰 힘이 생긴다"는 감각이 만들어내는 초기 유대감 등이 두드러졌다. 물리적으로 한 교실을 장악했던 론 존스의 실험은 윤리적, 교육적 논란을 일으켰지만, 심리학적으로는 집단이 한순간에 몰입할 수 있는 구조를 극단적으로 보여주었다는 점에서 큰 의미를 갖는다.

　현대 커뮤니티의 관점에서 1장의 결론을 정리하면, 강압적 규율

없이도 간접 경험 → 직접 경험이라는 단계적 접근을 통해 "파도 실험 못지않은 공유된 경험"을 만들 수 있다. 먼저 사람들에게 공감과 문제의식을 심어준 뒤(간접), 이후 실제로 함께 움직이는 순간(직접)에 몰입감을 형성하면 마치 군대식 규율을 도입한 교실처럼 빠르게 결속이 생긴다는 것이다. 나아가 이를 안전하고 지속 가능한 방식으로 설계하는 것이 디지털 시대 커뮤니티의 중요한 과제로 떠오른다.

이제 다음 장에서는 파도 실험 둘째 날의 행동과 반응을 바탕으로, 이름과 상징, 의례 등이 어떻게 "우리"라는 정체성을 강화하고 집단 일체감을 심화시키는지 살펴볼 예정이다. 명칭이나 심벌이 단순한 구호를 넘어 사람들의 심리에 어떤 영향을 주는지, 그리고 커뮤니티가 개인 스스로를 '특별한 존재'로 느끼게 하는 과정은 어떤 방식으로 작동하는지를 구체적으로 다뤄보려 한다. "유대감의 설계"가 본격적으로 확장되는 순간을 지금부터 함께 따라가 보자.

02

**경계:
유대감을 소속감으로 전환하는 스위치**

파도 실험 2일 차:
'우리'와 '남' 구분의 시작

파도 실험이 첫날 군대식 규율로 '공유된 경험'을 빠르게 구축했다면, 둘째 날은 이를 한 단계 더 발전시켜 '우리'와 '남'을 분명히 구분하는 움직임이 나타난 시점이다.

첫날 학생들이 단지 '이 규율을 따르니 학습 진도가 빨라지고 성과가 생긴다'는 경험을 했다면, 둘째 날부터는 그 경험을 바탕으로 '우리는 이런 존재다'라는 정체성을 구체화했다. 즉, 단순히 주어진 규율을 따르는 것을 넘어, 자신을 특별한 집단으로 인식하기 시작한 것이다.

군대식 규율은 흔히 행동 동기화를 통해 순간적인 내부 결속력을 높이는 도구로 해석되지만, 파도 실험 둘째 날에는 '안과 밖을 구분하기'라는 보다 심층적인 현상이 두드러진다. 학생들이 '우리 교실이 남다르다'고 느끼는 동시에, 교실 밖의 다른 학생들이나 일반적인 수업 방식은 '우리와 다르다'고 인식하기 시작한 것이다.

이 시점부터 내부자와 외부자를 가르는 경계가 형성되고, 이 경계는 집단 유대감을 가속화하는 새로운 동력으로 작용한다.

파도 실험 둘째 날, '우리'라는 이름이 생기다

파도 실험 둘째 날 아침, 학생들은 어제와는 확연히 다른 분위기 속에서 교실에 들어섰다.

첫날 군대식 규율을 통해 '함께 행동하면 성과가 더 좋다"는 경험을 몸으로 체득한 학생들은, 둘째 날이 되자 단순히 효율성 이상의 의미, 즉 '우리는 특별한 집단이다"라는 정체성을 느끼기 시작했다. 론 존스 교사는 이날 아침 학생들에게 "우리는 이제 제3의 물결(The Third Wave)이다"라고 선언했다.

이 선언과 함께 학생들의 태도는 분명히 달라졌다. 전날까지 단지 규율을 따랐던 학생들은 이제 자신들만의 이름('제3의 물결")과 구호, 의례(경례)를 공유하기 시작했다. 이것은 단순히 하나의 이름을 붙이는 것을 넘어, 자신을 다른 교실과 구분 짓는 중요한 계기가 되었다.

학생들은 더 이상 규율을 따르는 이유를 깊이 고민하지 않았다.

오히려 자신들이 속한 집단이 특별하다는 생각에 깊이 몰입했고, 이 과정에서 자연스럽게 '우리(내부)'와 '남(외부)'을 명확하게 구분하는 심리적 경계가 형성되었다.

주목할 점은 이러한 변화가 별다른 외부 사건 없이도 매우 빠르게 일어났다는 사실이다. 누군가 의도적으로 "우리만의 정체성을 만들자"라고 제안하지 않았더라도, 학생들은 무의식적으로 '어제의 경험을 공유한 우리만의 특별한 정체성"을 만들어가고 있었다. 전날까지 누구에게나 열려 있었던 교실은 이제 '제3의 물결 회원만 들어갈 수 있는 공간"으로 변모했다.

이 변화의 본질은 간단한 이름이나 의례 그 자체에 있는 것이 아니라, 학생들이 자신을 집단의 내부자로 규정하는 순간 내부 유대감이 급격히 강화된다는 점에 있다. 파도 실험 둘째 날 아침, 교실은 바로 그 심리적 전환점을 극명하게 보여 주었다.

안과 밖의 경계가 만들어낸 심리적 긴장과 호기심

둘째 날 아침 론 존스가 제3의 물결이라는 이름을 공포하자, 교실 안팎에서는 이전과는 전혀 다른 움직임이 감지되었다.

학생들은 회원증을 발급받고, 서로를 알아볼 수 있는 독특한 경례를 교환하기 시작했다. 어제까지만 해도 모두가 자유롭게 드나들던 평범한 교실이었는데, 이제 그 공간은 특정한 자격을 갖춘 학생들만이 속할 수 있는 곳이 되었다. 이 변화의 파장은 작지 않았다. 수업이 끝난 뒤 복도에서 무리 지어 이동하는 학생들의 모습은 다른 반 학생들의 시선을 사로잡기에 충분했다. 그들은 궁금증을 감추지 못하고 묻기 시작했다. "무슨 일이야? 저거 대체 뭐지?"

이러한 질문이야말로 내부와 외부를 나누는 경계가 실제로 작동하고 있음을 보여 주는 명백한 증거였다. 기존에는 교실 문턱을 넘는 데 특별한 조건이 없었지만, 이제는 제3의 물결 회원이라는 명확한 자격이 요구되었다. 회원증과 경례라는 작은 장치가 등장했을 뿐이지만, 이는 단순한 물리적 또는 형식적 장벽이 아니라 새로운 심리적 규칙으로 기능했다.

회원들은 교실 밖 친구들이 "나도 참여할 수 있어?"라고 묻는 순간, 무의식적으로 내부자와 외부자를 구분 짓는 기준을 스스로 내면화했다. 이때부터 내부 구성원들은 서로에게서 묘한 우월감을 느꼈다. 동시에 외부에 있는 학생들은 그 배타성에 자극받아 오히려 더 강한 호기심과 소속 욕구를 품기 시작했다.

흥미롭게도 내부자와 외부자는 서로에게 상반된 감정을 느끼게 된다. 내부에 있는 학생들은 회원증을 자랑스럽게 여기며 다녔고, 그 소속감 덕분에 전에 없던 자부심과 안정감을 경험했다. 반면 교실 밖 학생들은 배제된 자신들의 처지를 의식하며 더욱 내부 세계로의 진입을 갈망했다. "어떻게 하면 우리도 저기에 들어갈 수 있을까?"라는 질문이 점점 늘어났다.

내부와 외부를 구분하는 경계가 명확해질수록 오히려 외부인들은 내부 세계를 더욱 적극적으로 궁금해했다. 이는 커뮤니티를 형성하고 유지하는 핵심 원리를 명쾌하게 보여 준다. 내부에서 형성된 강력한 소속감과 정체성은 외부의 관심을 유발하는 동시에, 내부 멤버들의 자부심을 한층 더 고조시키는 상호작용을 일으킨다.

둘째 날 교실에서 벌어진 이러한 변화는 단지 특정 집단에 이름이나 상징을 부여하는 표면적인 행위에 그치지 않았다. 그 이면에서는 내외부 경계를 확고히 하는 심리적 메커니즘이 강력하게 작동하고 있었다. 학생들이 반복적으로 회원증을 확인하고 경례를 주고받는 과정을 통해, 이 심리적 장치는 단순한 추상적 개념이 아니라 실제로 몸으로 체감하는 감각적 경험이 되었다. 즉, 내부자가 공유하는 의례가 형성되자 그들은 자신이 특정한 무리에 속해 있다는 사실을 일상에서 반복적으로 재확인할 수 있었다. 그 결과 내부의 결속은 빠르게 강화되었고, 외부 학생들의 진입 욕구 또한 많이 증가했다.

  결과적으로 둘째 날 교실은 단 하루 만에 기존의 느슨한 학급을 넘어 특정 조건을 충족해야만 들어갈 수 있는 독자적인 커뮤니티로 완전히 재구성되었다.

  이러한 변화를 깊이 이해하면 커뮤니티를 만드는 근본 원리를 파악할 수 있다. 실제로 사람들은 단순히 모여 있는 상태로는 집단적 소속감을 느끼기 어렵다. 뚜렷한 경계를 설정하여 내부자와 외부자를 나눌 때 비로소 소속감과 결속력이라는 감정이 싹튼다. 하지만 경계를 세우는 것이 반드시 물리적 장벽이나 복잡한 규칙을 만드는 것을 의미하지는 않는다. 때로는 간단한 이름 하나, 회원증 한 장, 혹은 특정 손짓과 같은 작은 행동이 경계를 만들어내는 중요한 장치가 될 수 있다. 둘째 날 파도 실험에서 목격된 변화는, 이처럼 명확한 소속감을 만들어내는 가장 기본적인 동시에 강력한 메커니즘이 바로 '내부자와 외부자의 구분'이라는 점을 직관적으로 보여 주고 있다.

경계 설정의 심리학:
결속을 강화하는 우리와 남의 구분

내부자-외부자 경계의 작동 원리

우리는 매일 일상생활에서 '우리'라는 말을 매우 자연스럽게 사용한다. '우리 학교', '우리 회사', '우리 동네', 심지어 '우리 집 앞 카페'와 같은 표현까지 자주 등장한다. 표면적으로 이러한 말들은 자신과 조금이라도 관련된 대상에 대한 단순한 지칭처럼 보이지만, 심리학적 관점에서 보면 매우 특별한 힘을 지닌 단어다. 왜냐하면 이 단순한 표현이 사람들의 머릿속에 명확한 경계를 설정하고, 그 경계를 기준으로 사람들을 '안'과 '밖'으로 구분 짓기 때문이다.

인간은 본질적으로 자신을 둘러싼 환경과 사회 속에서 경계를 탐색하려는 본능이 있다. 이러한 경계는 단순히 물리적인 영역을 구분하는 것 이상의 심리적 의미를 내포한다. 자신이 특정한 경계 안에 속한다고 느끼는 순간, 사람은 자신을 자연스럽게 그 집단과 연결 짓게 되며, 그 연결의 강도가 높아질수록 집단에 대한 헌신과 충성심까지 발전한다. 반면 경계 밖에 있는 사람들에게는 자연스럽게 배타적인 태도와 경계심을 품는 것이 일반적이다. 심리학적으로 볼 때 이러한 현상은 인간이 가진 생존 본능의 확장으로 해석할 수 있다. 아주 원초적으로 보면 집단의 경계를 명확히 인식하는 것이야 말로 자신이 안전한 환경에 속해 있는지 아닌지를 판단하는 근본적인 기준이 되기 때문이다.

 1970년대 초, 사회심리학자 헨리 태즈펠(Henri Tajfel)은 흥미로운 실험을 통해 사람들이 어떻게 자신이 속한 집단을 인식하고 행동하는지를 밝혀냈다. 그는 이 실험을 '최소 집단 패러다임(Minimal Group Paradigm)'이라 명명했다. 이 실험의 핵심은 아무런 의미 없는 매우 간단한 기준으로 사람들을 두 개의 그룹으로 나누고 그들의 반응을 관찰하는 것이었다. 참가자들에게는 무작위로 정해진 사소한 차이(예: 미술 작품 선호도, 숫자 추첨 결과 등)만 제시되었음에도, 사람들은 즉각적으로 자신이 속한 집단을 더 선호하기 시작했다. 이들은 자신과 같은 그룹 구성원들에게 더 많은 보상을 주려 했고, 심지어 개인적인 손해를 감수하면서까지 다른 그룹보다 자신의 그룹이 상대적으로 우위에 서도록 하는 선택을 하는 경향까지 보였다.

이러한 현상이 보여 주는 통찰은 명확하다. 사람들은 본능적으로 자신이 속한 집단을 특별하게 느끼고, 그 특별함을 유지하기 위해 상대 집단과의 차이를 적극적으로 만들어낸다는 점이다. 여기서 더 중요한 것은 이러한 심리적 현상이 발현되기 위해 매우 복잡하거나 강력한 기준이 필요 없다는 점이다. 아주 작은 구분일지라도 그것이 명확하게 제시되면, 사람들은 그 구분을 중심으로 강력한 내부-외부 경계를 형성한다.

 파도 실험 둘째 날의 상황은 바로 이러한 태즈펠의 최소 집단 패러다임이 실제 현실에서 얼마나 빠르게 그리고 극적으로 작동할 수 있는지를 보여 주는 생생한 사례이다. 론 존스는 학생들에게 '제3의 물결'이라는 이름과 회원증이라는 매우 단순한 장치를 제공했을 뿐이다. 전날까지 그저 규율을 잘 따르던 학생들은, 이 간단한 명칭과 상징이 등장하자 마치 태즈펠 실험 참가자들처럼 즉각적으로 자신들을 '제3의 물결'이라는 특별한 집단으로 인식하기 시작했다. 즉, 어제까지는 모호했던 경계가 둘째 날 아침 매우 명확하게 설정된 것이다.

 이렇게 명확하게 설정된 경계는 학생들 사이에 즉각적인 심리적 변화와 강력한 결속을 불러왔다. 학생들은 이제 자신들이 가진 회원증을 통해 자신이 내부에 속해 있다는 사실을 지속적으로 확인할 수 있게 되었다. 이 회원증이라는 작은 상징물이 외부자와 내부자를 가르는 명확한 기준이 되었고, 내부자들은 이 장치를 반복적으로 확인함으로써 자신을 특별하게 인식했다. 또한 이 과정에서 자연스럽게 외부자들에 대해서는 배타적인 태도나 묘한 우월감을 느끼게 되었다.

 이처럼 내부자와 외부자를 나누는 심리적 원리는 생각보다 훨씬 강력하며, 현실에서도 놀라울 만큼 쉽게 작동한다. 여기서 중요한 점은 내부 구성원들이 자신을 특별하다고 느끼기 위해서는 반드시 자신들을 외부자와 구분할 수 있는 명확한 기준과 상징적 장치가 필요하다는 것이다. 이러한 장치는 복잡할 필요가 전혀 없으며, 오히려 단순하고 직관적일수록 강력하게 작동한다. 사람들은 복잡한 기준보다는 단순하고 반복적으로 확인할 수 있는 작은 신호에 더 빠르게 반응하기 때문이다. 바로 이러한 이유로 회원증, 로고, 특정 행동 양식이나 의례와 같은 작은 장치들이 커뮤니티나 조직 운영에서 강력한 심리적 힘을 발휘하게 되는 것이다.

 파도 실험에서 학생들이 보여 준 급속한 변화와 내부자-외부자의 명확한 구분은, 이러한 단순한 신호들이 얼마나 빠르고 효과적으로 사람들의 심리를 움직일 수 있는지를 극명하게 보여 준다. 둘째 날 아침, 단지 하나의 이름과 회원증을 받는 순간부터 학생들은 자신을 내부자로 확실하게 규정했고, 그 결과 내부 결속은 물론 외부 배타성까지 함께 증가했다. 이 원리를 깊이 이해한다면 현실에서 조직이나 커뮤니티를 설계하고 운영할 때 매우 유용한 전략적 통찰을 얻을 수 있을 것이다.

파도 실험에서 나타난 내부자와 외부자의 구체적 경계

 파도 실험 둘째 날 교실에 '제3의 물결'이라는 이름과 회원증, 경례가 도입된 후, 내부자와 외부자의 경계가 어떻게 실질적으로 나타났는지 더욱 명확하게 살펴보자.

 이날 아침부터 학생들은 이전과 전혀 다른 방식으로 교실 안팎을 구분하기 시작했다. 하루 전까지만 해도 학생들은 쉬는 시간이나 점심시간에 다른 반 친구들과 별다른 구분 없이 어울렸다. 하지만 회원증과 경례라는 명확한 구분 장치가 생기자 상황은 크게 달라졌다. 회원증을 가진 학생들은 쉬는 시간에도 교실 주변에서 무리 지어 다니며 자신들의 존재감을 드러내기 시작했다. 복도에서 마주친 다른 반 학생들이 호기심을 보이며 질문을 던졌을 때, 이들은 자연스럽게 "너희가 우리와 함께하려면 존스 선생님의 허락을 받아야

해"라고 답했다. 이 간단한 대답 하나로 내부와 외부가 분명히 나뉘었고, 가입 조건이라는 명시적인 경계선도 생겨났다.

흥미로운 점은 이러한 내부적 변화가 특별히 복잡하거나 엄격한 절차를 통해 일어난 것이 아니라는 사실이다. 그저 회원증을 가졌는지 아닌지, 특정한 경례 동작을 아는지 모르는지 같은 매우 간단한 기준만으로도 사람들은 자신과 다른 사람을 빠르게 구분 지었다. 내부자들은 이러한 장치들을 통해 스스로를 지속적으로 확인할 수 있었고, 동시에 외부자들은 자신들이 아직 이 집단의 일부가 아니라는 것을 분명하게 인지하게 되었다. 교실 내부에서만 통하는 경례나 회원증과 같은 행동적·물리적 상징은 내부 구성원들의 결속력을 높이는 동시에 외부로부터의 접근을 제어하는 심리적 문턱을 만들었다.

또한 이때부터 내부자에게는 경계를 유지하려는 동기가 강하게 발현되기 시작했다. 수업 말미에 존스 교사가 학생들에게 "규칙을 어기는 멤버가 있으면 보고하라"고 지시하자, 내부자들은 더욱 긴장하며 서로를 주의 깊게 관찰하는 태도를 보였다. 단 하나의 규칙만으로도 내부자들 사이에서는 높은 책임감과 충성심이 생겨났고, 동시에 규칙을 어기면 배제될 수 있다는 두려움도 자연스럽게 퍼졌다. 규칙 준수 여부가 내부자임을 증명하는 새로운 기준이 되었기 때문이다. 이 과정은 자연스럽게 내부 집단의 긴장감과 결속력을 더욱 공고히 했다.

 외부 학생들의 입장에서 보면 이러한 내부자들의 행동은 매혹적이면서도 동시에 배타적으로 느껴졌다. 그들은 내부자들이 서로 주고받는 경례나 회원증을 궁금하게 여겼고, 외부에 있는 자신들이 오히려 열등하다고 느끼게 되었다. 결국 일부 외부 학생들은 존스 교사나 내부 구성원들에게 적극적으로 다가가 "나도 참여할 수 있는지" 묻기 시작했다. 내부와 외부를 가르는 경계가 명확할수록 내부자에게는 소속감과 자부심을 주고, 외부자에게는 강력한 호기심과 소속 욕구를 유발하는 이중 효과가 나타났다.

 이처럼 파도 실험 둘째 날 나타난 내부-외부 경계는 매우 구체적이고 명확한 장치들(이름, 회원증, 경례) 덕분에 빠르게 형성되었다. 그 결과 내부자는 자기들끼리의 강력한 유대감과 소속감을 경험했고, 외부인은 자신들의 처지를 의식하며 내부 집단에 진입하고자 하는 강한 욕구를 가지게 되었다. 이러한 현상은 파도 실험이 단순한 규율 훈련을 넘어, 실제적이고 강력한 집단 정체성 형성으로 발전했음을 명확히 보여준다.

개념과 감각: 경계를 만드는 기준

내부자와 외부자를 구분하는 경계가 뚜렷하게 설정되면, 사람들은 어떻게 그 경계를 실제로 느끼고 내면화할 수 있을까? 단순히 어떤 그룹에 이름을 붙이거나 상징을 하나 만든다고 해서 사람들이 곧바로 강한 소속감을 가지는 것은 아니다. 이름이나 개념은 사람들의 머릿속에 쉽게 자리 잡지만, 그 자체만으로는 충분히 구체적인 경험을 제공하지 못한다. 반대로 특정한 행동이나 의례와 같은 감각적인 경험만 반복되면 사람들은 무엇을 위해 그런 행동을 반복하는지 명확한 의미를 찾기 어렵다. 경계가 확실히 작동하고 사람들에게 유의미해지려면, 머릿속의 명확한 개념과 몸으로 반복적으로 체득되는 감각 경험이 함께 존재해야 한다.

철학자 칸트(Immanuel Kant)는 "개념 없는 감각은 맹목적이고, 감각 없는 개념은 공허하다"고 말했다. 이 말을 커뮤니티의 경계 형성 과정에 빗대어 보면 매우 흥미로운 통찰을 얻을 수 있다. 명칭, 슬로건, 가치와 같은 추상적인 개념이 아무리 잘 만들어져도, 사람들이 실제 경험을 통해 그 개념을 몸으로 체득하지 못하면 개념은 금세 공허해진다. 반대로 특정 행동과 같은 감각 경험만 반복하더라도, 그 행동을 하는 이유를 설명할 뚜렷한 개념이나 가치가 없다면 사람들은 그 행동을 의미 없는 의례로 간주하고 쉽게 지치게 된다. 결국 커뮤니티에서 사람들의 소속감을 강화하는 진정한 경계는 개념과 감각이 상호 유기적으로 결합할 때 비로소 완성된다.

파도 실험 둘째 날 교실에서 벌어진 일은 이러한 결합의 가장 명확한 사례를 보여준다. 론 존스는 학생들에게 '제3의 물결'이라는 이름을 부여하고, 회원증과 경례라는 행동적 경험을 동시에 제공했다. 전날까지 학생들은 군대식 규율이라는 감각적 경험만 가지고 있었기 때문에, 이것이 왜 특별한지 명확한 의미를 부여하기 어려웠다. 그러나 이제 '제3의 물결'이라는 명확한 이름과 개념이 주어지자 학생들은 자신들이 하고 있는 행동의 의미를 깨닫게 되었다. 그들이 수행하는 경례나 회원증 교환 같은 작은 행동 하나하나가 그저 맹목적인 의례가 아니라, 자신들이 특별한 집단에 속했다는 것을 반복적으로 확인시켜주는 생생한 경험으로 변화한 것이다. 개념과 감각 이 둘이 결합된 순간 학생들은 비로소 자신들이 분명한 내부자인 '이너서클(inner circle)'을 형성하고 있음을 직접 느끼게 되었다.

이너서클이 형성될 때, 외부 사람들에게는 이 내부의 감각 경험이 온전히 전달되지 않는다. 외부인들은 회원증이나 경례 같은 특정 행동을 보기는 하지만, 그 행동이 내부자들에게 왜 중요한 의미를 가지는지 명확히 이해하지 못한다. 내부자들은 같은 경험과 의미를 공유하기 때문에 그것이 특별하다고 느끼지만, 외부자는 그것을 그저 낯설고 특이한 행동으로만 바라보게 된다. 바로 이 지점에서 내부와 외부의 심리적 경계가 확연히 드러난다. 외부인이 이너서클에 진입하려면, 내부자들이 공유하는 행동을 따라 하면서 동시에 그것의 의미와 가치를 정확히 이해하고 받아들여야 한다. 내부자들은 스스로를 이 두 가지를 모두 공유하는 특별한 사람이라고 생각하기 때문에, 자연스럽게 내부인끼리의 결속은 강화되고 외부로부터의 접근 장벽은 높아진다.

이처럼 내부와 외부를 구분하는 경계의 진정한 힘은 구성원들이 공유하는 개념과 감각의 균형 잡힌 결합에서 나온다. 이후 논의에서 살펴볼 개념은 사람들에게 내적 동기(필요, 목표, 욕망)를 제공하는 역할을 하며, 감각 경험은 이름, 로고, 행동 의례와 같이 사람들이 구체적으로 체험하고 행동할 수 있도록 만드는 장치이다. 중요한 것은 이 둘이 분리되어 작동하는 것이 아니라 반드시 함께 결합되어야 한다는 사실이다.

만약 내부자에게 충분한 동기가 제공되지 않고 감각적 경험만 반복된다면, 구성원들은 점차 목적을 잃고 행동에 지쳐버린다. 반대로 뚜렷한 개념적 가치나 동기만 제시되고 실제로 구성원이 공유할 수 있는 구체적인 감각 경험이 없다면, 사람들은 초반에 강한 관심을 보이다가도 금세 흥미를 잃고 떠나게 된다. 파도 실험의 둘째 날 교실이 빠르게 내부자와 외부자를 명확히 나누고 강력한 결속을 만들어낼 수 있었던 결정적인 이유는, 이 개념과 감각의 균형을 처음부터 완벽하게 제공했기 때문이다.

앞으로 논의될 경계는 단순히 개념적 선언이나 감각적 체험 중 어느 하나로만 유지되지 않는다는 점을 분명히 할 것이다. 둘째 날 교실에서 관찰된 강력한 내부 결속과 외부 배타성은 바로 이 두 요소의 완벽한 균형에서 비롯되었다는 점을 기억해야 한다. 이제부터 사람들이 실제로 내부에 오래 머물게 만드는 강력한 내적 동기 구조, 즉 '개념'의 부분을 구체적으로 분석하고, 이어서 내부자들이 자신들의 소속감을 지속적으로 재확인하게 만들어 주는 다양한 감각적 요소를 소개할 것이다.

왜 내부에 머무는가:
경계를 유지시키는 동기의 구조

동기의 설계: 네트워크가 있어야 '우리'가 생긴다

커뮤니티를 구축하는 것은 단순히 사람들을 한데 모으는 일이 아닙니다. 실제로 많은 커뮤니티가 처음에는 쉽게 사람을 모으지만, 얼마 지나지 않아 조용히 사라진다. 이유는 간단하다. 커뮤니티를 만들겠다고 하면서도 정작 커뮤니티의 핵심인 '연결'을 설계하지 않고, 그저 사람들을 모아 놓는 데 그치기 때문이다. 진정한 의미의 커뮤니티는 단순히 구성원 수가 많다고 만들어지는 것이 아니다. 사람들이 서로 연결되고, 그 안에 기꺼이 머물고 싶어 하며, 자발적으로 다시 찾아오게 만드는 강력한 네트워크가 존재할 때 비로소 탄생한다.

앞서 이야기 한 것과 같이 커뮤니티가 하나의 '집'이라면, 네트워크는 그 안에서 함께 살아가는 '가족'이다. 결국 사람들은 이 집(커뮤니티)의 물리적인 안과 밖을 구분하기보다, 가족처럼 끈끈하게 묶인 네트워크의 안과 밖을 구분하게 된다. 이러한 네트워크가 형성되려면 사람들에게 그 안에 속해야 할 이유, 남아야 할 이유, 그리고 다시 돌아와야 할 이유가 명확하게 제시되고 설계되어 있어야 한다. 사람은 뚜렷한 동기 없이 한곳에 오래 머물지 않는다.

지금까지 직접 만나고 분석했던 커뮤니티들의 지속 가능한 네트워크를 구축하는 동기는 크게 세 가지로 정리된다.

첫째, 필요(Need) 때문이다. 필요란 구성원이 이 네트워크를 떠날 수 없도록 만드는 실질적이고 현실적인 동기를 말한다. 예를 들어, 아파트 커뮤니티가 유지되는 가장 근본적인 이유는 주차 공지, 엘리베이터 점검, 쓰레기 수거 일정 등 생활에 필수적인 정보가 공유되기 때문이다. 구성원들이 이 네트워크를 떠나면 생활이 불편해지거나 곤란해진다면, 사람들은 어쩔 수 없이 머물게 된다. 다만 필요만 존재하는 커뮤니티는 참여자 간의 관계가 느슨해지기 쉽고, 정보 공유가 중단되거나 불편이 해결되면 쉽게 흩어질 가능성이 크다. 따라서 필요 기반 커뮤니티는 일방적인 정보 제공을 넘어선 공동 결정 구조, 의견 교류를 촉진하는 시스템 등 참여자들 간의 연결을 유도하는 추가적인 설계가 반드시 필요하다.

둘째, 목표(Goal) 때문이다. 목표는 필요보다 훨씬 강력하게 사람들을 결속시킨다. 목표는 구성원들이 뚜렷한 성취를 향해 함께 나아가는 구조 속에서 발현된다. 투자 커뮤니티, 운동 챌린지, 자격증 스터디처럼 무언가를 함께 이루겠다는 공통의 성취감이 존재할 때 강력하게 형성된다. 목표를 공유하는 커뮤니티는 구성원들끼리 서로를 '동료'로 인식하며 매우 빠르고 강력한 결속력을 갖는다. 그러나 목표 기반 커뮤니티의 명확한 약점은 목표가 달성된 이후 참여 동기가 급격히 저하된다는 점이다. 시험이 끝나거나 프로젝트가 종료되면 사람들은 빠르게 이탈하는 경향을 보인다. 따라서 목표 기반 커뮤니티를 운영할 때는 항상 목표 달성 이후의 관계 유지 방안이나 새로운 '레벨업' 단계를 미리 설계해 두어야 지속 가능하다.

셋째, 욕망(Want) 때문이다. 욕망은 단순히 무언가를 필요로 하거나 목표를 이루고 싶다는 차원을 넘어, 자신의 가치를 드러내고 인정받고 싶은 내적인 동기를 포함한다. 이는 사람들이 가장 강력하고 자발적으로 네트워크에 머무르는 동기이기도 하다. 욕망을 공유하는 네트워크에서는 누가 강요하지 않아도 사람들이 기꺼이 참여하며, 당장 무언가를 얻지 않아도 스스로 다시 찾아온다. 이러한 커뮤니티는 명확한 가치와 정체성을 공유하는 구성원들이 모일 때 자연스럽게 형성된다. 예를 들어, 명품 브랜드의 강력한 팬덤 커뮤니티나 특정 철학을 공유하는 온라인 커뮤니티처럼, 구성원들은 그 집단에 속해 있다는 사실 자체를 자랑스러워하고 정서적인 만족감을 얻는다. 욕망 기반의 네트워크는 종료 시점이 따로 없으며, 시간이 흐를수록 가치가 누적되고 자발적으로 성장하는 특성을 가진다. 하지만 욕망 기반 커뮤니티는 단지 좋은 의도만으로 만들어지지 않는다. 이 네트워크가 가진 고유한 가치와 세계관을 명확히 정의하고 표현하며, 구성원들이 그 세계관을 구체적으로 경험하고 체화할 수 있도록 섬세하게 설계하는 것이 필수적이다.

그런데 여기서 간과해서는 안 될 중요한 점이 있다. 현실에서 강력하고 지속 가능한 네트워크는 이 세 가지 동기 중 어느 하나에만 의존하거나 특정 동기만을 강조해서는 만들어지기 어렵다는 것이다. 오히려 필요, 목표, 욕망 이 세 가지 동기가 유기적으로 결합되어 함께 작동할 때, 네트워크는 훨씬 더 단단하고 오랫동안 지속될 수 있다.

대표적인 사례가 바로 한국의 아파트 커뮤니티이다. 아파트 커뮤니티는 우선 생활에 필요한 정보 공유(필요) 때문에 사람들이 모이기 시작한다. 하지만 이들은 동시에 자신들의 아파트 가치를 높이려는 공동의 목표(목표)도 공유한다. 나아가 특히 고급 브랜드 아파트의 경우, 그 아파트에 거주하는 것이 자신들의 라이프스타일을 대변하는 자부심이자 상징(욕망)으로 작용하기도 한다. 이처럼 세 가지 동기가 복합적으로 작용할 때 아파트 커뮤니티는 단순한 정보 게시판을 넘어 살아 숨 쉬는 네트워크로 발전한다.

결론적으로 커뮤니티를 기획하거나 설계할 때는 항상 이 세 가지 동기가 충분히 고려되고 균형을 이루는지 점검해야 한다. 단순히 구성원 수가 많다고 커뮤니티가 되는 것이 아니다. 사람들이 계속 머물고 싶어 하는 이유, 즉 동기가 분명해야 하고, 그 이유를 구성원들이 명확히 인지할 수 있어야 한다. 참여율이 저조하다면 공동의 목표가 선명한지 점검해야 하고, 구성원 간의 관계가 느슨하다면 공유된 가치와 욕망이 명확한지 살펴야 하며, 무임승차가 많다면 구성원들에게 꼭 필요한 정보와 현실적인 이점(필요)을 충분히 제공하고 있는지 확인해야 한다.

이러한 동기 설계가 바탕이 되어 네트워크가 형성되면 사람들은 자연스럽게 '우리'라는 강력한 관계를 맺는다. 그리고 이러한 관계야말로 커뮤니티가 지속될 수 있는 가장 근본적인 원동력이다.

세 가지 동기가 함께 작동할 때 만들어지는 강력한 내부 결속

앞서 우리는 사람들이 네트워크에 머무르는 이유를 필요, 목표,

욕망이라는 세 가지 동기로 구분했다.

그런데 실제로 강력하고 오랫동안 유지되는 커뮤니티를 살펴보면, 이 세 가지 동기가 명확히 분리되지 않고 유기적으로 연결되어 작동한다. 이 세 가지 동기가 서로를 보완하고 상호작용할 때, 구성원들은 그 커뮤니티에서 훨씬 강력한 소속감을 느끼고, 쉽게 떠나지 않으며, 나아가 스스로 네트워크를 확장시키기도 한다.

먼저, 단순한 필요만으로 형성된 네트워크는 가장 기초적인 형태이다. 아파트 커뮤니티에 주민들이 처음 참여하는 가장 큰 이유는 이러한 '필요' 때문이다. 관리비 납부 일정, 공사 일정, 쓰레기 수거 일정 등 일상생활에 꼭 필요한 정보를 얻기 위해 사람들은 네트워크에 가입한다. 이 단계에서는 구성원들이 '네트워크 안에 속해 있다'는 느낌보다는, 필요한 정보를 얻기 위한 단순한 접속 행위로 인식하기 쉽다. 따라서 이러한 네트워크는 정보가 더 이상 필요하지 않은 순간 즉각적인 이탈이 가능하므로 안정적인 결속력을 갖기는 어렵다. 하지만 '필요'는 사람들이 처음 네트워크에 발을 들이는 중요한 진입점이자 최소한의 연결 고리 역할을 해준다.

여기에 명확한 목표가 더해지면 상황은 급격히 변화한다. 사람들은 단지 정보를 얻는 것을 넘어, 공동의 목표를 달성하기 위해 적극적으로 행동한다. 아파트 커뮤니티가 가장 쉽게 결속되는 순간 중

하나는 주민들이 "우리 아파트의 가치를 올리자"거나 "우리 단지의 안전을 지키자"와 같은 공동의 목표를 공유할 때이다. 이렇게 공동의 목표가 설정되면, 사람들은 서로를 '동료'로 인식하며 더욱 적극적으로 소통하고 협력하기 시작한다. 같은 목적을 가진 이웃끼리 대화를 나누고, 의견을 모으며, 집단적 행동을 기꺼이 실천한다. '필요'가 개인적인 동기라면, '목표'는 집단적이고 사회적인 동기이다. 따라서 목표가 뚜렷한 커뮤니티에서는 구성원들 간의 결속력이 매우 빠르고 강력하게 형성된다. 이들은 자신들이 함께 하는 이유를 명확히 알기 때문에 결속이 쉽게 흔들리지 않는다.

하지만 목표에는 분명한 약점도 있다. 목표는 언젠가 달성되기 때문이다. 예를 들어 아파트 가치를 높이는 리모델링이나 주요 사업이 완료되고 나면, 목표 기반으로 뭉쳤던 주민들은 자연스럽게 흩어지기 시작한다. 스터디 그룹이나 운동 커뮤니티에서도 시험이나 챌린지가 종료된 이후 참여율이 급격히 떨어지는 현상이 바로 이러한 이유 때문이다. 목표가 명확한 만큼, 그 목표가 사라지면 커뮤니티를 묶고 있던 결속력도 빠르게 약화된다. 따라서 목표만으로 유지되는 커뮤니티는 목표 달성 이후에도 참여자들이 계속 머물 수 있도록 추가적인 동기 부여 장치를 반드시 마련해야 한다.

바로 이때 가장 깊은 단계인 욕망이 결합되면, 네트워크는 지속 가능성을 확보하게 된다. '욕망'은 구성원들이 커뮤니티 자체에 대해 정서적 애착과 강한 자부심을 느끼는 상태를 의미한다. 예를 들어, 고급 브랜드 아파트에 사는 사람들이 단지 정보나 목표 때문만이 아니라 "나는 이런 곳에 사는 사람이다"라는 자부심, 즉 특정한 라이프스타일이나 정체성에 대한 욕망으로 연결될 때, 그 네트워크는 매우 강력하고 오랜 기간 유지될 수 있다. 이 단계의 구성원들은 네트워크 안에서 자신의 정체성을 형성하고 표현하며, 스스로를 커뮤니티와 동일시한다. 따라서 단지 편익이나 단기적인 목표가 달성된 이후에도 쉽게 이탈하지 않는다. 오히려 이 정서적, 개념적 가치에 더 깊이 몰입하며 적극적으로 커뮤니티에 참여하고 주변 사람들에게 커뮤니티를 알리는 '앰배서더' 역할을 자처하기도 한다. 이러한 단계에 진입하면 구성원들은 내부에 남는 것 자체가 목적이 되고, 구성원 간의 관계는 지속적이고 깊은 차원의 결속을 형성하게 된다.

　실제로 현실에서 가장 성공적이고 오래 지속되는 네트워크는 이 세 가지 동기, 즉 [필요], [목표], [욕망]이 분리되지 않고 서로 유기적으로 연결되어 함께 움직이는 특징을 보인다. 다시 한번 아파트 커뮤니티 사례를 통해 살펴보자. 처음에는 생활 정보 습득이라는 '필요' 때문에 주민들이 모인다. 이 과정에서 주민들은 서로 정보를 나누면서 서서히 네트워크를 형성한다. 이어서 아파트 가치를 높이거나 주민들의 생활 환경을 개선하자는 공동의 '목표'가 생기면 주민들은 더욱 능동적으로 움직이고 적극적으로 상호작용하면서 관계를 발전시킨다. 마지막으로 그 아파트가 상징하는 특정 라이프스타일이나 정체성에 대한 '욕망'이 결합되면, 구성원들은 이 네트워크에 깊은 정서적 애착을 가지게 되고, 스스로를 더욱 적극적으로 이 네트워크 안에 포함시키며 관계를 더욱 견고하게 만든다.

이처럼 필요, 목표, 욕망이 함께 작동하면서 구성원 간의 관계는 단순히 느슨한 연결을 넘어 더욱 긴밀하고 강력한 형태로 진화한다. 처음에는 생활 정보 습득이나 실질적인 이점이라는 '필요' 때문에 네트워크에 참여했던 구성원들이 점차 공동의 '목표'를 공유하며 서로 협력하고 의지하기 시작한다. 이러한 과정을 거치면서 내부 구성원들 사이에서는 뚜렷한 정서적 유대감이 형성된다.

이 유대감은 초기 단계에서는 '우리끼리 서로 통하는 게 있다', '우리끼리 함께 이룬 것이 있다'는 수준으로 표현되지만, 점차 반복된 상호작용과 공통의 경험을 통해 더욱 단단한 형태로 발전한다. 바로 이 지점에서 유대감은 보다 강력한 형태인 소속감으로 전환된다. 구성원들은 더 이상 단순히 서로 좋은 관계를 유지하는 것을 넘어, 스스로를 명확히 이 네트워크에 속한 사람이라고 인식하기 시작하는 것이다. 다시 말해, 처음에는 단지 '우리끼리 친하다'는 정서적 연결에서 시작된 관계가, 점차 발전하여 '나는 이 커뮤니티의 일원이다'라는 명확한 정체성으로 자리 잡게 된다.

  이러한 소속감은 내부 구성원들에게 강력한 안정감과 만족감을 제공한다. 그들은 더 이상 네트워크를 떠날 이유를 찾지 않게 되고, 오히려 내부 구성원으로 남아 있는 것을 자랑스럽게 여기며, 그 상태를 유지하고자 적극적으로 커뮤니티 활동에 참여하게 된다. 이렇게 유대감이 소속감으로 전환되는 과정을 거친 구성원들은 네트워크의 지속성과 결속력을 스스로 지켜나가는 강력한 '내부자'가 된다. 외부인들에게는 높은 진입 장벽이 되고 내부 구성원들에게는 강한 자부심과 특별한 정체성을 부여하는 소속감이 형성될 때, 네트워크는 진정으로 강력하고 지속 가능한 커뮤니티로 발전한다.

감각의 설계:
경계를 구체화하는 방법

앞서 우리는 사람들이 네트워크 안에 머무르는 이유를 만들어내는 세 가지 강력한 내적 동기, 즉 필요와 목표, 욕망을 살펴보았다. 하지만 네트워크의 내부 구성원들이 아무리 뚜렷한 동기와 명확한 목적을 공유하더라도, 그것이 실제로 눈앞에서 구체적으로 드러나지 않는다면 사람들은 그 소속감을 점차 희미하게 느끼기 시작한다. 추상적인 개념은 반드시 눈에 보이고, 손으로 만져지고, 귀로 들릴 수 있는 형태로 구체화되어야만 구성원들에게 지속적으로 살아있는 소속감을 제공할 수 있다.

이 장에서 우리가 주목하는 것은 바로 그 구체화의 과정이다. 네트워크는 내부와 외부를 나누는 추상적인 경계만으로는 오래 유지될 수 없다. 그 경계를 더욱 명확하고 지속 가능하게 만드는 것은 이름, 상징물, 의례와 같은 구체적인 감각적 장치들이다. 이 요소들은 구성원들이 네트워크의 소속감을 몸과 마음으로 생생하게 체험하도록 돕고, 동시에 외부인들이 자연스럽게 내부로 진입하기 위한 벽을 느끼게 만든다.

　이름이 붙는 순간부터 사람들은 자신들이 더 이상 불특정 다수가 아니라 특별한 정체성을 가진 커뮤니티의 일원임을 스스로 선언하게 된다. 상징물는 구성원들에게 매일 일상의 풍경 속에서 커뮤니티의 존재를 환기시키고, 보는 순간마다 커뮤니티의 일원이라는 사실을 반복적으로 확인하게 만든다. 그리고 의례는 구성원들이 추상적인 가치를 머리로 이해하는 것을 넘어서 몸으로 직접 경험하고 반복하며, 커뮤니티의 문화와 가치를 자연스럽게 내면화하도록 유도한다.

　즉, 이름과 상징물, 의례 같은 감각적 요소들이 결합될 때, 내부 구성원들은 그들이 속한 집단의 정체성과 가치를 매 순간 구체적으로 느끼고 확인하게 된다. 그 과정에서 자연스럽게 개인의 감정적 유대감은 집단적 소속감으로 깊이 뿌리내리게 된다. 이 장에서는 바로 이러한 감각적 요소들이 실제로 어떻게 작동하는지, 왜 이 요소들이 내부와 외부의 경계를 효과적으로 표현하게 되는지, 그리고 그것을 전략적으로 설계하고 활용하는 방법은 무엇인지 하나하나 명확하게 짚어 나갈 것이다.

왜 경계를 구체적으로 보여주는가

 어떤 집단을 떠올릴 때 가장 먼저 생각나는 것은 대개 그 집단의 이름이거나 시각적인 상징물, 그리고 그들만의 독특한 행동 방식인 의례일 것이다.

 이러한 요소들은 외부인에게는 그 집단의 존재를 뚜렷하게 알리는 표식이 되고, 내부인에게는 자신이 특별한 커뮤니티에 소속되었음을 지속적으로 확인하게 하는 강력한 감각적 장치로 기능한다. 즉, 이름과 상징물, 의례는 내부와 외부 사이의 경계를 가장 구체적이고 직관적으로 표현하는 핵심 장치들이다.

 먼저, 이름은 커뮤니티가 그 존재를 세상에 선언하는 가장 기본적인 장치이다. 이름이 없는 집단은 단지 특정한 사람들이 모인 느슨한 무리에 지나지 않는다. 하지만 커뮤니티가 자신들만의 고유한 이름을 정하는 순간, 사람들은 그 이름을 중심으로 명확한 정체성을 형성하기 시작한다. 앞서 살펴본 파도 실험에서도, 학생들이 '제3의 물결'이라는 이름을 부여받기 전까지는 단지 특별한 규율을 따르는 집단 정도로만 스스로를 인식했다. 그러나 일단 그 이름이 주어지자, 학생들은 즉시 자신들을 더 이상 보통의 학생 집단이 아니라, 뚜렷한 정체성을 지닌 하나의 특별한 커뮤니티로 인식하게 되었다. 이처럼 이름은 단순한 호칭 이상의 의미를 갖는다. 내부 구성원들은 자신을 소개할 때마다 이 이름을 자연스럽게 언급하며, 자신이 이 특별한 집단의 일원이라는 사실을 지속적으로 확인하게 된다. 반면 외부인들에게 이 이름은 아직 자신이 들어가지 못한 특별한 세계를 가리키는 일종의 이정표 역할을 한다.

상징물 역시 이름과 마찬가지로 집단의 경계를 구체적으로 드러내는 매우 강력한 장치이다. 우리가 유명한 스포츠팀이나 브랜드의 상징물을 볼 때 즉시 그 집단이 지닌 가치와 이미지를 떠올리는 것처럼, 특정한 상징물은 그 자체로 집단의 정체성을 압축적으로 전달하는 기능을 한다. 상징물은 말없이도 커뮤니티의 존재를 끊임없이 상기시키고, 내부 구성원들이 일상에서 자신들의 소속감을 지속적으로 재확인할 수 있게 돕는다. 예를 들어, 사람들이 특정한 커뮤니티의 상징물이 담긴 굿즈를 자랑스럽게 사용하는 모습을 생각해보자. 내부인들은 이 상징물을 통해 자신들이 속한 커뮤니티와 끊임없이 연결된 느낌을 받는다. 동시에 외부 사람들에게 이 상징물은 아직 진입하지 못한 특별한 세계의 존재를 시각적으로 전달하는 역할을 한다. 결국 상징물은 내부 구성원들에게 지속적인 소속감을 제공하는 동시에, 외부 사람들에게는 명확한 경계의 존재를 직관적으로 알려주는 이중적인 기능을 수행한다.

마지막으로, 의례는 집단의 경계를 실제로 몸과 행동을 통해 경험하게 만드는 가장 구체적인 장치이다. 의례란 구성원들이 특정 행동을 반복적으로 수행함으로써 커뮤니티가 가진 추상적 가치와 규범을 몸으로 직접 체험하게 만드는 방법이다. 예를 들어, 앞서 살펴본 파도 실험에서 학생들이 군대식 경례를 하거나 회원증을 서로 보여주는 행동은 단순히 규칙을 따르는 행위 이상의 의미를 가지고 있었다. 이러한 의례적 행동들은 구성원들이 서로가 같은 커뮤니티의 구성원임을 몸으로 직접 확인하게 하고, 이 행동을 하지 않는 외부인들에 대해서는 명확히 구분 짓게 하는 역할을 했다. 의례는 사람들에게 추상적인 가치를 단지 머리로만 이해하는 수준을 넘어 몸으로 직접 경험하게 함으로써, 구성원들이 소속감을 훨씬 더 깊고 지속적으로 체감할 수 있도록 돕는다. 따라서 외부인들은 이러한 의례적 행동을 이해하거나 쉽게 따라 할 수 없기 때문에, 이를 통해 커뮤니티의 경계를 더욱 명확하게 느끼게 된다.

결론적으로 이름과 상징물, 의례는 각각의 방식으로 내부와 외부를 명확히 구분하는 역할을 한다. 이 세 가지 요소가 서로 유기적으로 결합되면, 내부 구성원들은 자신들이 특별한 정체성을 가진 집단에 속해 있다는 사실을 지속적으로 확인하고 체험할 수 있으며, 외부인들은 이러한 요소들을 통해 그 특별한 세계에 대한 호기심과 동경을 느끼면서도 동시에 명확한 진입 장벽을 인지하게 된다. 이것이 바로 이름과 상징물, 의례와 같은 감각적 요소들이 추상적이었던 경계를 구체적이고 살아 있는 경험으로 변화시키는 핵심 원리이다.

개념과 감각의 시너지

앞서 우리는 사람들이 네트워크 안에 지속적으로 머무르게 하는 필요, 목표, 욕망이라는 강력한 내적 동기에 대해 살펴보았다. 그러나 이러한 동기들이 아무리 뚜렷하게 설정되어 있어도, 이름이나 상징물, 의례와 같은 구체적이고 감각적인 표현 장치로 실제 삶에 구현되지 않으면 사람들은 소속감을 점차 희미하게 느끼기 마련이다. 결국 사람들은 추상적인 개념보다는 손에 잡히고 눈으로 볼 수 있으며, 직접 행동으로 반복할 수 있는 구체적인 요소를 통해 자신의 소속감을 더욱 강력하게 인지하게 된다.

그렇다고 내적 동기 없이 단지 이름과 상징물, 의례와 같은 감각적 장치만을 강조하는 것도 문제가 된다. 내적 동기가 결여된 채 감각적 요소만 존재하면 사람들은 결국 그런 장치들을 형식적인 행동으로만 여기게 되고, 커뮤니티의 정체성이나 가치를 충분히 내면화하지 못한다. 따라서 개념적인 내적 동기와 구체적인 감각적 요소는 반드시 함께 맞물려야만, 지속 가능한 커뮤니티로 성장할 수 있다.

내적 동기와 감각적 요소가 제대로 결합될 때, 사람들은 추상적인 가치를 생생한 일상의 경험으로 받아들이고, 그 경험을 통해 자신들이 네트워크의 명확한 내부자라는 사실을 확실히 체감하게 된다. 예를 들어, 특정 브랜드를 깊이 사랑하는 팬덤을 생각해 보자. 그 팬덤 구성원들은 브랜드가 전달하고자 하는 가치와 철학을 분명히 이해하고 공감한다. 하지만 그것만으로는 충분하지 않다. 이들은 브랜드의 상징물이 담긴 제품을 구매하거나 특별한 행동, 즉 의례적 행위를 통해 브랜드의 가치를 자신의 실제 삶 속에서 반복적으로 경험하고 실천한다. 이 과정에서 사람들은 단순히 브랜드를 좋아하는 개인에서 벗어나, 브랜드의 가치와 문화를 공유하는 하나의 명확한 커뮤니티 일원으로 성장하게 된다.

이렇게 개념과 감각이 결합된 시너지는 커뮤니티 내부 구성원들에게 두 가지 중요한 효과를 제공한다. 첫 번째 효과는 구성원들이 자신을 내부자로 지속적으로 확인하고, 점차 그 사실을 내면화하게 한다는 점이다. 사람들은 일상에서 커뮤니티의 이름을 듣거나 말할 때, 커뮤니티의 상징물이 새겨진 물건을 사용하거나 마주할 때, 그리고 커뮤니티의 의례적 행위를 반복적으로 수행할 때마다 자신이 커뮤니티의 일원이라는 사실을 새삼스럽게 재확인하게 된다. 이러한 반복적인 경험은 커뮤니티의 정체성을 개인의 깊숙한 곳까지 자리 잡게 만들고, 결국 구성원들은 소속감을 점차 강력하고 자연스럽게 내면화하게 만든다.

두 번째 효과는 외부 사람들에게 명확한 경계의 존재를 알려줌과 동시에, 그들을 내부로 이끌 수 있는 매력적인 유인책으로 작용한다는 점이다. 외부인들은 커뮤니티의 이름과 상징물, 그리고 독특한 의례들을 보면서 호기심을 느끼고 관심을 가지게 된다. 그러나 동시에 이러한 요소들은 쉽게 따라 할 수 없는 독특한 행동과 문화를 드러내기 때문에, 외부인은 이 커뮤니티의 내부로 진입하는 것이 쉽지 않음을 직관적으로 느끼게 된다. 이로 인해 외부인은 커뮤니티가 가진 특별한 가치를 알고 싶어 하며, 점차 자신도 이 내부의 일원이 되고 싶다는 강한 욕구를 가지게 된다. 결국 감각적 요소들은 내부자에게는 지속적인 소속감을 제공하고, 외부인에게는 자연스럽게 내부로의 진입 장벽인 동시에 강력한 매력으로 작동하는 이중적인 효과를 갖는다.

이러한 시너지를 전략적으로 설계할 때, 커뮤니티는 더욱 안정적이고 지속 가능한 구조를 갖게 된다. 내부 구성원들은 자신들이 공감하고 이해했던 추상적 가치를 구체적인 행동과 반복적인 체험을 통해 일상 속에서 명확히 느끼게 되고, 커뮤니티에 대한 소속감과 자부심이 지속적으로 강화된다. 한편 외부인은 내부자들의 특별한 행동과 상징에 매료되면서 내부의 가치와 문화를 배우고 익히고자 하는 강력한 동기를 느끼게 된다.

성공적인 커뮤니티 설계를 위해서는 반드시 추상적인 내적 동기와 이름, 상징물, 의례와 같은 감각적 표현 요소를 함께 균형 있게 설계해야 한다. 이 두 요소가 효과적으로 결합되어 있을 때, 사람들은 초기의 단순한 감정적 유대감을 넘어 강력한 집단적 소속감을 가지게 되고, 커뮤니티에 지속적으로 머무르고자 하는 동기를 갖게 된다. 바로 이러한 구조가 완성될 때, 네트워크는 순간적이고 일시적인 열정을 넘어서 오랫동안 사람들을 붙잡아두는 단단한 커뮤니티로 발전할 수 있을 것이다.

실제 사례 분석: BTS 팬덤 '아미'는 어떻게 유대감을 소속감으로 전환했는가?

지금까지 우리는 이름, 상징물, 의례와 같은 감각적 요소가 개인의 유대감을 어떻게 커뮤니티적 소속감으로 전환시키는지를 살펴보았다. 이러한 이론을 현실에서 가장 성공적으로 구현한 대표적인 사례가 바로 방탄소년단(BTS)의 팬덤인 '아미(A.R.M.Y)'이다. 아미는 단순히 유명 아이돌을 응원하는 팬들의 모임을 넘어, 전 세계적으로 가장 단단하고 영향력 있는 팬덤 커뮤니티로 자리 잡았다. 이러한 성공의 핵심에는 개별 팬들의 느슨한 유대감을 강력한 집단적 소속감으로 발전시키는 정교한 감각적 장치들이 있다.

팬덤의 이름 '아미(A.R.M.Y)' 자체가 소속감을 형성하는 중요한 출발점이었다. '아미'라는 이름은 원래 '군대'를 뜻하며, 방탄복과 군대가 언제나 함께하듯 BTS와 팬들 역시 늘 함께한다는 의미를 담고 있다. 동시에 '청춘을 대표하는 사랑스러운 대변자(Adorable Representative M.C for Youth)'라는 의미까지 포함하여 팬들에게 자신을 수동적인 관객이 아니라 BTS의 가치를 함께 공유하고 전달하는 적극적인 커뮤니티 구성원으로 인식하게 만들었다. 팬들이 처음에는 개인적인 감정으로 참여했더라도, 이 이름을 반복해서 사용할수록 자신이 이 특별한 집단에 속해 있다는 소속감을 더욱 강력하게 느끼게 된다.

이렇게 형성된 소속감은 상징물과 색상이라는 시각적 요소를 통해 더욱 강화되었다. 방탄소년단은 2017년 리브랜딩을 통해 기존의 '10대의 억압과 편견을 막아주는 소년들(Bulletproof Boy Scouts)'이라는 의미를 유지하면서 'Beyond The Scene'이라는 확장된 의미를 추가했다. 이는 현실의 무대를 넘어 꿈과 목표를 향해 성장하는 청춘을 표현하며, 팬들에게도 '함께 성장하자'는 강력한 메시지를 전달한다. BTS의 새로운 상징물은 미래로 향해 열린 문을 형상화했고, 아미의 상징물은 이 문 너머에서 BTS를 기다리고 맞이하는 형태로 디자인되어 팬들에게 '함께 앞으로 나아가는 커뮤니티'라는 시각적 메시지를 명확히 전달했다. 팬들은 상징물이 담긴 굿즈를 사용할 때마다 자신이 특별한 커뮤니티의 일원임을 일상적으로 체험하고 내면화한다.

이러한 소속감을 가장 생생하게 체험하게 하는 것은 공연장에서 이루어지는 팬덤 고유의 의례적 행동들이다. 대표적인 의례로 팬챈트(fanchant)를 들 수 있다. 팬챈트는 공연 중 특정 곡의 정해진 부분에서 팬들이 멤버들의 이름이나 특정 가사를 박자에 맞추어 함께 외치는 응원 방식이다. 처음 팬챈트를 접하는 팬들은 이를 통해 팬덤의 내부 문화를 배우고 익히면서 점차 개별적이고 수동적인 팬에서 벗어나 커뮤니티의 일부가 되는 경험을 하게 된다. 팬챈트를 완벽하게 따라 하는 순간, 팬들은 자신이 단순히 개인이 아니라 아미라는 하나의 커뮤니티 속에서 서로 긴밀히 연결된 존재임을 강력하게 느끼게 된다.

공식 응원봉인 '아미밤' 역시 중요한 의례적 요소이다. 팬들은 공연장에서 동시에 아미밤을 들어 올려 보라색 물결을 만들며, 이 순간 개인의 흥분과 감동이 명확한 커뮤니티적 소속감으로 변화하는 집단적 경험을 하게 된다.

더불어 팬들이 자발적으로 진행한 '퍼플 리본 프로젝트' 등은 팬덤의 자율적이고 구체적인 경계 설정 행위를 잘 보여준다. 팬들이 직접 보라색 리본으로 BTS의 이동 경로를 보호하며 자율적으로 팬덤의 규칙을 설정하고 지켰던 이 프로젝트는 팬덤 내부에서 자발적이고 주체적인 커뮤니티 의식을 더욱 강력하게 만들었다.

결론적으로 BTS 팬덤 '아미'는 이름, 상징물, 의례와 같은 감각적 요소를 통해 개인적이고 감정적인 유대감을 명확하고 지속 가능한 커뮤니티적 소속감으로 발전시키는 과정을 완벽하게 구현한 사례이다. 이 사례는 커뮤니티 설계자들에게 감각적 장치들이 유대감을 소속감으로 전환하는 데 얼마나 중요한 역할을 하는지를 명확히 보여주는 훌륭한 모델로 평가할 수 있다.

내부와 외부의 경계가 명확해질 때: '안티'의 탄생

쓰지만 필요한 약 : 외부의 안티

커뮤니티를 설계할 때 중요한 고민은 유대감을 강력한 소속감으로 전환하는 것이다. 하지만 내부 경계를 명확히 설정하는 순간, 커뮤니티는 필연적으로 외부 비판과 저항에 직면한다.

이러한 역설적 현상은 외부에서 자신의 커뮤니티가 공격받거나 위협받는다고 느낄 때 구성원이 본능적으로 집단 가치를 방어하려는 심리에서 나타난다. 이 과정에서 구성원들은 자신이 왜 이 커뮤니티에 속해 있고 가치를 믿는지 더욱 명확히 깨닫는다. 결국, 외부의 공격과 위협은 내부 구성원이 스스로를 방어하고 더 깊이 결속하게 만드는 강력한 촉진제 역할을 한다.

커뮤니티 내부에는 크고 작은 이견과 갈등이 항상 존재한다. 그러나 외부로부터 강한 비판이나 위협이 발생하면 내부 구성원들은 즉각 내부의 사소한 이견들을 접어두고 공동의 대응과 집단 보호를 우선시한다. 이는 외부 공격이 집단 전체 위협으로 인식되기 때문이며, 이로 인해 내부 결속은 이전보다 강력해진다.

또한 외부에서 지속적으로 비판과 공격이 가해지면, 내부 구성원들은 함께 대응하기 위해 서로 더욱 긴밀히 소통하고 협력한다. 이 과정에서 커뮤니티 가치와 정체성을 자연스럽게 더 깊고 명확하게 공유한다. 사람들은 처음에는 소속감만으로 참여했더라도, 커뮤니티가 위협받을 때 개인 소속감을 넘어 집단 전체 가치를 대변하고 수호하려는 태도를 갖게 된다. 이러한 과정을 통해 개인 소속감은 더욱 분명한 집단적 정체성으로 성장한다.

이러한 외부 공격과 위협은 언뜻 부정적이지만, 실제로는 커뮤니티 내부 가치를 더욱 선명하게 드러내고 결속력을 높이는 데 기여한다. 커뮤니티를 와해시키는 것이 아니라, 내부에서 서로 같은 방향을 바라보고 있다는 확신을 주는 가장 강력한 계기가 된다. 그러므로 커뮤니티 기획자는 외부 비판을 단순히 피하기보다, 이를 통해 구성원이 소속감을 더욱 확고하게 다지는 기회로 전략적으로 활용할 필요가 있다.

궁극적으로 중요한 것은 외부 비판/갈등 발생 시 위축되거나 흔들리지 않고, 오히려 이를 커뮤니티 구성원이 자신들의 정체성을 재확인하고 소속감을 더욱 강력히 다질 수 있는 기회로 삼는 것이다. 이러한 역설적 메커니즘을 이해하고 적극적으로 활용할 때, 커뮤니티는 지속 가능한 형태로 더욱 단단하게 성장한다.

외부의 비판과 갈등을 커뮤니티의 힘으로 만든 사례들

  외부의 비판과 갈등이 커뮤니티의 힘으로 작용한 대표적인 사례들을 살펴보자.

  가장 먼저 미국의 전기차 회사 테슬라(Tesla)를 들 수 있다. 테슬라는 창립 초기부터 자동차 산업의 기존 질서와 관행에 적극적으로 도전하는 전략을 택했고, 그 과정에서 수많은 비판과 저항에 직면했다. 기존 자동차 제조사는 물론 일부 미디어나 애널리스트들도 테슬라가 너무 혁신적이거나 비현실적이라는 이유로 강하게 공격했다. "전기차는 단지 유행이다", "테슬라는 결국 망할 것이다"와 같은 부정적인 평가가 지속적으로 쏟아졌다. 하지만 아이러니하게도 이러한 외부의 비판과 공격은 테슬라 고객과 팬들 사이에 강력한 결속력을 형성하는 계기가 되었다.

  테슬라의 고객들은 기존 자동차 산업의 비판과 공격에 맞서 스스로를 혁신적인 비전을 믿는 선구자로 정의했다. 외부의 비판과 공격이 강해질수록 테슬라 커뮤니티 내에서는 더욱 적극적인 정보 공유와 논의가 활발하게 이루어졌다. 오너들은 단순히 전기차를 구입한 소비자라는 정체성을 넘어, 지속 가능성이라는 새로운 비전을 세상에 알리는 '혁신가'라는 정체성을 내면화했다. 이 과정에서 그들은 테슬라를 비판하는 기존 자동차 제조사와 미디어를 '공동의 적'으로 간주하며, 자신들이 믿는 가치와 목표를 더욱 강력하게 공유하게 되었다. 결과적으로 외부의 공격은 테슬라 커뮤니티의 내부 정체성과 결속력을 공고히 하는 강력한 촉진제가 되었다.

또 다른 사례로 애플(Apple)의 팬덤을 들 수 있다. 애플은 자신만의 독특한 디자인과 폐쇄적인 생태계 구축으로 분명한 브랜드 정체성을 확립했고, 자연스럽게 애플의 방식에 비판적이거나 거부감을 느끼는 '안티' 집단이 형성되었다. 애플에 대한 가장 흔한 비판 중 하나는 "애플은 폐쇄적이고 소비자를 통제하려 한다"는 것이었다. 그러나 이러한 외부의 비판은 오히려 애플 팬들이 "우리의 방식은 특별하고 뛰어나다"는 확신을 더욱 강하게 만드는 효과를 낳았다. 애플 팬들은 자신을 단순히 제품의 소비자가 아니라 애플의 가치와 철학을 이해하고 따르는 '선택받은 집단'이라고 여기게 되었고, 그 결과 내부 커뮤니티의 결속력은 더욱 강화되었다.

외부에서 "애플 사용자들은 브랜드에 맹목적으로 충성한다"는 비판이 쏟아지면 쏟아질수록, 내부 팬들은 오히려 이를 자신들의 자부심으로 받아들였다. 이러한 비판에 대응하기 위해 커뮤니티 내부에서는 더욱 활발히 자신들의 경험을 공유하고, 제품을 함께 분석하며, 브랜드의 우수성을 증명하는 데 열정을 쏟았다. 외부의 비판과 저항은 내부 팬들이 왜 이 브랜드를 선택했고, 이 브랜드가 자신에게 어떤 특별한 가치를 주는지 끊임없이 생각하고 서로 공유하게 만든 강력한 촉진제 역할을 했다.

비즈니스 세계뿐만 아니라 정치적, 문화적 집단에서도 이러한 현상은 빈번하게 관찰된다. 예를 들어 정치적 그룹이나 특정 이념 집단이 외부로부터 강한 공격을 받으면, 그 공격을 계기로 내부 구성원들은 더욱 강력한 소속감을 형성한다. 구성원들은 외부의 비판을 자신들에 대한 공격으로 인지하고, 내부의 사소한 의견 차이를 뒤로한 채 하나의 목소리를 내는 데 집중한다. 그 결과, 집단의 정체성은 오히려 이전보다 더욱 분명하고 확고해진다.

이처럼 외부에서 가해지는 비판과 공격은 커뮤니티 내부 결속력을 약화시키는 것이 아니라, 오히려 내부 구성원들이 커뮤니티의 가치를 명확히 하고 결속력을 더욱 단단하게 다지는 계기가 된다. 물론 이러한 외부의 비판이나 안티를 의도적으로 유발할 필요는 없다. 하지만 커뮤니티가 분명한 정체성을 가지고 성장할 때 외부로부터의 비판과 갈등은 필연적으로 등장할 수밖에 없다. 커뮤니티 기획자들이 기억해야 할 중요한 포인트는, 그러한 순간이 오히려 내부 구성원들의 소속감을 더욱 깊고 강력하게 만드는 기회가 될 수 있다는 사실이다.

 결론적으로 중요한 것은 커뮤니티가 외부의 비판과 갈등 앞에서 위축되거나 흔들리지 않고, 그것을 내부 결속과 소속감 강화를 위한 촉매로 전환할 수 있는지 여부이다. 외부의 갈등을 활용하여 내부 구성원들의 정체성과 목표를 다시 한번 명확히 하고, 커뮤니티가 지속적으로 성장하는 원동력으로 삼는 것, 이것이 바로 진정으로 강력한 커뮤니티가 가진 가장 큰 힘이라고 할 수 있다.

경계를 넘어
소속감으로

 파도 실험 둘째 날 나타난 가장 뚜렷한 변화는 학생들이 스스로 '우리'를 명확히 정의하며 내부와 외부를 구분하는 경계를 세우기 시작했다는 점이다.
 첫날 군대식 규율이 제공했던 단순한 유대감은 이제 이름, 상징물, 의례와 같은 구체적인 감각적 장치들을 통해 생생한 소속감으로 발전했다. 학생들은 더 이상 단지 같은 공간에서 같은 규율을 따르는 존재가 아니라, 분명한 정체성을 공유한 하나의 집단이 되어 있었다.
 그러나 커뮤니티의 경계가 명확해지는 순간, 외부로부터의 비판과 갈등은 피할 수 없는 현실이 되었다. 둘째 날이 보여준 또 하나의 중요한 진실은 커뮤니티가 내부와 외부를 구분하는 순간부터 외부로부터의 도전을 받게 된다는 사실이었다. 하지만 이러한 외적 도전은 단순한 위협에 그치지 않고, 구성원들에게 자신들의 정체성을 더 강력히 확인하고 내부 결속력을 더욱 강화하는 촉진제로 작용했다. 외부의 비판은 구성원들이 커뮤니티의 정당성과 존재 이유를 다시 돌아보게 하는 계기가 되었고, 이를 통해 커뮤니티 내부는 더욱 단단하게 다져졌다.

이 모든 과정은 커뮤니티를 설계하고 운영하는 사람들에게 매우 중요한 시사점을 제공한다. 내부와 외부의 경계를 구분하는 일은 단순히 집단을 나누는 행위가 아니다. 오히려 이 경계를 설정하는 행위가 구성원들에게 자신이 특별한 집단에 속해 있다는 강력한 소속감을 제공하며, 때로는 외부의 반발을 통해 보다 깊고 강력한 결속력을 만들어낸다. 결국 진정으로 지속 가능한 커뮤니티는 이러한 갈등과 도전을 회피하지 않고, 이를 적극적으로 활용하며 자신들의 정체성을 명확히 하는 과정 속에서 더욱 성장한다.

이제 파도 실험의 세 번째 단계로 나아갈 차례이다. 둘째 날까지 학생들이 이름과 상징, 의례를 통해 유대감을 소속감으로 전환했다면, 이어지는 논의에서는 학생들이 커뮤니티 내에서 기여하고 인정받는 경험을 통해 개인과 집단의 연결이 더욱 견고하게 이어지는 단계에 주목할 것이다. 뒤이어 살펴볼 내용에서는 학생들이 어떻게 커뮤니티 안에서 자신의 역할을 발견하고, 그것을 통해 더 깊은 소속감을 만들어갔는지 분석할 것이다. 둘째 날 형성된 경계를 넘어,

기여와 인정의 메커니즘이 어떻게 커뮤니티의 소속감을 보다 강력하고 안정적인 구조로 만드는지 함께 확인해볼 것이다.

03

**기여와 인정:
소속감을 만드는 핵심 동력**

파도 실험 3일 차: 행동과 인정이 만드는 자발적 확산

학생들이 스스로 움직이기 시작하다: 자발적 기여의 탄생

파도 실험 셋째 날, 학교 도착 전부터 교실 앞에 수십 명의 학생이 기대감에 차 모여 있었다. 평소 수업에 잘 참여하지 않던 이들까지 마치 특별 자격을 얻은 듯 자부심을 안고 교실로 들어섰다.

교실은 이미 학생들이 자신의 자리에 깔끔히 앉아 나를 기다리는 모습이었다. 책상 위에는 어제 과제인 포스터와 슬로건이 정돈되어 있었다. 이는 단순 규율 준수를 넘어, 스스로 이 커뮤니티에 기여하고자 하는 자발적 열망을 보여주는 결과물이었다.

수업 시작과 함께 이 자발적 기여가 구체화됐다. 학생들이 만든 포스터와 슬로건은 '제3의 물결'을 위한 창의적 헌신이었다. 로버트, 수잔, 데이비드 같은 학생들은 밤늦게 작업한 흔적의 작품을 자랑스레 발표하며, 이를 자신이 속한 커뮤니티에 적극 기여하는 증거로 여겼다.

특히 에이미는 '제3의 물결' 회원들을 위한 파란 완장 수십 개를 직접 만들어 왔다. 회원 식별과 자부심 표현 도구인 완장에 학생들은 즉각 환호했고 모두 착용을 원했으며, 부족해지자 방과 후 더 만들기로 했다. 이는 멤버 스스로 만든 강력한 소속감 상징이었다.

이러한 자발적 행동은 곧 전체 커뮤니티 활력으로 확산됐다. 교실 밖 복도에서는 회원들이 다른 학생들에게 파도 경례를 가르치고 즉석 가입 신청서를 나눠줬으며, 점심시간에는 농구팀 학생들까지 득점 후 파도 경례를 하며 소속감 표현했다. '제3의 물결'은 자발적 행동으로 영향력을 넓혔다.

론 존스의 작은 숙제가 학생들의 손에서 기여와 헌신으로 발전하고 확산된 이 과정은 우연이 아니다. 이는 커뮤니티가 진정 살아 움직이기 위해 구성원들이 기여할 기회를 제공하는 것이 얼마나 중요한지 명확히 보여준다. 학생들은 주어진 규율을 넘어 자신의 존재를 더하며 커뮤니티를 풍성하게 만들었다.

커뮤니티 내부 기여는 단순히 조직 효율성을 높이는 것 넘어, 구성원 각자가 안에서 자신의 의미를 찾고 스스로 소속감을 더욱 강하게 다져나가는 결정적 과정이 된다.

셋째 날 학생들이 보여준 이 자발적 기여는 단지 이론적 사례를 넘어, 실제 커뮤니티를 설계하고 운영할 때 반드시 참고할 중요한 원칙이다. 사람들은 단순히 정해진 틀 안에서 역할을 수행하는 존재가 아니라, 스스로 커뮤니티에 무언가 더하고 싶은 강력한 내적 욕구를 가진 존재다. 이 욕구를 충분히 자극하고 기여 공간을 마련해주면, 참여가 늘고 커뮤니티는 자연스럽게 더욱 강력한 소속감을 형성한다.

역할의 부여: 인정 욕구의 강화

커뮤니티가 단순한 모임이나 집단을 넘어 안정적이고 지속 가능한 형태로 성장하려면 구성원들 스스로 커뮤니티 안에서 자신의 존재 가치를 확신할 수 있어야 한다. 파도 실험 셋째 날 오후 수업에서 나타난 가장 흥미로운 변화는 바로 이 지점에서 시작되었다. 론 존스는 이날 수업에서 '제3의 물결'이라는 커뮤니티를 더 체계적으로 운영하기 위해 명확한 위계 구조를 도입했다. 그는 칠판에 자신을 정점으로 하는 피라미드 형태의 조직도를 그리고, 첫날부터 성실히 참여하고 적극적으로 행동한 몇몇 학생들을 '내부 서클'로 지정하여 특별한 책임과 권한을 부여했다.

이 순간, 학생들은 단순히 하나의 커뮤니티에 속했다는 만족감을 넘어 더 깊고 명확한 인정의 욕구를 경험하게 되었다. 내부 서클로 지정된 학생들은 즉시 자신들의 새로운 역할에 몰입했다. 이들은 더 이상 단지 규칙을 따르는 수동적인 참여자가 아니었다. 내부 서클이라는 특별한 지위 덕분에, 커뮤니티가 자신들에게 부여한 권한과 책임을 통해 자신의 존재감을 명확히 인지할 수 있었다. 내부 서클 학생들은 다른 학생들이 규율을 제대로 지키는지 확인하고, 새롭게 합류한 회원들에게 커뮤니티의 가치를 적극적으로 전파하는 임무를 맡았다. 이러한 역할을 수행하며 그들은 커뮤니티 안에서 자신의 중요성을 분명하게 느꼈고, 이 경험은 곧 강력한 형태의 인정으로 다가왔다.

흥미로운 것은 이러한 내부 서클의 탄생이 외부의 학생들에게도 강력한 동기를 부여했다는 점이다. 내부 서클에 속하지 않은 학생들은 자신도 그 특별한 지위에 도달하고자 더욱 적극적으로 행동하기 시작했다. 이들은 내부 서클의 학생들에게 인정받기 위해 더 열정적으로 참여했고, 이를 통해 전체 커뮤니티의 활력과 결속력은 한층 강화되었다. 즉, 내부 서클의 등장은 단지 소수의 학생에게 특별한 지위를 제공하는 것을 넘어, 전체 구성원들에게 명확한 인정의 기준과 목표를 제시함으로써 커뮤니티 전체를 자발적으로 움직이게 하는 촉매제 역할을 했다.

내부 서클 학생 중 특히 두각을 나타낸 것은 데이비드, 로버트, 에이미와 같은 인물들이었다. 이들은 내부 서클이라는 지위를 부여받은 후 더욱 활발하게 활동하며, '제3의 물결'을 확산시키기 위한 다양한 아이디어와 제안을 내놓았다. 특히 방과 후에 학생들이 자발적으로 모인 자리에서, 데이비드는 다음 날 아침 일찍 학교 입구에서 '제3의 물결'을 적극적으로 홍보하는 활동을 제안했다. 이 아이디어는 즉각적으로 채택되었고, 내부 서클의 승인과 주도 아래, 학생들은 스스로 홍보 전단을 만들고, 구호와 파도 경례를 준비하는 등 적극적인 실행에 나섰다.

이 과정에서 내부 서클은 커뮤니티의 정체성과 핵심 가치를 지키는 역할을 수행했으며, 다른 학생들은 자신이 내부 서클의 승인을 받고 인정받고자 하는 강한 열망을 느끼기 시작했다. 이러한 인정 욕구가 활성화되자 학생들의 행동과 기여는 더 이상 기획자의 지시나 외부 압력에 의해 좌우되지 않고, 내부에서 우러나오는 강력한 동력으로 전환되었다. 이는 인정 욕구가 단순히 개인적인 만족감을 넘어, 집단적 결속력을 크게 높이는 데 결정적인 역할을 한다는 것을 명확히 보여준다.

파도 실험 셋째 날에 나타난 내부 서클의 탄생과 그로 인해 촉발

된 인정 욕구의 강화는 커뮤니티 운영에 있어 중요한 통찰을 제공한다. 커뮤니티를 단단하게 유지하고 지속적으로 발전시키려면 구성원들이 자신의 존재와 기여가 커뮤니티 내에서 명확히 인지되고 정당하게 인정받는 구조를 설계해야 한다. 그리고 이 인정의 기준을 명확히 설정하고 내부 서클과 같은 특별한 지위를 부여하면, 구성원들은 그 지위를 얻고 유지하기 위해 더욱 적극적으로 기여하게 된다.

결론적으로, 커뮤니티가 지속적으로 발전하고 확장될 수 있는 진정한 원동력은 구성원들이 스스로 자신의 존재 가치를 명확히 느끼고, 그 가치를 커뮤니티가 공식적으로 인정해 줄 때 만들어진다. 파도 실험 셋째 날 내부 서클의 등장과 학생들의 적극적인 행동은 바로 이 원리를 강력하게 입증하고 있다.

왜 기여와 인정은
소속감을 만드는가

앞서 우리는 파도 실험 셋째 날, 학생들이 커뮤니티에 적극적으로 기여하며 강력한 소속감을 형성하고 내부 서클을 통해 인정 욕구가 급격히 증폭되는 현상을 확인했다. 이는 단순히 실험 사례에만 해당되는 이야기가 아니라, 모든 커뮤니티가 장기적으로 유지되고 성장하기 위해 반드시 활용해야 할 핵심 메커니즘이다.

많은 커뮤니티가 초기에 사람들을 불러 모으는 데는 성공하지만, 구성원들이 꾸준히 참여하고 지속적으로 기여하도록 만드는 데 어려움을 겪는다. 그 원인은 대부분 기획자가 모든 것을 완벽히 갖추고 참여자들이 단지 따라오기만을 기대하기 때문이다. 하지만 커뮤니티의 지속 가능성은 수동적 참여가 아니라 구성원들이 능동적으로 움직이고 자신의 역할을 찾아낼 때 비로소 보장된다.

커뮤니티 구성원들이 지속적으로 남고 싶어 하는 이유는 단지 커뮤니티 목적에 공감하기 때문만은 아니다. 그보다 훨씬 근본적인 심리적 욕구가 작동한다. 바로 사람은 자신이 필요하고 가치 있는 존재임을 끊임없이 확인받고 싶어 하는 존재라는 점이다. 구성원들이 커뮤니티에 능동적으로 기여할 기회를 얻고, 그 기여가 다른 사람들로부터 명확히 인정받을 때, 비로소 사람들은 커뮤니티를 '내가 반드시 있어야 할 곳'으로 여기게 된다.

이 절에서는 파도 실험에서 드러난 이 핵심 원리를 더 깊이 파헤치고, 사람들이 왜 자신의 기여를 통해 소속감을 느끼는지, 그리고 커뮤니티 기획자가 이를 현실적으로 어떻게 활용할 수 있는지 구체적으로 분석할 것이다.

왜 사람들은 완벽한 커뮤니티보다 불완전한 커뮤니티를 선호할까?

커뮤니티를 설계하는 사람들이 자주 빠지는 착각 중 하나는, 모든 것을 완벽하게 갖추고 시작해야 사람들이 더 많이 몰려들고 참여할 것이라고 믿는 것이다. 많은 기획자가 처음부터 완벽한 규칙과 완벽한 콘텐츠, 완벽한 구조를 만들어 놓고 사람들을 부르려 한다. 하지만 현실은 정반대다. 사람들은 오히려 빈틈없이 완벽한 구조보다는 어딘가 채워질 여지가 남아 있는 불완전한 커뮤니티에 더 깊고 지속적으로 끌린다.

사람들이 완벽한 커뮤니티보다 불완전한 커뮤니티를 선호하는 근본적인 이유는 바로 자신이 커뮤니티에 영향을 미칠 수 있는 '빈틈'과 '기회'가 있기 때문이다. 완벽히 짜인 커뮤니티에서 구성원들은 자신의 존재와 역할에 대해 의문을 품게 된다. 이미 모든 것이 갖춰져 있으므로, 자신의 개입이 그다지 필요하지 않다고 느끼게 된다. 반면, 불완전한 커뮤니티는 사람들에게 명확한 메시지를 전달한다. "당신이 없으면 완성되지 않는다." 사람은 이 메시지를 통해 자신의 존재감을 확인하고 커뮤니티에 더 깊은 소속감을 느낀다.

이러한 원리를 가장 명확히 보여주는 심리학 연구 사례가 바로 1976년 하버드 대학의 심리학자 엘런 랭어(Ellen Langer)의 실험이다. 랭어는 요양원에 있는 노인들을 두 그룹으로 나누어 한 집단은 직원이 모든 일과를 철저히 관리하게 하고, 다른 집단에는 작은 화분에 직접 물을 주거나 간단한 일상적 결정을 내릴 수 있도록 자율성을 부여했다.

18개월 후의 결과는 충격적이었다. 스스로 작은 결정을 내릴 수 있었던 노인들은 생활 만족도가 현저히 높아졌을 뿐 아니라, 우울증 발병률이 다른 그룹에 비해 절반 이하로 감소했다. 또한 결정권을 가진 집단의 사망률은 15%였지만, 모든 것이 관리된 집단은 무려 30%에 달하는 사망률을 기록했다. 이 실험은 자율성이라는 작은 여지가 개인의 심리적 안정과 건강에 얼마나 강력하게 영향을 미치는지 보여준다.

이 실험 결과를 커뮤니티의 맥락에서 바라보면, 사람들은 단지 수동적으로 관리받거나 소비하는 입장이 아니라, 커뮤니티에서 자신의 역할과 영향력을 확인할 수 있을 때 비로소 진정한 소속감을 느끼게 된다. 빈틈이란 단지 불완전한 상태를 의미하는 것이 아니라, 참여자들에게 자신만의 공간과 기회를 만들어주는 전략적 장치가 될 수 있다.

결국 커뮤니티를 운영하는 사람들은 완벽함을 추구할 것이 아니라, 의도적으로 불완전한 상태를 유지하고 구성원들이 직접 채워 넣을 여지를 제공해야 한다. 구성원들이 이런 빈틈을 채워가는 과정에서 커뮤니티를 자신의 일부처럼 여기게 되고, 구성원들은 커뮤니티의 일부로서 자신의 역할과 책임을 더욱 명확히 느끼게 된다. 이 과정이 반복될수록 소속감은 점차 깊어지고, 구성원들이 커뮤니티에 남고 싶은 이유는 더욱 분명해진다.

완벽한 커뮤니티는 감탄과 존경을 불러일으킬 수는 있어도, 결코 구성원들의 적극적인 참여와 지속적인 헌신을 끌어낼 수 없다. 오히려 의도적으로 남겨둔 빈틈, 불완전성 그 자체가 구성원들이 자신의 존재 의미를 발견하고 소속감을 강화하는 가장 강력한 장치다. 사람들이 진정으로 원하는 커뮤니티는 완벽하게 완성된 형태가 아니라, 자신들이 조금씩 손보며 완성해 가는 공간이라는 사실을 기억해야 한다.

기여의 경험은 어떻게 소속감을 만들어내는가?

소속감이 형성되는 과정을 이해하려면 먼저 '기여'라는 경험에 주목해야 한다. 사람들은 자신이 커뮤니티에 기여한 흔적을 직접 눈으로 확인할 때, 그 공간에 대한 강한 애착과 소속감을 느끼게 된다. 기여는 단순히 참여를 뜻하는 것이 아니다. 커뮤니티에 의미 있는 영향을 미쳤다는 경험이며, 이는 자신이 그 커뮤니티에 꼭 필요한 존재임을 스스로 확인하는 과정이다. 결국 기여의 경험은 '내가 이곳에 존재해야 하는 이유'를 스스로 납득하게 만드는 가장 중요한 심리적 동력이다.

파도 실험의 셋째 날, 학생들은 직접 만든 슬로건과 포스터, 완장 등을 통해 자신들의 기여를 분명하게 확인했다. 이 과정은 외부에서 주어진 단순한 임무 수행을 넘어선 의미가 있다. 학생들이 자신만의 창의력과 의견을 반영하여 커뮤니티의 핵심 가치를 직접 시각화했기 때문이다. 이렇게 스스로 창작한 결과물들은 학생들 각자에게 자신의 존재감과 가치를 재확인하게 하는 구체적인 증거가 되었다. 자신이 만든 포스터가 벽에 걸리고, 자신이 고안한 슬로건을 다른 구성원들이 따라 외치는 순간, 학생들은 비로소 자신을 커뮤니티의 핵심 일원으로 인식하게 된 것이다.

사회심리학자 앨버트 반두라(Albert Bandura)는 이를 자기효능감(self-efficacy)이라는 개념으로 설명했다. 자기효능감이란 자신의 행동이 원하는 결과를 가져올 수 있다는 스스로에 대한 믿음을 의미한다. 사람들은 자신이 무언가에 영향을 미쳤다고 느낄 때 더욱 적극적으로 행동하고, 이를 통해 자신이 속한 환경에 대해 주인의식을 가지게 된다. 파도 실험에서도 학생들은 자신이 제안하고 실천한 행동이 커뮤니티의 변화로 이어지는 것을 확인하며 자기효능감을 강하게 느꼈다. 이는 학생들이 스스로 커뮤니티를 더욱 소중하게 여기고, 적극적으로 기여할 이유를 제공하는 핵심적인 심리였다.

기여의 경험이 소속감을 만들어내는 과정을 구체적으로 이해하기 위해, 조금 더 깊이 들어가 보자. 사람들이 처음 커뮤니티에 들어왔을 때, 이들은 아직 자신을 '구경꾼' 혹은 '외부인'으로 여긴다. 하지만 이들이 작은 역할을 맡고 그 결과가 커뮤니티 안에서 인정받게 되면 상황이 달라진다. 사람들은 자신이 커뮤니티에 미치는 영향력을 눈으로 보고, 스스로 그 결과물을 만들어냈다고 자각한다. 이 과정에서 개인은 점차 커뮤니티의 일부로서 자신의 존재를 확인하고, "이 커뮤니티는 내가 있어야 완성된다"라는 깊은 정서적 확신을 갖게 된다.

이러한 현상은 단지 파도 실험에만 해당되는 현상이 아니다. 실제로 커뮤니티의 기획자나 리더들은 이 원리를 적극적으로 활용해야 한다. 구성원이 커뮤니티에서 맡은 작은 역할의 결과라도 직접 확인할 수 있게 해야 한다. 가령, 온라인 커뮤니티라면 구성원들이 올린 의견이나 콘텐츠가 다른 구성원들에게 어떻게 반영되고 공유되는지 명확히 보여주는 구조를 마련해야 한다. 오프라인 커뮤니티의 경우라면, 구성원이 기여한 작은 작업이나 의견이 커뮤니티의 공식적인 상징물이나 이벤트, 활동 등에 구체적으로 반영되도록 설계해야 한다. 이러한 눈에 보이는 기여는 개인이 커뮤니티에 느끼는 애착과 소속감을 극대화하는 가장 확실한 장치가 된다.

한편, 기여의 경험이 소속감을 만들어내는 이유를 더욱 깊이 이해하려면 자기 확장(self-expansion)이라는 심리적 개념도 살펴볼 필요가 있다. 자기 확장이란 개인이 자신을 둘러싼 환경이나 사람들과의 관계를 통해 자신의 정체성을 넓히고 풍부하게 만들어가는 과정을 의미한다. 커뮤니티에 의미 있는 기여를 할 때, 사람들은 자신이 단지 개인이 아니라 커뮤니티와 강하게 연결된 존재로서 자신의 정체성을 확장시키게 된다. 이런 경험이 반복되면서 커뮤니티는 개인에게 '남의 것'이 아닌 '자기 자신'의 일부로 인식되기 시작한다.

결국 기여란 단순히 물리적 활동이나 임무 수행을 뜻하는 것이 아니다. 그것은 개인이 커뮤니티와 깊게 연결되고, 자신의 정체성을 커뮤니티와 융합시키는 과정이다. 사람들은 자신이 기여를 통해 커뮤니티에 실제적인 변화를 불러올 수 있음을 경험할 때, 비로소 그곳을 '우리'의 공간으로 받아들이고 진정한 소속감을 느끼게 된다. 커뮤니티 기획자는 이 점을 반드시 기억해야 한다. 구성원들이 기여의 결과를 생생히 확인할 수 있는 구조와 환경을 만들어줄 때, 비로소 진정으로 활력 있고 지속 가능한 커뮤니티가 될 수 있기 때문이다.

함께 만든 커뮤니티가 더욱 강한 이유

소속감이 강한 커뮤니티는 어떤 특징을 가질까? 대부분의 사람이 커뮤니티를 처음 설계할 때 완벽한 구조를 갖추고 빈틈없이 규칙을 정하면 구성원들이 안정감을 느끼고 오래 머물 것으로 생각한다. 하지만 현실은 정반대다. 구성원들이 스스로 만들고 채워가는 커뮤니티가 외부에서 이미 완성된 형태로 제공되는 커뮤니티보다 훨씬 강력한 소속감을 만들어낸다. 그 이유는 간단하면서도 본질적이다. 사람들은 자신이 직접 참여하고 기여한 대상에 더 큰 책임과 애착을 느끼기 때문이다.

하버드 경영대학원의 마이클 노턴(Michael Norton) 교수와 듀크 대학의 댄 애리얼리(Dan Ariely), 예일 대학의 대니얼 모촌(Daniel Mochon)이 공동으로 연구한 '이케아 효과(IKEA effect)'가 이를 잘 설명해 준다. 연구자들은 참가자들에게 이미 완성된 가구와 직접 조립한 가구의 가치를 비교 평가하게 했을 때, 대부분의 참가자가 직접 조립한 가구에 훨씬 더 높은 가치를 부여했다. 이는 참가자들이 가구를 완성하는 과정에서 자신들의 노력이 들어간 대상에 대해 단순한 물건 이상의 의미와 애착을 부여하게 되었기 때문이다. 커뮤니티의 경우도 마찬가지다. 구성원이 직접 자신의 노력과 기여를 통해 완성한 커뮤니티는 단순한 집단이나 모임이 아니라, 자신과 강력히 연결된 정체성의 일부처럼 느껴진다. 결과적으로 이런 커뮤니티는 구성원들이 자발적인 책임감을 가지고, 오래도록 함께 하려는 경향이 강하다.

파도 실험에서도 이 현상은 명확히 나타났다. 학생들이 스스로 슬로건과 포스터를 만들고, 완장을 제작하며 커뮤니티의 상징물을 만들었을 때, 그들은 자신들의 손으로 직접 커뮤니티의 정체성을 만들어가고 있음을 깨달았다. 학생들에게 커뮤니티는 이제 더 이상 단순히 교사에 의해 주도된 실험이 아니라, 자신들이 적극적으로 참여하고 만들어가는 집단으로 다가왔다. 이러한 과정에서 학생들은 자신이 커뮤니티의 단순한 참여자가 아니라 진정한 창조자이자 주인이라는 정체성을 확립했고, 그 결과 커뮤니티에 대한 애착과 책임감이 극도로 높아졌다.

이러한 심리적 기제는 사회심리학에서 자기 확장(self-expansion) 개념으로도 설명된다. 사람은 자신을 둘러싼 환경이나 관계 속에서 자신의 정체성을 확장하고, 이를 통해 개인의 의미를 찾는다. 커뮤니티에 참여하고 커뮤니티를 만드는 과정에서 구성원들은 단지 하나의 환경에 수동적으로 속해 있는 것이 아니라, 자신을 환경과 융합시키며 자신을 확장하는 경험을 한다. 구성원들이 커뮤니티에 직접 참여하며 만들어가는 과정에서 느끼는 기쁨과 보람은 개인의 정체성과 깊게 연결되어, 결국 커뮤니티를 자신의 정체성 일부로 받아들이게 된다. 그 결과, 구성원들은 자신들이 참여하지 않았거나 외부에서 이미 완성된 형태로 제공된 커뮤니티보다, 자신들이 함께 만들어간 커뮤니티에 훨씬 강한 애착과 책임감을 느끼게 된다.

이러한 원리를 실제 커뮤니티 운영에 적용하려면 무엇보다 구성원의 기여를 전략적으로 유도하고 인정하는 구조를 만드는 것이 필요하다. 기획자는 구성원이 자신의 아이디어와 노력을 적극적으로 표현할 수 있는 장을 마련해야 하며, 이들의 의견과 행동이 실제 커뮤니티의 형태나 문화에 반영되도록 해야 한다. 즉, 커뮤니티가 어떻게 변화하고 성장할 수 있는지를 미리 결정하는 것이 아니라, 구성원들이 직접 실험하고 탐구하며 커뮤니티를 만들어갈 수 있도록 공간을 열어둬야 한다. 구성원들은 이러한 공간에서 자신의 기여가 커뮤니티에 미치는 영향력을 실질적으로 체감하게 되고, 이것이 바로 커뮤니티에 대한 책임감과 소속감을 높이는 핵심 원리가 된다.

결국 커뮤니티를 지속시키고 강하게 만드는 힘은 완벽한 설계 자체에 있는 것이 아니라 구성원들의 자발적이고 적극적인 참여에 있다. 완벽한 구조로 구성원들을 수동적인 관찰자에 머물게 하는 대신, 구성원들이 적극적으로 참여하여 커뮤니티의 정체성을 직접 만들어가는 구조를 만들어야 한다. 커뮤니티의 진정한 주인은 그것을 완벽히 설계한 기획자가 아니라, 스스로 커뮤니티를 함께 만들어 나가는 구성원들이다. 이들이 커뮤니티의 형태를 직접 결정하고 함께 책임질 때, 그 커뮤니티는 더 깊고 단단한 소속감을 형성하며, 더욱 강력하고 지속 가능한 힘을 갖게 될 것이다.

기여를 막으면 소속감은 와해된다

앞서 강조했듯이, 커뮤니티의 본질은 단순히 사람들이 모이는 장소가 아니라, 함께 책임지고 목표를 공유하는 관계에 있다. '커뮤니티(community)'라는 단어는 라틴어 'com-(함께)'와 'munis(의무, 책임)'가 합쳐져 탄생했다. 다시 말해, 커뮤니티란 명확한 목적과 책임을 공유하며 상호 연결된 구성원들의 관계망이다. 하지만 만약 구성원들이 자신의 기여를 체감할 수 없고 그 기여에 대한 인정도 없다면, 커뮤니티는 빠르게 본연의 의미를 잃고 소속감 또한 와해되고 만다.

최근 몇 년 사이 많은 이가 카카오톡 오픈채팅방으로 손쉽게 커뮤니티를 만들려 시도한다. 초반에는 수십 명, 많게는 수백 명이 모여 큰 기대를 하게 하지만, 하지만 대다수 오픈채팅방은 얼마 지나지 않아 활력을 잃고 침묵만 흐르는 공간이 되고 만다. 기획자는 혼자 열심히 공지와 홍보 콘텐츠를 올리지만, 참여자들의 반응은 시들해지고 결국 아무도 대화하지 않는 유령 방처럼 되고 만다. 당신이 사용하고 있는 카카오톡에도 이런 채팅방 하나쯤은 있을 것이다.

　이 현상은 커뮤니티가 본질적으로 미디어 형태로 변질되는 과정이다. 미디어(media)는 라틴어 'medius'에서 유래하여 단순히 정보를 중개하는 역할을 한다. 즉, 구성원 간 상호작용 없이 기획자의 메시지만 일방적으로 전달되는 형태로 굳어지면, 카카오톡 오픈채팅방은 더 이상 커뮤니티가 아닌 일방적 정보 전파만 이루어지는 미디어에 불과하게 된다. 이렇게 되면 사람들은 자신의 기여가 불필요한 공간으로 인식하게 되고, 자연스럽게 책임감과 소속감을 잃은 채 수동적인 관찰자로 전락하고 만다.

　이러한 현상이 발생하는 본질적인 원인은 카카오톡 오픈채팅방 자체의 구조적인 한계에 있다. 오픈채팅방은 모든 참여자가 하나의 메시지 창에서 동시에 대화하는 형태다. 참여자가 10~20명일 때는 자유로운 대화가 가능할지 몰라도, 50명, 100명 혹은 그 이상으로 인원이 늘어나면 상황은 급격히 바뀐다. 참여자들이 단 한마디씩만 해도 수십 개에서 수백 개의 메시지가 쌓이고, 결국 누구의 메시지도 제대로 주목받기 어려운 혼란 상태가 되고 만다.

이런 혼란이 지속되면 결국 대화의 통제를 위해 참여자들의 발언권을 제한하거나 대화를 관리하기 시작한다. 결국 기획자가 처음에 기대했던 '활발한 교류와 공동의 책임 공유'라는 목표는 현실적인 한계 때문에 포기된다. 구성원 간의 진정한 상호작용은 사라지고 기획자의 공지나 소수의 의견만 허용되는 구조로 빠르게 굳어진다.

이런 구조에서는 필연적으로 구성원 개개인의 기여와 그에 대한 인정이 이루어지기 어렵다. 구성원들이 자유롭게 의견을 교환하고 그 의견이 커뮤니티의 발전에 반영되는 경험이 차단되기 때문이다. 결국 '함께 책임을 나누고 목적을 공유하는 관계'라는 커뮤니티의 핵심 가치마저 훼손되며, 구성원들의 소속감도 급격히 약화되거나 무너질 수밖에 없다.

결국 커뮤니티 기획자들이 반드시 기억해야 하는 명확한 원칙이 있다. 지속 가능한 커뮤니티를 만들고 운영하고 싶다면, 자신이 기여하고 그 기여에 대해 명확히 인정받을 수 있도록 구조적으로 설계해야 한다. 자신의 기여가 명확히 보이고 인정받을 때 비로소 사람들은 책임과 목적을 공유하며 진정한 소속감을 느끼게 된다. 그렇지 않다면 아무리 많은 사람이 모여도 커뮤니티는 오래 지속되기 어렵고, 결국 소속감은 빠르게 와해된다.

구성원의 기여와 인정을 촉진하는 커뮤니티 설계 원칙

자율적 기여: 목적은 공유하되, 기여 방법은 스스로 선택하게 하라

커뮤니티를 만드는 사람이라면 누구나 한 번쯤, 구성원 모두가 자발적으로 움직이는 커뮤니티를 꿈꾼다. 누군가가 일일이 지시하지 않아도 사람들이 스스로 할 일을 찾아 해결하는, 마치 살아 있는 생명체처럼 유기적으로 움직이는 조직이 바로 이상적인 커뮤니티의 모습일 것이다.

하지만 이런 조직이 현실에서는 흔치 않다. 그 이유는 무엇일까? 대부분의 리더는 목표를 공유하는 것과 구성원들에게 기여 방식을 강제하는 것을 혼동하기 때문이다. 목적을 공유하는 것과 기여 방식을 통제하는 것은 근본적으로 다르다. 구성원들이 지속적으로 헌신하고 기여하려면, 목적은 명확하게 공유하되 그 목적을 이루는 방식에 대해서는 스스로 결정할 수 있어야 한다.

이 원칙은 게임에서 파티를 구성하는 과정과 비슷하다. 게임 속 파티는 분명한 목적을 공유한다. 드래곤을 물리치거나 세상을 구하는 것이 최종 목표다. 그러나 파티 안의 모든 구성원이 같은 방식으로 이 목표를 달성하려 하면 오히려 쉽게 무너지고 만다. 모두가 용사가 될 필요는 없다. 공격을 담당하는 전사가 있고, 방어를 맡는 탱커가 있으며, 뒤에서 보조와 회복을 하는 힐러도 필요하다. 목표는 하나지만, 각자 자신의 강점과 흥미에 따라 스스로 역할을 선택해야 전체가 성공할 수 있다. 커뮤니티도 이와 마찬가지다. 목적이 같다고 해서 행동까지 똑같이 통일할 필요는 없다. 오히려 목적을 분명히 하고, 각자가 자신의 기여 방식을 자율적으로 선택하게 할 때, 구성원들은 커뮤니티에 더 깊은 책임감과 소속감을 느낀다.

이러한 원리는 실제 기업 조직 운영에서도 분명히 입증된다. 대표적인 예가 애플(Apple)의 DRI(Directly Responsible Individual, 직접 책임자) 방식이다. 스티브 잡스는 애플의 모든 업무와 프로젝트마다 단 하나의 명확한 책임자(DRI)를 지정했으며, 해당 업무의 목표와 기대치만을 분명히 전달했다. 업무를 수행하는 구체적인 방법은 전적으로 DRI 개인에게 맡겼다.

이렇게 하면 각 직원은 업무의 단순한 수행자가 아니라 그 업무의 주체이자 주인으로서 강한 책임감을 느끼게 된다. 직원은 자신이 맡은 일에 대해 스스로 의사결정을 내리고, 능동적으로 문제를 해결하며, 조직 전체의 목표 달성을 위해 자발적으로 움직이게 된다. 실제로 글로벌 컨설팅 기관 맥킨지(McKinsey) 조사에 따르면, 이처럼 명확한 책임과 높은 자율성이 부여된 기업의 직원들은 그렇지 않은 기업의 직원보다 업무 참여도가 30% 더 높았으며, 전체 생산성 역시 25%나 향상된 것으로 나타났다.

반대로 모든 세부 사항까지 통제하는, 이른바 '마이크로매니징' 방식은 정반대의 결과를 낳는다. 구성원은 자율성을 잃고, '윗선 지시가 있을 때까지 기다리는 수동적인 태도'를 학습하게 된다. 실제로 갤럽(Gallup)이 2015년에 발표한 「State of the American Manager」 보고서에서도, 과도하게 간섭받는 환경에 놓인 직원들은 주체적으로 일할 기회를 박탈당해 쉽게 무력감을 느끼고, 궁극적으로 회사 전체의 성과까지 저해된다고 지적했다. 이는 커뮤니티의 역동성을 스스로 저해하는 결과를 낳는다.

국내 핀테크 기업 토스(Toss)의 사례도 같은 맥락에서 중요한 시사점을 준다. 토스는 모든 구성원을 자신이 맡은 영역의 직접 책임자로 지정하여 업무 방식에 대한 전적인 선택권을 개개인에게 부여한다. 이 과정에서 직원들은 자신의 업무에 대해 주인의식을 가지고 누구의 지시 없이도 능동적으로 움직인다. 토스가 빠른 속도로 혁신적인 아이디어를 실현하며 성장하는 비결 역시 이러한 DRI 방식에 기인한다.

 실제로 토스 내부 직원들은 인터뷰에서 공통으로 "이곳에서는 나대고 싶은 사람이 더 나댈 수 있다"라고 표현할 정도로 적극성과 책임감이 동시에 높아졌다고 한다. 이는 목적과 책임은 명확히 공유하되 실행 방법은 개개인의 자율에 맡기는 방식이 조직 전체의 효율성과 구성원의 소속감을 높이는 데 얼마나 효과적인지 잘 보여준다.

 결국 커뮤니티의 설계자는 반드시 목적을 구성원들과 선명하게 공유해야 한다. 하지만 더 중요한 것은 그 목적에 도달하는 방식에 대해서는 각 구성원이 스스로 선택하게 하는 것이다. 이 방식을 통해 구성원들은 자신이 커뮤니티의 진정한 주인이자, 적극적으로 기여하는 중요한 존재임을 인식하게 된다. 자율성이 높아질수록 책임감과 몰입도 역시 높아지고, 커뮤니티의 목표는 자연스럽게 구성원 개개인의 목표와 맞닿아 더 강력한 소속감과 지속 가능성을 만들어 낼 것이다.

자율적 역할이 만든 집단의 역량

커뮤니티의 목표와 구성원의 기여 방식을 혼동하는 일은 생각보다 흔하다. 목적 자체는 분명히 필요하지만, 이를 달성하는 방식까지 일률적으로 강요하면 구성원 각자의 재능과 열의가 발휘되기 어렵다. 이러한 혼동을 극복하려면, '무엇을 위해 움직이는가?'라는 질문에 대해 모두가 공감하는 답을 제시하되, '어떤 방식으로 움직일 것인가?'에 대해서는 각자의 자율성을 열어두는 접근 방식이 필수적이다.

게임 파티 구성 사례만 봐도 이 원리를 쉽게 이해할 수 있다. 모두가 강력한 보스를 쓰러뜨리는 목표를 공유한다고 해도, 누군가는 방어를 책임지는 탱커를 맡고 다른 이는 치명타 공격을 전문으로 하는 딜러가 된다. 또 어떤 이는 마법이나 회복 스킬로 팀원을 보조하며 전투를 유리하게 이끈다. 역할 분담이 명확할수록 팀 전력이 극대화되고, 플레이어 역시 자신이 맡은 역할에 자부심을 느끼게 된다. 반면 모두가 똑같은 무기만 들고 싸우도록 강요한다면 회복이나 방어가 불가능해져 쉽게 무너지게 된다. 실제 조직 운영이나 커뮤니티 활동에서도 마찬가지다. 목표가 명확할수록, 구성원들이 저마다의 강점과 관심을 살려 기여할 수 있도록 허용해야 시너지가 커진다.

후쿠시마 원전 사고 이후 결성된 Safecast 사례는 이를 명확히 보여주는 사례다. 2011년 동일본 대지진 직후, 후쿠시마 제1원자력발전소에서 심각한 노심 용융이 발생했지만 정부와 도쿄전력 모두 방사능 수치를 투명하게 공개하지 못했다. 그러자 해커와 메이커 등 국제 자원봉사자들이 '정확하고 공정한 방사능 정보를 우리가 직접 수집해 보자'고 나섰는데, 이것이 Safecast의 시작이었다. 이들의 핵심 목표는 하나였다. '주민들이 방사능 오염도를 실시간으로 확인하고 안전 여부를 판단할 수 있도록 돕자.' 그런데 흥미로운 점은 이 단 하나의 명확한 목표 외에는, 누가 무엇을 맡아야 한다는 세세한 지침이 거의 없었다는 점이다.

예컨대 하드웨어에 관심과 기술이 있는 자원봉사자들은 3D 프린터를 활용해 휴대용 가이거 계수기(이른바 'bGeigie' 시리즈)를 빠르게 시제품으로 만들어냈다. 오픈소스 설계를 공개하고, 원하는 사람은 누구나 똑같은 기기를 제작하고 개선할 수 있도록 했다. 반면 프로그래밍에 익숙한 자원봉사자들은 수집된 방사능 데이터를 지도 위에 표시하는 웹 플랫폼을 만들었다. 데이터베이스와 API를 개선하고 전 세계 어디서든 접근 가능한 시스템을 구축했다. 현장에 직접 나갈 필요가 없는 이들은 이처럼 온라인에서 기여했다.

그리고 엔지니어나 코더가 아닌 자원봉사자들은 직접 측정기를 들고 도로 곳곳을 누볐다. 일부는 아이들이 다니는 통학로 주변을 집중적으로 측정했고, 차량에 측정기를 달고 넓은 지역을 이동하며 측정하는 팀도 있었다. 이동하는 동안 측정된 값은 GPS 좌표와 함께 서버로 전송되어 수천 개에서 수만 건에 달하는 데이터가 실시간으로 쌓였다. 불과 몇 달 만에 방사능 지도가 상당히 촘촘하게 완성되자, '정부 발표보다 실제 방사능 수치가 낮은 지역'도, '생각보다 훨씬 위험해 관리가 시급한 지점'도 서서히 드러났다. Safecast 웹사이트에 접속하기만 하면 누가 어디에서 어떻게 측정했고 그 값이 어느 정도인지 바로 확인할 수 있었기 때문에, 주민들은 피난이나 생활 방식을 재조정할 구체적인 근거를 얻게 되었다.

이처럼 짧은 기간에 방대한 데이터를 모아낸 데는, 이처럼 자율적인 역할 분담이 큰 역할을 했다. 별도의 지휘 체계나 상명하복식 명령 체계가 없었음에도 각자 자신의 강점 분야로 뛰어들었고, 문제가 발생하면 그 분야 전문가나 해결 능력이 있는 사람이 자연스럽게 나서서 해결했다. 조직행동론에서 말하는 자기효능감 개념 또한 이와 깊은 관련이 있다. 사람들은 자신이 선택한 역할에서 책임과 권한을 인정받을 때, 훨씬 더 능동적으로 몰입하고 새로운 시도를 망설이지 않는다. Safecast 참여자들 역시 '내가 하는 일이 실제 주민 안전에 기여한다'는 확신 덕분에 장시간을 투입하고 창의적인 발상을 내놓았다.

실제로 몇 달 후, 일본 정부가 설정한 오염 위험 구역 재검토에 중요한 단서를 Safecast 데이터가 제공하기도 했다. 주민들이 '내 마을은 생각보다 안전하구나' 혹은 '이곳은 더 신경 써야겠네' 하고 구체적으로 판단할 수 있는 자료가 생겼고, 일부 지방자치단체는 시민들이 제공한 데이터를 기반으로 자체 대책을 세우기도 했다. 언론은 이를 '정부보다 먼저 신뢰도 높은 방사능 지도를 만들어낸 시민 프로젝트'로 크게 주목했다.

결국 Safecast 사례가 알려주는 중요한 교훈은 하나다. 목표는 명확히 공유하되, 기여 방식은 되도록 자유롭게 허용하라는 것이다. 만약 처음부터 '모두 현장에 가서 측정만 하라'든가 '기기 제작은 전문가에게 맡기고 나머지는 관여하지 말라'는 식의 중앙 집중식 분업 체계가 강요되었다면, 이처럼 신속하고 폭넓은 참여가 일어나기 어려웠을 것이다. 게임 파티에 탱커, 딜러, 힐러가 골고루 있어야 더 오래 살아남듯이, 서로 다른 재능을 가진 사람들을 획일적으로 몰아붙이지 않고 스스로 자신의 역할을 선택하도록 하는 방식이 훨씬 효율적이다.

이 원칙은 재난 대응 사례에만 국한되지 않는다. 기업의 혁신 프로젝트, 지역 커뮤니티 모임, 오픈소스 개발 현장 등 다양한 분야에서, '커뮤니티의 큰 목표가 무엇이며, 각자 어떤 방식으로 기여할 수 있을지를 구성원 스스로 결정하게 하는' 방식이 더욱 강력한 결과를 이끌어낼 수 있다는 교훈을 준다. 이는 곧 '커뮤니티 목표가 명확하면, 사람들은 자신의 재능을 알아서 활용해 성과를 만들어낸다'는 단순한 진리와 맞닿아 있다.

사실, 많은 조직에서 이러한 자율성을 부여하는 데 망설이는 이유는 '혼란이 발생할 것'을 두려워하기 때문이다. 하지만 목표가 충분히 의미 있고 긴급한 문제를 해결하는 것이라면, 오히려 여러 사람이 동시에 다양한 영역에서 시도하고 활동하는 것이 더욱 다양하고 빠른 해법을 이끌어낼 수 있다. Safecast 참여자들은 일부 혼선이 있었음에도 '방사능 데이터 투명화'라는 명확한 목표에 대한 공감대를 지녔기에, 맹목적인 지시나 통제 없이도 자발적으로 책임감을 가지고 움직일 수 있었다. 그리고 그 결과는 방대한 데이터와 주민 안전 보장이라는 명확한 성과로 나타났다.

정리하자면, '목적은 공유하되, 기여 방법은 스스로 선택하게 하라.' 이것이 후쿠시마 원전 사고라는 대형 재난 속에서 Safecast가 보여준 중요한 교훈이다. 게임 파티 멤버들이 똑같은 무기만 들고 돌진하지 않는 것처럼, 현실의 커뮤니티 역시 다채로운 참여를 보장할 때 더 풍부한 성과를 만들어낼 수 있다. 그리고 이러한 성과는 구성원들에게 '내가 직접 이뤄낸 일'이라는 자기 효능감을 심어주어, 커뮤니티가 장기적으로 더욱 강해지는 기반이 된다.

인정과 보상:
진정한 소속감을 만드는 법

보상의 역설: 기여 의미의 퇴색

커뮤니티 기획자라면 누구나 구성원들이 자발적으로 적극 참여하고 지속적으로 기여하는 커뮤니티를 꿈꾼다. 하지만 이런 커뮤니티를 만드는 과정에서 많은 리더가 흔히 빠지는 함정이 있다. 바로 구성원의 노력과 열정에 대해 금전적인 보상으로 보답하려는 유혹이다. 언뜻 보면 당연한 선택처럼 보인다. 하지만 아이러니하게도, 기여에 대한 물질적 보상은 자발성과 헌신이라는 커뮤니티의 핵심 가치를 훼손할 위험이 있다.

스위스의 한 작은 마을에서 있었던 사례는 이를 극명하게 보여준다. 경제학자 브루노 프레이(Bruno S. Frey)가 소개한 이 사례는 사람들의 자발적인 기여에 금전적 보상이 개입했을 때 발생하는 문제를 명확히 보여준다. 이 마을 근처에는 방사성 폐기물 처리장 설치가 논의되는 상황이 발생했고, 정부는 주민들의 동의를 얻고자 설문 조사를 진행했다. 처음 설문 조사에서 마을 사람들은 예상보다 긍정적인 반응을 보였다. 다소 불편하더라도 공익을 위해 시설을 받아들이겠다는 입장을 보였다. 정부는 이러한 결과에 고무되어 조금 더 확실한 동의를 얻어내고자 금전적인 보상을 제안했다. 시설을 수용하는 마을 주민들에게 매년 일정 금액의 보상금을 지급하겠다고 한 것이다.

그런데 흥미로운 변화는 바로 그다음이었다. 정부의 예상과 달리, 금전적 보상이 제시된 이후 오히려 주민들의 찬성률이 현저히 떨어졌다. 주민들은 왜 금전적 보상을 받는 순간 마음을 바꾸게 되었을까? 본래 공익이라는 의미 때문에 시설 수용에 동의했던 주민들은, 금전적 보상이 지급된다는 소식을 듣는 순간 이 문제가 더 이상 '공익을 위한 가치 있는 선택'이 아닌 단지 '돈을 받고 불편함을 감수해야 하는 거래'로 변질되었다고 느낀 것이다. 그들에게 이 문제는 이제 보상 금액이 충분한지 아닌지의 문제로 바뀌었다. 돈이라는 외적인 요소가 개입하면서, 원래 가지고 있던 순수한 가치와 의미는 사라지고, 모든 판단 기준이 경제적 손익으로 바뀐 것이다.

이와 유사한 실험이 사회심리학자 에드워드 데시(Edward Deci)에 의해 진행되었다. 데시는 퍼즐 조립을 좋아하는 대학생 참가자들을 두 그룹으로 나누어 한 그룹에게만 퍼즐을 조립하는 대가로 금전적 보상을 제공했다. 처음에는 금전적 보상을 받은 참가자들이 매우 적극적으로 퍼즐을 조립했다. 언뜻 보면 금전적 보상이 동기를 강화하는 것처럼 보였다. 하지만 핵심은 금전적 보상이 사라진 이후의 변화였다. 실험이 끝나고 참가자들이 혼자 남겨졌을 때, 연구진은 참가자들이 여전히 퍼즐에 몰입하는지 관찰했다. 결과는 놀라웠다. 금전적 보상을 받았던 참가자들은 곧바로 퍼즐에 흥미를 잃고 다른 활동을 찾아 나섰다. 반면 아무런 금전적 보상을 받지 않았던 참가자들은 여전히 퍼즐 조립을 즐겁게 하며 훨씬 더 오랜 시간을 보냈다. 처음에는 금전적 보상이 동기를 강화하는 것처럼 보였지만, 오히려 원래 가지고 있던 내적 동기를 약화시킨 결과였다.

이처럼 원래 흥미나 가치 실현을 위해 자발적으로 참여했던 행위에 금전적 보상이라는 외적 요인이 개입하는 순간, 사람들의 행동은 더 이상 '의미 있는 참여'가 아닌 단지 '돈을 벌기 위한 거래'로 인식된다. 경제학에서는 이를 동기 축출 효과(motivation crowding out effect)라고 부른다. 즉, 외적 보상이 원래 가지고 있던 순수한 내적 동기를 밀어내고 그 자리를 돈과 같은 외적인 동기로 채우는 현상을 뜻한다. 이러한 효과가 나타나면 금전적 보상이 충분하지 않다고 느끼는 순간 기여 자체를 포기하거나 최소한의 노력만 하려

한다.

 이 두 사례는 커뮤니티 운영자들이 꼭 기억해야 할 중요한 교훈을 던진다. 사람들이 커뮤니티에 자발적으로 기여하는 진짜 이유는 그 일이 금전적으로 이득이 되어서가 아니라, 그 활동 자체에서 의미와 보람을 느끼기 때문이다. 구성원들은 커뮤니티 안에서 자신이 가치 있는 존재로 인정받고 다른 사람과 연결되어 있다고 느낄 때 가장 큰 만족을 얻는다. 그런데 여기에 금전이라는 요소가 들어오면, 구성원들은 자신의 기여를 더 이상 의미 있는 행동이 아닌 단지 경제적 거래로 인식하기 시작한다. 결국 기여에 대한 열정은 줄어들고 커뮤니티를 향한 소속감도 빠르게 퇴색한다.

 커뮤니티 기획자들이 흔히 놓치는 점은 바로 이 지점이다. 구성원들의 자발성과 내적 동기를 보호하려면 그들에게 필요한 건 단순한 돈이나 물질적 선물이 아니라는 사실을 이해해야 한다. 진정한 의미에서 구성원의 기여를 지속시키고 싶다면, 그들이 행한 기여가 얼마나 중요한지, 그리고 그 기여가 커뮤니티에 얼마나 긍정적인 변화를 불러왔는지를 명확하게 전달하고 인정해 줘야 한다. 사람들은 돈으로 평가받기보다 자기 행동이 의미 있는 일로 인정받을 때 훨씬 더 큰 만족과 소속감을 느낀다.

 이제 커뮤니티 기획자들에게 필요한 것은 돈이나 보상의 액수를 고민하는 것이 아니다. 그 대신 구성원들의 기여가 커뮤니티의 목적과 연결되어 있고, 그것이 실제로 커뮤니티 전체에 긍정적인 영향을 주고 있다는 점을 진심을 담아 전달하는 방법을 고민하는 것이다. 사람들의 마음을 움직이는 것은 결국 돈이 아니라 '인정'이며, 이 인정이야말로 커뮤니티의 기여를 지속적으로 촉진하고 소속감을 강화하는 가장 강력한 힘이 될 것이다.

인정의 힘: 진정한 보상은 돈이 아니라 의미 있는 존재로 인정받는 것이다

그렇다면 커뮤니티를 지속적으로 성장시키기 위해 구성원들의 기여에 어떻게 보답해야 할까? 앞서 물질적 보상이 오히려 내적 동기를 망가뜨릴 수 있음을 살펴보았다. 이 문제를 피하면서도 구성원들에게 진심 어린 감사와 존중을 전하고 싶다면 기획자들이 선택해야 하는 가장 강력한 방법은 바로 인정이다.

구성원들이 진정으로 원하는 것은 돈이나 선물 그 자체가 아니다. 그들은 자신이 커뮤니티에서 의미 있는 존재로 인정받고 있다는 확신을 얻고 싶어 한다. 자신이 한 일이 실제로 사람들에게 어떤 긍정적인 변화를 일으켰는지, 그리고 그것이 다른 구성원들에게 얼마나 가치 있게 여겨지는지를 눈으로 확인하고 싶어 하는 것이다. 인정은 금전적 보상보다 훨씬 더 지속적이고 깊은 만족을 주며 구성원의 헌신과 참여를 더욱 강화하는 효과가 있다.

이러한 인정의 힘을 명확하게 보여주는 사례가 있다. 행동경제학자 댄 애리얼리(Dan Ariely)는 MIT 학생들을 대상으로 흥미로운 실험을 진행했다. 참가자들에게 바이오니클(Bionicle)이라 불리는 레고 블록 조립을 맡기고, 한 그룹의 완성작은 연구자가 꼼꼼히 살펴보고 긍정적으로 평가한 뒤 진열했다. 반면 다른 그룹이 완성한 작품은 완성 즉시 연구자 앞에서 해체되어 원상태로 돌아왔다. 실험에 참여한 모든 학생은 동일한 금전적 보상을 받았다.

처음에는 두 그룹 모두 비슷한 속도로 블록 조립을 수행했지만, 시간이 지날수록 두 그룹의 참여 의욕은 극명하게 갈라졌다. 자기 작품이 연구자의 긍정적인 평가를 받고 진열된 그룹은 계속해서 높은 열정과 집중력을 보이며 조립을 이어갔다. 반면 자신이 만든 작품이 바로 눈앞에서 무의미하게 해체된 그룹의 참가자들은 빠르게 흥미를 잃었다. 금전적 보상이 동일했음에도 불구하고, 자신이 한 일이 의미 없이 무시된다고 느낀 사람들의 참여 의욕은 눈에 띄게 떨어진 것이다.

이 실험이 우리에게 던지는 메시지는 분명하다. 사람은 자신이 한 일이 의미 있고 가치 있다고 느낄 때 더욱 적극적으로 참여하며 지속적인 헌신을 보여준다는 점이다. 심지어 금전적 보상이 같더라도 자신이 커뮤니티에 미친 영향을 구체적으로 확인하고 인정받는 경험이야말로 구성원을 움직이는 진정한 동력임을 보여준다.

커뮤니티 기획자가 이를 실제로 적용하기 위해 가장 먼저 해야 할 일은 구성원의 기여가 커뮤니티에 어떤 구체적인 변화를 일으켰는지를 명확히 피드백해 주는 것이다. 예컨대, 누군가 커뮤니티의 이벤트를 준비하거나 콘텐츠를 제작했을 때, 기획자는 그 결과로 얼마나 많은 사람들이 혜택을 받았고 어떤 긍정적인 반응을 얻었는지 구체적으로 전달해 주어야 한다. 단지 "고생했어요"라는 일반적인 칭찬보다 "당신이 만든 콘텐츠 덕분에 이번 행사 참여자가 두 배나 늘었어요. 정말 대단한 일을 했어요"라고 구체적이고 명확하게 언급할 때, 구성원은 스스로가 의미 있는 존재임을 명확히 인지하게 된다.

두 번째로 중요한 것은 이런 인정이 공개적으로 이루어져야 한다는 점이다. 개인적으로 전하는 격려나 감사도 물론 중요하지만, 공개적인 자리에서의 인정은 구성원들의 소속감을 더욱 강하게 만들고 커뮤니티에 대한 정서적 헌신을 높인다. 세계적인 기업 구글

(Google)의 사례를 보면 더욱 명확해진다. 구글은 직원들이 동료의 기여와 성과를 칭찬하고 인정하는 피어 보너스(peer bonus) 제도를 운용한다. 이 제도에서는 구성원들이 서로의 노력과 기여를 공개적으로 인정하고, 이를 회사 전체가 공유함으로써 개인의 성취감을 높이고 동료 간 신뢰와 협력을 촉진한다. 이 제도의 도입 이후, 직원들의 만족도와 커뮤니티 내 협력 수준이 눈에 띄게 향상되었다고 한다.

마지막으로 기획자가 잊지 말아야 할 점은 인정이 단지 일회성 이벤트가 되어서는 안 된다는 것이다. 사람들의 내적 동기를 유지하고 참여를 지속시키려면 꾸준히 반복적으로 구성원의 기여를 확인하고 인정하는 환경을 만들어야 한다. 일시적인 보상이나 칭찬보다 지속적인 인정이 훨씬 더 강력한 힘을 발휘하기 때문이다. 구성원이 커뮤니티에서 의미 있는 일을 하고 있음을 꾸준히 상기시켜 주는 것만으로도, 커뮤니티 전체의 활력과 성장이 유지될 수 있다.

결국, 기획자가 명심해야 하는 핵심은 간단하다. 구성원의 기여에 대한 진정한 보상은 돈이 아니라 그들의 행동이 의미 있는 일로 인정받고 있다는 경험이다. 금전적 보상이 주는 일시적인 자극보다, 기여에 대한 진심 어린 인정과 감사가 장기적인 참여와 헌신을 이끌어낸다. 기획자들이 이 점을 깊이 이해하고 실천할 때, 커뮤니티는 구성원들의 자발적 참여와 소속감으로 더욱 풍성하게 성장할 수 있을 것이다.

지속 가능한 인정을 위한 세 가지 원칙: 목적을 중심으로 서로 인정하게 하라

커뮤니티에서 기여에 대한 인정은 단순히 개인의 자존감을 높이는 장치를 넘어, 커뮤니티가 지향하는 가치와 삶의 방식이 실제로 실현되고 있음을 확인하는 중요한 과정이다. 사람들은 자신이 의미 있는 목적을 위해 헌신하고 있다는 사실이 구성원 전체에게 명확히 인식될 때 비로소 기여를 통해 얻는 소속감을 더욱 깊이 느끼게 된다. 단순히 기획자가 개별적으로 감사의 인사를 전하는 것을 넘어, 커뮤니티 구성원들이 서로의 기여를 자연스럽게 인지하고 존중하는 문화를 만드는 것이 중요하다. 결국 기여에 대한 인정은 구성원 개개인의 만족을 넘어 커뮤니티 전체가 목적에 얼마나 가까워졌는지 가늠하는 척도이자 커뮤니티가 실제로 작동하고 있음을 증명하는 신호가 되기 때문이다.

진정한 인정은 커뮤니티 목적과 밀접하게 연결될 때 가장 강력한 힘을 발휘한다. 예컨대 환경 보호를 목적으로 하는 커뮤니티라면 단순히 "수고하셨습니다"와 같은 추상적인 칭찬보다는, "당신이 이번 행사에서 기획한 친환경 용품 교환 덕분에 플라스틱 폐기물이 절반으로 줄었습니다"라는 구체적인 피드백이 훨씬 큰 힘을 갖는다. 이 순간 기여자는 자신의 행위가 단순히 개인의 성취가 아니라 커뮤니티가 추구하는 환경 보호라는 가치에 실제로 기여했다는 사실을 실감하게 된다. 이렇게 구체적으로 목적에 기여한 사실을 서로 인정하고 확인하는 문화가 형성될 때, 사람들은 커뮤니티가 지향하는 삶의 방식에 더욱 깊이 헌신하게 된다.

그러나 커뮤니티 리더가 구성원의 기여를 일일이 확인하고 인정하는 데는 분명한 한계가 있다. 특히 커뮤니티 규모가 커지면 기획자가 모든 기여를 직접 관리하고 인정하는 것은 사실상 불가능하다. 따라서 기획자는 구성원들이 서로의 기여를 발견하고 자발적으로 인정하는 구조와 문화를 설계해야 한다. 이를 통해 리더의 직접적인 개입 없이도 구성원들이 서로를 인정하는 자연스러운 분위기가 조성되고, 이러한 분위기가 결국 커뮤니티가 추구하는 가치를 일상적으로 강화하는 핵심 원동력이 된다.

이때 구성원 간의 인정이 원활히 이루어지려면 다음과 같은 세 가지 원칙이 필수적이다.

첫 번째 원칙은 커뮤니티 목적의 명확성이다. 구성원들이 명확히 공유된 목적을 알고 있을 때, 누군가의 기여가 목적 달성에 얼마나 기여했는지를 쉽게 판단할 수 있다. 목적이 흐릿하거나 추상적이라면 아무리 열심히 노력해도 그 기여가 커뮤니티 가치에 부합하는지 판단하기 어렵다. 예를 들어 건강한 라이프스타일을 추구하는 커뮤니티라면 '우리는 매일 조금씩 건강해지는 삶을 산다'와 같은 애매한 목적보다는, '일주일에 한 번 모든 구성원이 참여하는 가벼운 운동 챌린지를 진행한다'와 같은 구체적인 목적이 필요하다. 이렇게 목적이 구체적일수록 구성원은 자신과 타인의 행동을 커뮤니티 가치 기준에 따라 명확히 평가하고 인정할 수 있다.

두 번째 원칙은 구체적이고 즉각적인 피드백 구조다. 기여에 대한 인정은 시간이 지난 후가 아니라 기여가 이루어진 직후 즉시 이루어져야 효과적이다. 구체적이고 즉각적인 피드백은 커뮤니티가 지향하는 삶의 방식이 실제로 작동하고 있음을 생생히 느끼게 하고, 개인이 커뮤니티 목적에 의미 있게 연결되어 있음을 보여준다. 예를 들어 구성원 한 명이 특정 문제에 대해 중요한 해결책을 제안했을 때, 기획자가 즉시 "당신이 제안한 아이디어 덕분에 우리가 추구하는 지속 가능한 방식으로 문제를 해결할 수 있게 되었습니다"라고 알리면, 기여자는 물론 다른 구성원들에게도 이 행동이 커뮤니티의 가치와 목표에 부합하는 것임을 즉시 알릴 수 있다.

세 번째 원칙은 구성원들이 서로의 기여를 공개적으로 인정하는 문화 형성이다. 이는 단순히 리더의 인정에만 기대는 것이 아니라, 구성원들 사이에서도 자연스럽게 기여를 발견하고 존중하는 문화를 만들어가는 것을 의미한다. 구성원들이 서로의 기여를 공개적으로 인정할 때, 구성원은 자신의 기여가 단순히 개인의 성취를 넘어 커뮤니티 가치 실현에 핵심적인 역할을 한다고 느낀다. 가령 조직심리학자 애덤 그랜트(Adam Grant)는 "서로의 기여를 공개적으로 인정하는 조직은 그렇지 않은 조직보다 구성원의 적극적인 참여가 30% 이상 높고 이직률이 현저히 낮다"라고 설명한다. 서로의 노력이 커뮤니티의 목적과 가치에 기여했음을 공개적으로 강조할수록, 구성원은 커뮤니티 목적에 더욱 지속적으로 헌신하게 되고, 자연스럽게 커뮤니티가 추구하는 가치와 목적이 강화되는 효과를 얻는다.

이러한 세 가지 원칙이 실제로 잘 작동하는 사례로 온라인 지식 공유 커뮤니티 스택 오버플로우(stack overflow)를 들 수 있다. 스택 오버플로우는 사용자가 질문과 답변을 올리면 구성원들이 서로의 답변에 투표하여 유용성을 즉각 평가한다. 여기에는 명확한 목적, 즉 '모든 프로그래머가 더 나은 코드를 쓸 수 있도록 돕는다'는 뚜렷한 방향이 설정되어 있어, 사용자들은 서로의 기여를 명확히 확인하고 적극적으로 인정한다. 누군가 문제를 해결하는 답변을 올리면 수많은 사용자가 즉시 답변을 추천하고 댓글로 고마움을 표현하는데, 이 과정에서 기여자는 자기 행동이 커뮤니티 목적에 정확히 부합했음을 느끼고, 이후에도 지속적으로 양질의 답변을 제공하게 된다. 실제로 스택 오버플로우는 이러한 공개적이고 즉각적인 인정 시스템 덕분에 사용자들이 활발하게 참여하며, 명확한 목적과 그 목적에 부합하는 기여가 지속적으로 이어지는 대표적인 사례가 되었다.

이처럼 커뮤니티에서의 인정은 단순히 기여자 개인에게 만족감을 주는 것을 넘어, 커뮤니티가 추구하는 목적이 실제로 실현되고 있음을 구성원 모두에게 확인시키는 중요한 도구다. 기획자는 이를 위해 구성원들이 목적을 분명히 이해하도록 돕고, 기여를 즉각적이고 구체적으로 인정하며, 무엇보다 구성원들이 서로의 기여를 공개적으로 자연스럽게 인정하는 문화를 만들어야 한다. 이때 비로소 커뮤니티 구성원들은 자신들의 기여를 통해 커뮤니티가 지향하는 삶의 방식을 더욱 명확히 체험하고, 그것이 자신이 속한 커뮤니티의 진정한 가치임을 깨닫게 된다.

그럼에도 불구하고 보상을 하고 싶다면

 지금까지 커뮤니티 기획자들이 구성원의 지속적인 참여와 기여를 이끌어내는 데 있어 금전적 보상이 오히려 역효과를 낼 수 있음을 여러 차례 강조했다. 사람들의 자발성과 내적 동기를 유지하려면 물질적 보상보다는 의미 있는 인정과 피드백이 훨씬 효과적이라는 것이다. 그럼에도 현실에서는 많은 기획자가 구성원의 특별한 기여에 보상을 제공하고 싶은 마음을 떨쳐내기 어렵다. 누군가 헌신적으로 활동하고 큰 성과를 냈다면 마땅히 고마움과 격려를 표현하는 방법을 찾는 것이 자연스럽기 때문이다. 중요한 것은 이러한 보상이 어떤 형태로 전달되어야 하는가이다.

 금전적 보상이 가진 가장 큰 문제는 구성원의 순수한 내적 동기를 빠르게 외적 동기로 전환시키고 결국에는 참여 의미 자체를 돈이라는 척도로 평가하게 만든다는 데 있다. 따라서 구성원에게 보상을 제공하더라도 그 방식은 금전이나 물질적 선물을 직접 전달하는 것이 아니라 구성원들이 스스로 의미 있다고 느낄 만한 가치를 전달하는 방식이어야 한다. 그중 가장 강력한 대안이 바로 성장과 성공의 기회를 제공하는 것이다.

 실제로 많은 커뮤니티 구성원이 자신의 활동이 단지 커뮤니티 내부에서만 머물지 않고 더 넓은 세상으로 뻗어나갈 수 있기를 바란다. 구성원들이 커뮤니티에서 헌신적으로 활동할 때 커뮤니티 기획자는 이를 인정하고 보상하는 방법으로 외부에서도 영향력을 가질 수 있는 무대나 기회를 제공하는 것이 가장 효과적이다. 예컨대 구성원 중에서 탁월한 성과를 보인 사람에게 외부 강연 기회를 마련해주거나 유명 매체에 글을 기고하도록 연결해 주거나 새로운 프로젝트를 이끄는 리더 자리를 맡기는 등의 방식이다.

  이러한 기회 제공 방식이 가진 가장 큰 장점은 단지 개인의 성장을 촉진할 뿐만 아니라 커뮤니티의 가치와 목적을 외부로까지 자연스럽게 확산시키는 효과를 낸다는 점이다. 구성원이 더 넓은 영역에서 인정받고 성공할수록 그 과정에서 커뮤니티의 이름과 철학 역시 자연스럽게 더 많은 사람에게 알려지게 된다. 따라서 구성원의 성공은 결코 개인적인 성취로 끝나지 않는다. 오히려 커뮤니티 전체가 더 큰 세상과 연결되는 강력한 촉매제가 된다.

  그러나 여기에서 많은 커뮤니티 기획자가 우려하는 한 가지 문제가 있다. 바로 구성원들이 기획자의 영향력과 명성을 넘어서는 '인플루언서'로 성장할 때의 상황이다. 실제로 일부 기획자는 무의식적으로 구성원의 성장을 억제하거나 자신의 위치를 위협하는 존재로 인식하기도 한다. 하지만 탁월한 커뮤니티 기획자라면 이 순간을 두려워하지 않고 오히려 가장 자랑스럽게 여겨야 한다. 구성원이 자신보다 더 큰 영향력과 성공을 이루는 순간이야말로 커뮤니티가 진정으로 목적을 달성했음을 의미하는 가장 명확한 증거이기 때문이다.

미국의 대표적인 온라인 커뮤니티 레딧(Reddit) 공동창립자 알렉시스 오헤니언(Alexis Ohanian)은 『위대한 설계자들(Without Their Permission)』이라는 책에서 바로 이 점을 강조했다. "훌륭한 커뮤니티 기획자는 스스로 스타가 되려 하지 않는다. 오히려 구성원들 가운데서 스타를 발견하고 그들이 더 큰 무대에서 스타로 성장할 수 있도록 적극적으로 돕는다. 구성원 중 누군가가 나보다 더 큰 인물로 성장하는 그 순간이야말로 내가 기획자로서 가장 큰 자부심을 느끼는 순간이다."

흥미로운 것은 구성원이 이렇게 커뮤니티를 통해 성장하여 외부에서도 인정받게 되면 결코 커뮤니티를 쉽게 떠나지 않는다는 점이다. 오히려 그들은 자신을 성장하게 해준 커뮤니티에 더 큰 고마움과 애착을 느끼고 자신의 성공을 적극적으로 커뮤니티에 되돌리려 한다. 자신이 얻은 경험과 지식을 다른 구성원들과 기꺼이 공유하면서 자연스럽게 커뮤니티 전체의 성장을 견인하는 중요한 역할을 맡는다. 실제로 많은 성공한 구성원들이 이렇게 자신의 성공을 커뮤니티와 공유하면서 커뮤니티 전체의 참여와 활력을 더욱 촉진하는 모습을 어렵지 않게 볼 수 있다.

이처럼 구성원이 커뮤니티 안에서 성장과 성공의 기회를 얻고 이를 바탕으로 더 큰 영향력을 행사할 때 또 하나의 중요한 효과가 나타난다. 바로 커뮤니티의 다른 구성원들이 그 모습을 보고 큰 자극과 동기 부여를 받는 것이다. 같은 커뮤니티 안에서 활동하던 구성원이 외부에서도 인정받고 성공하는 모습을 직접 목격하면 다른 구성원들도 '나 역시 저렇게 될 수 있다'는 자신감과 희망을 품게 된다. 이런 환경 속에서 구성원들의 참여와 활동 수준은 자연스럽게 높아지고 더 많은 사람이 자발적이고 적극적으로 움직이게 되는 긍정적인 선순환이 형성된다.

결국 커뮤니티 기획자가 구성원에게 보상을 제공하고 싶다면 그 보상은 금전적 형태가 아니라 구성원이 더 크게 성장할 기회와 무대를 제공하는 방식이 되어야 한다. 구성원의 기여를 인정하고 보상하는 가장 이상적인 방법은 그들이 더 큰 세상에서 영향력을 갖도록 적극적으로 돕는 것이다. 구성원의 성공을 진심으로 응원하고 적극 지원할 때 커뮤니티는 단지 내부에서의 단기적인 성과를 넘어 더 넓은 세상과 연결된 건강하고 지속 가능한 커뮤니티로 성장할 수 있다.

결국 커뮤니티가 추구하는 장기적인 목적을 이루는 가장 효과적인 보상 형태는 구성원의 성장을 촉진하고 이를 통해 커뮤니티의 가치가 더 널리 알려지는 환경을 만드는 것이다. 구성원이 더 큰 성공을 거두도록 돕는 것, 그것이야말로 진정한 의미에서 가장 강력한 보상이 된다.

'여행에 미치다'가 보여준 기여와 인정의 선순환

기여와 인정을 통해 형성된 소속감이 장기적으로 지속 가능한 커뮤니티를 만드는 가장 강력한 동력이라는 사실을 우리는 지금까지 여러 각도에서 확인했다. 이 원칙이 현실에서 어떻게 작동하고 실제 구성원들의 삶을 어떻게 바꾸는지를 더욱 구체적으로 살펴볼 필요가 있다. 이를 가장 생생히 보여주는 사례가 바로 국내 대표 여행 커뮤니티인 '여행에 미치다(이하 '여미')'다.

'여행에 미치다'는 2014년 페이스북 페이지로 시작하여 빠르게 성장한 여행자 커뮤니티이자 여행 버티컬 미디어 플랫폼이다. 당시 여미가 택한 전략은 여느 여행 관련 채널과는 확연히 달랐다. 기획자가 일방적으로 콘텐츠를 생산하고 배포하는 방식이 아니라, 구성원들이 각자 자신만의 여행 경험을 자유롭게 공유할 수 있도록 문을 활짝 열어두었다. 단순히 유명한 여행지가 아닌 구성원들이 스스로 발견한 숨겨진 장소, 그곳에서의 특별한 순간, 각자의 시선이 담긴 사진과 이야기가 여미의 페이지와 그룹을 채우기 시작했다.

이 과정에서 여미는 구성원의 자발적 기여를 적극적으로 인정하고 알리는 방식을 택했다. 기획자는 직접 콘텐츠를 만드는 대신, 커뮤니티 내부에서 큰 공감과 반응을 얻은 회원들의 콘텐츠를 공식 페이스북, 인스타그램 등 미디어 채널에 다시 공유했다. 구성원들은 자신이 올린 사진이나 이야기가 여미 공식 채널에 올라가 수만 명에서 많게는 수십만 명의 사람들에게 인정받는 것을 보며, 더 큰 자부심과 만족감을 느꼈다. 이는 단순히 기획자가 구성원을 인정하는 차원을 넘어, 구성원들끼리 서로의 기여를 공개적으로 인정하는 분위기를 만들었다. 공식 채널에 콘텐츠가 소개되는 일이 구성원들에게 가장 확실한 보상이자 인정으로 작동한 셈이다.

여미가 이러한 방식을 통해 얻은 가장 큰 이점은, 다른 채널들이 갖추지 못했던 독보적인 콘텐츠의 다양성과 속도였다. 기획자 혼자서는 절대 생산할 수 없는 전 세계 여행지의 생생한 이야기가 거의 실시간으로 올라왔다. 남들이 다루지 않은 여행지, 생생하고 독특한 개인 경험이 여미 채널을 통해 전파되자, 여미는 몇 해 만에 페이스북과 인스타그램 모두 국내 최대 여행 미디어로 자리 잡았다.

여미 미디어가 커지자, 브랜드와 기업들이 앞다투어 협업을 요청하기 시작했다. 여행을 활용해 브랜드 이미지를 강화하려는 기업들이 여미의 문을 두드렸고, 여미는 이러한 협업 기회를 커뮤니티에 기여한 구성원들에게 우선적으로 나누어주는 선택을 했다. 결과적으로 많은 일반 여행자가 광고와 브랜드 협업을 통해 경제적 수익과 더불어 여행 크리에이터라는 새로운 직업적 기회를 얻게 되었다. 실제로 꽤 많은 여미 구성원은 취미로 올린 자신의 여행 사진이 공식 채널에 지속적으로 소개되자 팔로워 수가 급격히 증가했고, 얼마 지나지 않아 항공사, 관광청 등으로부터 콘텐츠 제작과 홍보 제안을 받았다. 이를 계기로 그는 결국 회사를 그만두고 전업 여행 크리에이터가 되었으며, 이후에도 꾸준히 여미에 콘텐츠를 공유하면서 자신의 노하우를 커뮤니티에 다시 나누는 역할을 맡았다.

이렇게 구성원들이 기회를 얻고 외부에서 성장하면 커뮤니티를 떠날 것이라는 우려가 있을 수도 있다. 하지만 여미 사례는 정확히 반대의 결과를 보여준다. 여미를 통해 성장한 여행 크리에이터들은 자신을 키워주고 지지 기반이 되어준 커뮤니티와 구성원에게 강한 소속감과 감사함을 느꼈고, 개인의 성장과 성공을 적극적으로 커뮤니티에 환원하는 모습을 보였다. 이들은 자신이 쌓은 노하우와 새로운 여행 정보를 다시 여미 회원들과 공유하는 일에 적극 나섰고, 오히려 커뮤니티 내에서 더 활발히 활동하며 기여의 가치를 높여갔다.

이러한 현상은 여미의 다른 구성원들에게도 강력한 동기 부여로 작동했다. 이미 성공한 구성원들을 보면서 다른 회원들도 '나 역시 충분히 가능성이 있다'고 느꼈다. 실제로 많은 구성원이 더 적극적으로 콘텐츠를 공유하고 참여하기 시작했고, 구성원 각자의 성취가 다시 커뮤니티 전체의 성장을 촉진하는 선순환 구조가 형성되었다. 여행 콘텐츠를 공유하는 일이 단순한 취미를 넘어 개인의 성장과 새로운 삶의 기회로 이어질 수 있다는 가능성을 구성원들이 피부로 직접 체감하게 된 것이다.

결국 '여행에 미치다' 사례가 우리에게 주는 가장 중요한 교훈은 명확하다. 커뮤니티 기획자가 구성원에게 제공할 수 있는 최고의 보상은 금전적 보상이 아니라, 구성원이 더 큰 무대에서 성장하고 성공하도록 돕는 '기회'라는 사실이다. 이 기회를 얻은 구성원들은 커뮤니티와 더 깊은 정서적 연결을 맺게 되고, 개인의 성장이 다시 커뮤니티 전체의 발전을 이끄는 긍정적인 순환이 이어진다. 여미가 실현한 이러한 기여와 인정의 선순환 구조야말로 커뮤니티가 지향해야 할 진정한 지속 가능한 성장 방식이다.

이 장을 통해 확인한 모든 원칙과 이론이 단순히 책 속의 추상적인 이야기로 끝나지 않고, 실제로 커뮤니티와 구성원들의 삶을 긍정적으로 바꾸고 성장시킬 수 있다는 가장 강력하고 현실적인 사례가 바로 '여행에 미치다'인 것이다.

04

사회적 정체성:
기여를 넘어 헌신을 이끄는 궁극의 원리

커뮤니티가 단순히 사람들을 잠시 모아 두는 것을 넘어, 각자의 삶 깊숙이 자리 잡는 존재가 되려면 무엇이 필요할까? 우리는 앞서 공유 경험을 통한 초기 유대감 형성 과정을 살펴봤고, 안과 밖을 구분하는 강렬한 소속감의 힘을, 기여와 인정을 통해 개인의 자부심과 책임감을 높이는 방법을 확인했다. 이러한 단계를 거치면 구성원들은 분명 단단해진 유대감을 느끼게 된다. 하지만 그 유대감이 '더 이상 이 집단을 떠날 수 없는 이유'로까지 발전하지 못한다면, 사람들은 언제든 새로운 흥미를 따라 흩어질 수 있다. 결국 눈앞의 활동이 잠깐 재미있다는 이유만으로는 꾸준히 머무르지 않는다는 뜻이다. 그렇다면 무엇이 소속감을 '일시적인 끈'에서 '내 삶을 대변하는 무대'로 도약하게 하는가?

 바로 커뮤니티가 지향하는 가치가 나 스스로가 바라는 삶의 모습과 맞닿아 있다고 느끼는 순간이다. 이 장의 핵심은 개인이 '이 집단 소속을 통해 자신의 가치관과 라이프스타일을 명확히 표현할 수 있다'고 확신하는 순간, 소속감은 헌신으로 발전한다는 것이다. '이곳이 내게 재미와 정보를 준다'는 수준을 넘어 '이곳이 내가 본래 중요하게 여기는 삶의 방식을 구현해 준다'고 느낄 때, 사람들은 기꺼이 적극적인 지지자가 된다. 그 과정에서 중요한 매개체가 바로 상징이다. 상징은 단순한 로고, 색깔, 구호를 넘어 각자가 '나는 이런 사람이다'라고 선언할 수 있는 상징적인 언어가 된다. 파도 실험 넷째 날과 다섯째 날, 학생들이 군대식 규율을 수동적으로 따르던 수준에서 벗어나 '우리야말로 제3의 물결'이라고 외치며 적극적인 홍보자가 된 이유도 여기에서 비롯한다.

  이러한 변화가 하루아침에 일어나는 것은 아니다. 파도 실험 초반, 학생들은 자신을 '특별한 역사 수업에 참여하는 학생' 정도로만 정의했다. 하지만 규율과 의식이 반복되고, 집단이 표방하는 가치('힘은 규율에서 나온다')가 마치 자신들의 삶의 문제를 해결해 주는 열쇠처럼 느껴지자, 학생들은 오히려 스스로 그 규율의 전도자로 나서기 시작했다. 개인의 목표(더 나은 성적, 효율적인 생활, 또래 관계에서의 인정)와 커뮤니티 목표(단결력, 높은 생산성)가 하나로 맞물린 셈이다. 이처럼 '이건 내가 원하던 삶이기도 하다'라는 생각이 딱 맞아떨어지는 순간부터, 사람들은 커뮤니티의 단순 참여자가 아니라 헌신자가 된다.

파도 실험 4일 차:
'나'를 표현하는 '우리'

이 집단이 내가 추구하는 가치를 보여 준다: 파도 실험 사례의 핵심 전환점

 넷째 날 아침, 큐벌리 고등학교의 풍경은 이전과 전혀 달랐다. 학생들은 학교 정문을 통과하며 서로를 보자마자 자연스럽게 팔을 들어 "파도의 힘으로!"라고 구호를 외치며 경례했다. 각자의 팔에는 어제와 마찬가지로 파란색 완장이 둘러져 있었다. 며칠 전까지만 해도 어색한 군대식 규율에 불과했던 이 완장과 경례가, 이 짧은 시간 동안 학생들에게는 완전히 다른 의미로 자리 잡은 것이었다.

 처음 이 실험이 시작되었을 때만 해도, 학생들의 반응은 그저 호기심에 가까웠다. 대부분은 "이 수업 좀 특별한데?" 정도의 감상만 가졌을 뿐, 이 규율이나 상징이 실제로 자신들의 삶과 직접 연결될 것이라곤 예상하지 못했다. 그러나 며칠간 규율이 반복되고, 함께 행동하는 것이 만들어내는 효율성과 단합력을 경험한 뒤, 학생들의 생각은 점점 달라졌다. 단순히 '교사가 시키는 것을 따른다'는 수준을 넘어, 학생들은 집단이 내세우는 '규율에서 나오는 힘'이라는 가치가 자신들의 일상 문제 해결에 실질적인 열쇠가 된다고 믿기 시작했다.

실제로 당시 큐벌리 고등학교 학생들 사이에서는 학교생활에서의 질서 부족이나 혼란스러운 수업 분위기가 흔히 제기되던 문제였다. 수업 시간에 집중하지 못하고, 규칙이 제대로 지켜지지 않는 것에 대해 일부 학생들은 오히려 불만을 품고 있었다. 그런 상황에서 이 '제3의 물결' 실험은, 적어도 학생들에게 '규칙을 지키면 훨씬 더 효율적으로 수업이 진행되고, 함께 있을 때 안정적이고 명확한 분위기가 형성된다'는 것을 피부로 느끼게 해주었다.

그 결과, 학생들은 이 규율을 단순한 강제가 아니라 자신들이 은연중에 바라던 생활 방식, 즉 명확한 기준과 안정적인 커뮤니티를 이루는 수단으로 적극적으로 받아들였다. 사실 이는 '성적을 높인다'거나 '또래로부터 인정받는다' 같은 추상적인 목표와는 달랐다. 오히려 학생들은 당장 눈앞에서 체감하는, 구체적이고 현실적인 문제를 해결하고 있었다. 예컨대 이전에 수업 시간에 떠들고 방해하던 학생들조차, 모두가 같은 규율을 따르는 분위기가 형성되자 자연스레 집중했고, 이로 인해 수업 효율과 개인의 만족감이 즉각적으로 높아졌다. 이런 경험이 반복되면서 학생들은 '이 규율이 정말로 우리가 원하던 삶을 가능하게 한다'고 점차 확신하게 되었다.

그렇기에 완장을 차고 구호를 외치는 행위는 더 이상 교사가 강요하는 것이 아니라, 학생들 스스로가 '이 가치를 우리가 지켜내야 한다'고 믿고 자발적으로 반복하는 의식이 되었다. 학교 복도, 급식실, 등굣길에서조차 이 상징적 의식은 자연스럽게 확산되었다. 이제 학생들은 더 이상 단지 '특별한 역사 수업'을 듣는 정도로 자신을 표현하지 않았다. 오히려 "나는 제3의 물결의 일원이며, 우리가 믿는 규율을 지키고, 그것이 주는 질서와 힘을 경험하고 있다"라고 당당히 말했다.

이러한 심리적 변화는 파도 실험의 기록에서도 잘 나타나 있다. 론 존스가 남긴 기록에 따르면, 학생들이 넷째 날부터 완장을 착용하고 규율을 지키는 행동을 자발적으로 주변 친구들에게 설명하고 권유하기 시작했다고 한다. 수업 외의 시간에도 학생들이 스스로 홍보 자료를 만들고 주변 친구들에게 "우리와 함께하자"라고 권유한 이유는 단지 교사의 지시 때문이 아니었다. 그들은 스스로 규율과 질서가 만들어 낸 효율적이고 명확한 환경에 만족하고 있었으며, 이것이 친구들과 더 많은 사람들이 함께 누리면 좋겠다고 진심으로 믿었기 때문이다.

바로 이 지점이야말로 이 실험의 본질적 전환점이었다. 단순히 교사의 지시를 따르는 수동적 참여에서 벗어나, 규율이 주는 질서와 효율성이라는 가치를 적극적으로 받아들이고 내면화한 순간, 학생들은 자연스럽게 이 규율을 외부로 확산시키는 주체가 된 것이다. 그리고 이런 가치의 내면화는 곧바로 자부심으로 연결되었다. 그들은 자신을 단지 '학생'이 아니라 '질서를 추구하는 특별한 커뮤니티의 일원'으로 소개했다. 이러한 강력한 자부심이 결국 소속감을 정체성 수준으로 끌어올렸으며, 학생들이 학교 안팎으로 더 적극적이고 자발적으로 행동하는 원동력이 되었다.

이 사례는 현대의 커뮤니티 기획자에게도 중요한 시사점을 준다. 커뮤니티 구성원들이 어떤 활동을 통해 개인의 실제적 문제와 욕구가 해결된다는 경험을 명확히 체감할 때, 그들은 활동을 자발적으로 받아들이고 확산하는 데 앞장선다. 단지 '재미있다'거나 '흥미롭다'는 일시적 만족이 아니라, 자기 삶에 실질적인 도움과 효용을 준다고 느낄 때, 구성원은 자연스럽게 그 활동과 가치를 내면화하며 더 널리 전파하게 된다. 파도 실험에서 학생들이 보여 준 급격한 몰입과 적극적인 확산은, 바로 이런 현실적이고 직접적인 경험이 가치를 내면화하는 핵심 열쇠임을 명확하게 증명한다.

가치 일치가 불러온 강력한 몰입: '이건 나를 표현하는 집단'이라 여긴 순간

 넷째 날이 되자, 학생들은 어느새 군대식 규율에 길들여진 상태를 넘어, 그 규율이 자신들이 원하던 가치를 실현하는 열쇠라고 믿게 되었다. 이전까지 '선생님이 시키니까 지킨다'는 식의 수동적 태도에서 벗어나, 이즈음부터는 '이 집단의 규칙과 목표가 내가 바라던 생활 방식을 대변해 준다'는 만족감이 생긴 것이다. 그래서 일부 학생은 교사가 지시하기도 전에 밖으로 나가 친구들에게 "제3의 물결에 참여해 보라"라며 권유하고, 집안이나 동네 사람들에게도 "이 방식이 정말 옳다"라고 열정적으로 설명했다. 그들에게 군대식 규율은 단지 폐쇄적 훈련이 아니라, '삶을 더 효율적이고 즐겁게 만드는 방법'이었고, 그 가치가 얼마나 훌륭한지를 주변에 알리고 싶은 마음이 솟아올랐다.

 이 지점이 특별한 까닭은, 학생들이 '이건 내 방식이야'라고 확신하게 된 순간부터 자발적 행동이 폭발적으로 늘어났다는 데 있다. 실제로 넷째 날 오후, 론 존스가 "규율을 어기거나 집단의 가치를 훼손하는 행위를 보면 보고하라"라고 지시했을 때, 이미 몇몇 학생들은 그 전부터 자발적으로 규칙 위반을 감시하고 있었고, 바깥에서 제3의 물결을 비판하는 이가 있다는 얘기가 들리면 곧장 알리기도 했다. 폭로나 감시는 무척 극단적으로 보이지만, 그들에게는 '이 규율이 진짜 옳다'는 믿음이 뿌리 깊었으므로, 그것을 지키지 않는 사람이 눈에 띄면 그냥 넘어갈 수 없었다.

이 과정에서 파시즘적 색채가 드러나기 시작했지만, 정작 학생들은 그 위험성을 인식하지 못했다. 그들은 '이건 선생님이 만들어 낸 수업'이라는 생각을 넘어, '이 규칙은 근본적으로 바람직하다'는 신념을 굳혔기 때문이다. 일부는 학교 주변에 홍보물을 돌리며 "우리 규율을 따라 보라, 효율적이고 즐겁다"라고 권유했고, 가족에게도 "어차피 다 같이 살아가려면 이런 질서가 필요하지 않겠느냐"라고 설득했다. 이처럼 집단이 본래 추구하던 '단합과 효율'이라는 가치가 자기 삶에 꼭 맞아떨어진다고 느꼈기에, 그들은 교육 프로그램을 넘어선 강한 신념으로서 제3의 물결을 옹호하고 전파했다.

결국, '이건 내 방식'이라는 생각이 깊어질수록 학생들은 뭘 하든 '나 역시 제3의 물결의 일원'임을 강조하게 되었다. 넷째 날이 되자, 교실 안에서는 완장과 경례가 더 이상 어색한 이벤트가 아니었고, 교실 밖에서도 '우리는 이런 가치를 믿는다'는 식의 자신감 넘치는 태도가 눈에 띄었다. 누군가 제3의 물결을 낮잡아보거나 의문을 제기하기라도 하면, 곧바로 "네가 잘 몰라서 그래. 이건 정말 효과적인 방법이야"라고 목소리를 높였다. 마치 자신이 오랫동안 찾아온 해결책을 발견한 것처럼, 그들은 외부 사람들에게 적극적으로 제3의 물결을 홍보하며 자긍심을 드러냈다.

　파도 실험이 이 지점에서 보여 주는 중요한 통찰은, '가치 공유'가 이뤄졌을 때 사람들의 행동이 얼마나 가속화되고 광범위하게 퍼져 나가는가 하는 점이다. 제3의 물결이 실제로 옳았는지, 아니면 위험천만한 실험이었는지를 떠나, 학생들에게는 '이 규율이 내 삶에 필요한 진짜 가치다'라는 믿음이 심어졌다. 그 믿음이 생기자, 교사가 더 시키지 않아도 학생들은 자발적으로 홍보와 헌신을 전개했다. 말하자면, '이건 내 방식'이라고 확신한 순간부터, 그들은 수업 프로그램의 수동적 참여자가 아니라 진정한 '지지자'가 된 셈이다.

　현대 커뮤니티 운영에서도 마찬가지다. 구성원들이 '이 집단이 내가 추구하는 것을 제대로 보여 준다'고 느낄 때, 자연스럽게 홍보·포교·방어를 마다하지 않는다. 이는 앞서 말한 파시즘적 경향과는 별개로, '가치에 대한 강한 확신'이 몰입과 확산을 이끈다는 사실을 시사한다. 만약 이 가치가 '환경 보호'이든 '건강 관리'이든, 혹은 '개인의 성장'이든, 그게 구성원의 내재적 욕구와 맞닿아 있다고 여겨지는 순간, 사람들은 거의 맹목적일 만큼 열정적으로 움직인다. 이것이야말로 '가치 공유 → 자발적 헌신'의 경로다.

결론적으로, 파도 실험 넷째 날 이후로 벌어진 자발적 감시와 적극적 홍보는, '이건 내 삶을 더 낫게 만드는 믿음'이라는 만족감을 느낀 학생들만의 행동이었다. 그 만족감이 생길 때 비로소 '외부를 향해 알려야 한다', '우리 집단을 지켜야 한다'는 열의가 자연스럽게 피어났다. 그리고 이 과정이야말로, 단지 규칙을 지키는 것을 넘어 '이 집단의 가치가 곧 나'라는 인식으로 도약하는 결정적 증거가 되었다.

집단과 하나가 된 개인들: "우리는 누구인가?"라는 질문의 힘

다섯째 날 아침, 큐벌리 고등학교는 지금까지 경험해 보지 못했던 열기와 긴장으로 들떠 있었다. 넷째 날까지 군대식 규율과 완장, 경례를 통해 자신들이 '제3의 물결'이라는 새로운 신념에 몰입하기 시작한 학생들은, 이날 아침 이미 완벽하게 그 정체성을 받아들인 상태였다. 더 이상 '이건 특별한 역사 수업' 정도로 생각하는 수준이 아니었다. 학생들은 하나같이 '우리가 곧 제3의 물결'이라 확신했고, 마치 대규모 운동의 핵심에 서 있다는 듯 자부심에 가득 차 있었다.

론 존스 교사는 그들에게 "오늘 오후, 제3의 물결의 지도자가 텔레비전을 통해 전국적으로 모습을 드러낼 것"이라고 선언했다. 이 말은 학생들에게 폭발적인 기대감을 안겨 주었다. 제3의 물결을 한낱 교실 안 실험으로 여기지 않고, 이제 '우리는 더 큰 사회적 변화를 이끌 수도 있는 존재'라는 믿음이 생겨났기 때문이다. "우리는 누구인가?"라는 질문이 이 시점에 극적으로 떠오른 이유도 바로 여기에 있었다. 학생들은 '단순한 실험 참가자'가 아니라 '거대한 운동의 일원'일지도 모른다는 생각에 자신을 더욱 높이 평가했고, 이때 형성된 결속감은 그 어떤 지시나 규율보다 훨씬 더 강력한 수준에 도달했다.

그날 내내 학생들은 쉬는 시간에도, 복도와 급식실에서도, 서로에게 "우리는 특별하다. 우리는 세상을 바꿀 수 있다"라고 말하며 본인들의 정체성을 끊임없이 확인했다. 경례를 주고받을 때마다, 그 경례는 단순한 의식이 아니라 '우리 가치가 옳다'는 결심을 반복하는 행위가 되었다. 교실 곳곳에서는 한껏 들뜬 목소리로 "곧 지도자가 나타나면, 우리 운동은 전국으로 퍼져 나갈 거야"라는 대화가 오갔다. 이미 제3의 물결이라는 집단이 자기 내면과 분리할 수 없는 존재가 되었다는 증거였다.

그러나 오후가 되자, 교실의 텔레비전은 아무 말도 하지 않았다.

약속된 방송은 없었고, 지도자 역시 등장하지 않았다. 당황하며 교사를 바라보는 학생들 앞에서, 론 존스는 마침내 실험의 진실을 털어놓았다. "사실은 지도자도, 전국적인 운동도 없다. 이건 여러분이 얼마나 쉽게 파시즘에 빠져들 수 있는지 보여 주는 실험이었다." 학생들은 눈앞이 하얗게 될 만큼 큰 충격을 받았다. 하지만 그 충격의 본질은 '지도자가 없었다'는 사실 자체가 아니었다. 자신들이 굳게 믿었던 정체성이 얼마나 순식간에, 또 얼마나 쉽게 형성될 수 있었던가를 깨달았다는 데서 더 큰 혼란을 느꼈다.

이제까지 매일 반복해 온 구호와 경례, "우리는 힘을 통해 세상을 바꿀 수 있다"라는 다짐은 그들에게 진심이었다. 그 믿음을 하나로 모은 강렬한 결속력은 엄청난 에너지를 뿜어냈고, 외부 비판이나 의구심조차 쉽게 수용하지 못할 정도로 단단했다. 그런데 어느새 그것이 선생님의 짧은 말 한마디에 무너져 내린 것이다. 곰곰이 돌아보니, "우리는 누구인가?"라는 근원적 물음은 단순히 집단 정체성을 되새기기 위한 구호가 아니라, 자신들의 취약한 내면까지 송두리째 건드리는 근본적 성찰이 되어 버렸다.

결국 학생들은, 불과 며칠 만에 개인적 정체성과 집단적 가치가 완벽히 결합될 수 있음을 몸소 체험했다. '내가 곧 제3의 물결'이라는 믿음은 그동안 외부와 분명히 구분되고, 자발적으로 행동하며,

서로를 지키려는 열정으로 이어졌다. 그리고 이 강력한 경험은, 실험이 끝난 뒤에도 학생들로 하여금 '우리가 무심코 받아들였던 신념이나 가치가 도대체 얼마나 쉽게 주입될 수 있는가?'를 되돌아보게 했다. 그만큼 정체성은 강력하고, 동시에 쉽게 흔들릴 수도 있는 면모를 지녔다는 사실이 드러난 셈이다.

커뮤니티 기획자들에게 이 사건이 던지는 메시지는 분명하다. 집단의 상징과 가치를 개인이 자신의 존재 이유로까지 내면화하게 되면, 커뮤니티는 그 누구도 예상치 못한 폭발적 힘을 얻게 된다. 그 힘은 외부인의 눈에 때로는 위험해 보일 수도 있지만, 당사자들은 그것을 '내가 누구인지를 보여 주는 가장 확실한 근거'로 여기기 때문에, 쉽게 깨지지 않는 결속을 자랑한다. 그러나 동시에, 이 실험은 사람들이 믿고 따른다는 바로 그 정체성이 얼마나 쉽게 만들어질 수 있는지도 시사한다. 따라서 기획자는 "우리는 누구인가?"라는 질문에 대해, 구성원에게 진정성과 투명성을 갖고 답할 수 있는가를 늘 성찰해야 한다.

결국, "우리는 누구인가?"라는 물음에 대해 명확한 답을 주는 것은 모든 커뮤니티 기획자의 궁극적 목표다. 구성원들이 자신을 설명할 때 가장 먼저 떠오르는 집단이 바로 자기가 속한 커뮤니티가 될 수 있다면, 그 커뮤니티는 비로소 강력한 영향력을 얻게 된다. 그리고 그 영향력은, 기획자의 지시를 기다리지 않고도 스스로 가치를 확산시키고, 때로는 지나칠 만큼 헌신적으로 움직이는 동력을 제공한다. 파도 실험은 그 정체성 극대화의 절정과 동시에, 집단 심리가 지닌 양면성을 일깨워 주는 강렬한 사례였다.

소속감을 넘어 헌신으로:
가치 표현이 만드는 헌신의 원리

사람들은 활동이 아니라 '가치'에 끌린다

앞서 2장에서 우리는 사람들이 커뮤니티에서 강력한 소속감을 느끼고 머물게 되는 세 가지 동기(필요, 목표, 욕망)를 살펴보았다. 특히 그 중 '욕망'은 사람들이 가장 자발적으로 헌신하며 장기적으로 머물게 하는 핵심 동기라고 강조했다. 여기서 말하는 욕망이란 단지 특정한 행동이나 활동을 좋아하는 정도를 넘어, 자신이 중요하게 여기는 '가치'를 외부에 명확히 표현하며 정서적 만족감을 얻으려는 욕구다.

많은 커뮤니티 기획자는 구성원들이 참여하는 이유를 단순히 특정 활동을 좋아해서라고 오해하는 경우가 많다. 물론 활동 자체가 무의미하거나 중요하지 않다는 뜻은 절대 아니다. 오히려 특정 활동은 사람들이 중요하게 여기는 가치를 표현하고 확인할 수 있는 가장 효과적인 수단이다. 즉, 중요한 것은 활동 그 자체가 아니라 그 활동을 통해 구성원들이 드러내고 공유할 수 있는 '가치'가 명확하게 존재해야 한다는 점이다.

사람들이 활동 자체가 아니라 활동이 표현하는 가치에 더 깊게 헌신하게 되는 심리적 배경에는 '사회적 정체성 이론(Social Identity Theory)'이 자리 잡고 있다. 사회적 정체성 이론은 폴란드계 영국 심리학자 헨리 태즈펠(Henri Tajfel)이 제안한 이론으로, 사람들은 자신이 속한 집단이 사회적으로 긍정적인 평가를 받을수록, 그 집단과 자신을 동일시하여 스스로에게 긍정적인 평가를 내린다고 설명한다. 즉, '내가 이 집단에 속해 있다는 인식이 곧 나 자신에 대한 긍정적 평가로 이어진다'는 것이다. 바로 이런 이유로 사람들은 특정 활동을 통해 명확히 표현되는 가치가 자신과 연결되어 긍정적 평가를 받을 때, 그 커뮤니티에 더욱 깊이 헌신하게 된다.

이를 명확하게 이해할 수 있는 좋은 사례가 앞서 언급한 바 있는 서울 모닝 커피 클럽(SMCC)이다. 표면적으로 SMCC는 이른 아침에 모여 함께 커피를 마시는 단순한 활동을 중심으로 이루어져 있다. 그러나 구성원들이 장기적으로 이 커뮤니티에 열정적으로 참여하고 헌신하게 되는 진짜 이유는 커피라는 활동 그 자체가 아니라, '이른 아침 시간을 소중히 여기고 자기 관리에 철저한 사람'이라는 가치를 자신과 연결시키고 외부에 표현하고 싶어 하기 때문이다.

SMCC 참가자들이 매일 아침 모임 사진을 찍어 인스타그램에 올리고, 이를 자랑스럽게 공유하는 이유 역시 여기에 있다. 이들에게 중요한 것은 단지 커피의 맛이나 모임의 장소가 아니다. 이 모임을 통해 자신이 추구하는 가치가 명확히 드러나고, 같은 가치를 공유하는 사람들과 지속적으로 교류하며 자신의 사회적 정체성을 확인할 수 있다는 것이 핵심이다. 즉, 이른 아침의 커피 모임이라는 활동은 이들이 원하는 가치('아침형 라이프스타일')를 표현하는 구체적인 수단으로 작동하고 있다.

중요한 것은, 같은 행동을 하는 사람들조차 추구하는 가치가 다르면 전혀 다른 커뮤니티로 발전한다는 사실이다. 예를 들어 같은 '커피를 마시는 행위'라도 SMCC처럼 아침형 라이프스타일을 표현하려는 커뮤니티와, '세상에서 가장 뛰어난 맛의 커피'를 찾는 커뮤니티는 완전히 다른 정체성과 구성을 가지게 된다. 후자의 구성원은 커피 맛에 대한 전문적 지식과 미각 경험이라는 가치를 중심으로 결집하고, 이 가치를 자랑스럽게 표현한다. 결국 같은 행동도 추구하는 가치에 따라 완전히 다른 사회적 정체성을 형성하며, 완전히 다른 사람들을 끌어들이게 된다.

따라서 성공적인 커뮤니티 기획자는 구성원들에게 제안하는 활동 자체에만 머무르는 것이 아니라, 그 활동을 통해 구성원들이 표현하고 공유할 수 있는 '가치'를 정확히 이해하고 중심으로 설정해야 한다. 활동을 통해 표현되는 가치가 명확하고 강력할 때, 사람들은 자연스럽게 그 활동에 더 깊이 헌신하며 장기적으로 소속감을 유지하게 된다.

이제 당신의 커뮤니티를 다시 점검해 보자. 구성원들은 단순히 활동만을 즐기고 있는가, 아니면 그 활동을 통해 명확한 가치와 사회적 정체성을 표현할 수 있는가? 활동을 통해 표현되는 가치가 명확하지 않다면 지금이라도 그 가치를 명확히 설정하고 강조할 필요가 있다. 사람들은 활동 자체가 아니라 활동이 표현하는 가치에 끌리며, 그 가치가 자신의 정체성과 깊이 연결될수록 더 적극적이고 장기적으로 헌신하게 될 것이다.

욕망을 중심으로 '필요'와 '목표'를 정렬하면, 커뮤니티는 강력해진다

앞서 우리는 구성원들이 커뮤니티에 참여하는 가장 강력한 동기가 '욕망'에서 비롯된다는 것을 확인했다. 사람들은 자신이 추구하는 가치를 명확히 표현할 수 있는 커뮤니티에 끌리고, 그것을 통해 자기 정체성을 더 확실히 정의하며 만족감을 느낀다. 그러나 현실에서 오랫동안 지속 가능한 커뮤니티가 되려면 단지 이 욕망만 존재하는 것으로는 충분하지 않다. 욕망을 중심축으로 삼되, 구성원들이 이 커뮤니티에 반드시 머물러야 하는 현실적이고 실질적인 이유인 '필요'와, 공동의 성취감을 제공하는 '목표'가 자연스럽게 연결되어야 한다. 즉, 필요와 목표라는 두 가지 동기가 욕망이라는 강력한 축을 중심으로 통합적으로 정렬될 때 비로소 커뮤니티는 더욱 강력하고 지속 가능한 구조를 갖게 된다.

먼저 '필요'의 연결 방식을 살펴보자. 사람들은 아무리 욕망이 명확하더라도 현실적인 필요가 없다면 참여가 느슨해지기 쉽다. 구성원들이 욕망으로 정의된 가치를 실질적이고 지속적으로 구현하려면, 이 커뮤니티를 떠날 수 없는 명확한 이유가 제시되어야 한다. 예를 들어 친환경 라이프스타일을 추구하는 커뮤니티의 경우, 단지 환경 보호라는 가치에 공감하는 것만으로는 부족하다. 그 가치와 관련된 필수적인 정보나 현실적인 리소스를 이 커뮤니티에서만 얻을 수 있어야 한다. 친환경 생활을 실천하려는 구성원들이 이 네트워크를 벗어나면 불편하고, 원하는 삶의 형태를 온전히 유지할 수 없도록 하는 구조가 필요하다.

구체적인 예로, 환경 보호 커뮤니티에서 친환경 제품 공동구매나 친환경 가이드 공유가 활발히 이루어진다면, 구성원들은 이곳을 벗어나면 자신이 추구하는 친환경적 삶을 제대로 유지하기 어려워진다. 결국 이들은 단순히 '좋아하기 때문에' 참여하는 수준을 넘어, 자신이 원하는 가치(친환경적 삶)를 실현하는 데 필요한 현실적 이유 때문에 적극적으로 이 커뮤니티에 머무르게 된다. 즉, '욕망'을 이루기 위한 실질적인 '필요'가 명확해질수록 커뮤니티 참여의 강도는 더욱 높아진다.

다음으로, '목표'를 욕망과 연결시키는 전략을 살펴보자. 사람들은 공동의 목표를 성취할 때 더 강력한 결속력과 소속감을 느끼고, 그 과정에서 자신이 원하는 가치를 더 깊이 체화할 수 있다. 욕망으로 정의된 가치를 구체적이고 측정 가능한 목표로 설정하면, 구성원들은 그 가치를 더욱 명확히 이해하고 실천할 수 있는 계기를 얻는다.

예컨대 친환경 커뮤니티의 경우, 단순히 친환경적 삶을 지향하는 선언적 가치를 넘어 "이번 달 동안 일회용 플라스틱 사용량을 절반으로 줄이자"라는 구체적인 목표를 제시할 수 있다. 이렇게 하면 구성원들은 친환경적 삶이라는 욕망을 단순히 마음속으로 동의하는 수준에서 벗어나, 실제 행동으로 옮기고 이를 통해 성취감을 얻으며 그 가치를 더 깊게 내면화하게 된다. 즉, 명확한 목표가 설정될 때, 욕망은 단지 바람에서 끝나지 않고 현실적인 성취로 이어지며 구성원들의 소속감을 훨씬 더 단단하게 만든다.

이렇게 '욕망'을 중심으로 필요와 목표가 서로 연결되고 정렬될 때, 구성원들은 자신이 참여하는 이유와 머물러야 하는 이유, 그리고 계속 돌아와야 하는 이유를 명확히 인식하게 된다. 참여자들이 자발적으로 헌신하면서도 현실적 필요와 성취감을 동시에 느낄 수 있게 만드는 것이 바로 이 전략의 핵심이다.

결국, 장기적으로 강력한 커뮤니티를 설계하고자 하는 기획자는 먼저 구성원들이 추구하는 욕망(사회적 정체성)을 명확히 하고, 이를 중심으로 구성원들이 반드시 머물러야 하는 필요와 함께 성취하고 싶은 공동의 목표를 통합적으로 설계해야 한다. 욕망이라는 강력한 축을 중심으로 필요와 목표가 자연스럽게 정렬될 때, 구성원들은 그 커뮤니티를 자신의 삶에서 필수적이고 가치 있는 공간으로 여기게 된다. 이것이야말로 구성원들이 오랫동안 자발적으로 참여하고 적극적으로 헌신할 수 있는 가장 현실적이고 강력한 커뮤니티 설계 방식이다.

배제는 '가치 명확성'으로 연결된다: '무엇을 하지 않는가?' 를 드러내면 더 결속되는 이유

특정 커뮤니티를 통해 사회적 정체성을 부여하려면, 뚜렷한 정체성을 유지해야 한다. 단순히 '무엇을 선택하고 추구하는지'를 강조하는 것만으로는 부족하다. 정체성의 완성은, '무엇을 절대 용납하지 않는지', 즉 명확한 배제를 통해 이루어진다. 사람들은 자신이 선택한 가치가 무엇인지보다, 오히려 그 가치에 어긋나는 것을 분명히 구분할 때 더 큰 결속력과 자부심을 느낀다. 이는 곧, 배제를 통해 '이 커뮤니티는 이것만큼은 절대 허용하지 않는다'는 선언을 명확히 드러내야 한다는 의미다.

파도 실험의 사례가 이 원리를 선명하게 보여 준다. 학생들은 자신이 속한 '제3의 물결'이 단순히 질서와 효율을 추구하는 집단일 뿐 아니라, 동시에 무질서와 혼란을 철저히 거부한다는 사실을 스스로 반복해서 확인했다. 넷째 날부터 학생들이 규율을 어긴 동료를 자발적으로 신고한 것도 그 때문이다. 이들은 단지 교사의 지시를 따르는 게 아니라, '질서라는 우리의 가치를 위협하는 행동을 용납할 수 없다'는 내면화된 기준을 실천한 것이다. 그 결과 '제3의 물결'은 단지 규율을 지키는 모임이 아니라, '무질서를 허용하지 않는 우리'라는 더욱 강력한 정체성을 얻게 되었다.

현대 브랜드들도 이 원칙을 전략적으로 활용한다. 대표적인 사례로, 영국의 패션 브랜드 프레드 페리(Fred Perry)가 있다. 프레드 페리는 1952년 테니스 선수였던 프레드 페리에 의해 창립된 브랜드로, 특히 가슴에 새겨진 월계관 로고가 특징인 폴로 셔츠로 유명하다. 창립 이후 프레드 페리의 셔츠는 영국의 모드족(Mod), 펑크족, 스킨헤드 등 다양한 청년 하위문화에서 사랑받으며, 특정 계층을 넘어서 자유롭고 포용적인 브랜드 이미지를 구축했다.

그러나 2010년대 후반, 미국의 극우 단체인 프라우드 보이즈(Proud Boys)가 프레드 페리의 검정·노랑 색상 폴로 셔츠를 자신들의 집단적 상징으로 사용하기 시작했다. 이 단체는 백인 우월주의와 폭력적 시위로 악명 높았기에, 이는 프레드 페리의 포용적 브랜드 정체성을 심각하게 훼손할 위험이 있었다. 프레드 페리는 이에 빠르게 반응했고, 2019년 공식 성명을 통해 다음과 같은 견해를 밝혔다. "우리의 검정·노랑 폴로 셔츠와 월계관 로고가 극우 단체에 의해 악용되는 현실에 깊은 유감을 느끼며, 브랜드는 결코 극단적 가치를 용납하거나 지지하지 않을 것이다." 이후 프레드 페리는 미국과 캐나다에서 해당 제품의 판매를 즉각 중단했다.

이 강력한 배제 전략은 프레드 페리 브랜드의 가치를 더욱 명확히 했다. 사람들은 브랜드가 과감하게 손실을 감수하며 특정 소비자층을 배제한 것을 보면서, 프레드 페리가 정말로 '포용성'과 '다양성'이라는 가치를 중요하게 여긴다는 확신을 갖게 되었다. 이는 오히려 브랜드 충성도를 높이는 결과로 이어졌다.

 이처럼 배제는 단지 특정 대상을 멀리하는 행위에 그치지 않고, '우리는 무엇을 하지 않는지'를 강력히 선언하는 것이다. 러닝 커뮤니티가 "우리는 기록 경쟁을 하지 않고, 서로 격려하는 달리기를 지향한다"라고 명확히 밝힐 때, 구성원들은 자신들이 왜 이 커뮤니티에 속해 있는지를 더욱 선명하게 인식하게 된다. 사람들은 명확한 배제 기준을 통해 자신의 정체성을 더욱 잘 표현할 수 있기 때문이다.

 브랜딩 전문가 알 리스(Al Ries)는 자신의 저서 『포지셔닝(Positioning)』에서 "브랜드의 힘은 얻는 데 있는 것이 아니라 포기하는 데 있다"라고 말했다. 모든 고객을 만족시키려는 브랜드는 모호해지고 평범해진다. 반면 특정 고객을 선택하고 나머지를 포기할 때, 브랜드는 분명한 정체성을 가지게 된다. 커뮤니티에서도 이 원칙은 동일하게 작동한다. 구성원들이 무엇을 절대로 허용하지 않는지 분명히 밝힐 때, 그들은 더 이상 흔들리지 않고 뚜렷한 소속감을 가지게 된다.

결국, 커뮤니티나 브랜드가 진정한 정체성을 완성하기 위해서는 선택뿐만 아니라 명확한 배제를 실천해야 한다. 파도 실험에서 학생들이 보여 준 것처럼, 또는 프레드 페리가 실천한 것처럼, 무엇을 하지 않는지 명확하게 설정하고 선언함으로써 구성원들이 자신의 가치와 정체성을 더욱 명확히 이해하고 자발적으로 헌신하게 되는 것이다. 지금 당신의 커뮤니티가 진정으로 강력한 정체성 커뮤니티로 발전하기를 원한다면, 이제는 적극적으로 배제할 것을 명확히 하고, 구성원들이 그것을 자발적으로 지킬 수 있도록 해야 한다.

가치를 공유할수록 헌신은 커진다: '내가 속한 집단'을 자랑스럽게 여기는 심리

진정한 커뮤니티는 구성원들이 자신이 속한 집단을 자랑스럽게 여기는 순간, 완성에 가까워진다. 사람들은 자신이 공유하는 가치가 명확히 드러나고, 그 가치가 사회적으로도 인정받는 커뮤니티일수록 적극적으로 헌신하게 된다. 앞서 살펴본 파도 실험의 학생들이 규율을 자발적으로 지키고 외부에 전파했던 것도, 그 규율이 자신의 가치와 정확히 맞아떨어졌기 때문이었다. 이때 단순히 내부에서의 인정만으로는 부족하다. 구성원들이 외부 세계에서도 그 가치를 인정받고 자부심을 가질 때, 헌신의 강도와 지속성이 크게 증폭된다.

이러한 현상을 가장 선명하게 보여 주는 사례가 바로 미국의 대표적 모터사이클 브랜드, 할리데이비슨(Harley-Davidson)이다. 할리데이비슨은 단순한 제품 이상의 의미를 지닌다. 이 브랜드는 '자유'라는 가치를 상징하는 문화적 아이콘으로 전 세계적으로 강력한 외부적 인지도와 인정을 받고 있다. 할리데이비슨 오너들이 원하는 것은 단지 성능 좋은 오토바이가 아니라, 이 브랜드를 통해 자신이 '자유를 최고의 가치로 삼는 사람'이라는 것을 명확히 드러내고, 그런 자기 모습을 외부에서도 긍정적으로 인정받는 것이다.

할리데이비슨의 고객들이 브랜드의 로고를 문신으로 새기거나 브랜드 전용 가죽 재킷과 액세서리를 착용하는 행동은 외부인의 눈에 다소 과장되거나 이해하기 어려워 보일 수도 있다. 하지만 그들이 이렇게까지 적극적으로 브랜드를 드러내는 이유는, 할리데이비슨이라는 상징이 자신이 지향하는 가치를 정확히 표현하는 동시에 외부에서도 이미 널리 인정받고 있기 때문이다. 이 행동은 외부인들에게 '나는 자유를 추구하고 자신만의 길을 걷는 사람이다'라는 명확한 메시지를 전달하며, 이를 통해 구성원들은 외부 세계에서도 자연스럽게 존중과 인정을 받게 된다.

  이렇게 외부의 긍정적 평가는 다시 커뮤니티 내부에서의 결속을 더 강력하게 만드는 촉진제로 작동한다. 외부 세계에서 자신들의 가치가 명확히 전달되고 인정받을수록 구성원들은 더욱더 커뮤니티 안에서 그 가치를 지키고 전파하는 데 적극적으로 나선다. 즉, 내부 구성원끼리의 긍정적 평가는 외부의 인정과 결합하여 헌신을 더욱 강화하는 선순환 구조를 만든다.

  할리데이비슨은 이러한 자발적이고 적극적인 헌신을 촉진하기 위해 '할리 오너스 그룹(H.O.G.: Harley Owners Group)'이라는 글로벌 공식 커뮤니티 조직을 운영하고 있다. 1983년에 설립된 이 조직은 전 세계적으로 100만 명 이상의 회원을 보유하며, 제조사 후원의 모터사이클 클럽 중 가장 큰 규모로 알려져 있다. H.O.G. 회원들은 정기적인 라이딩 모임을 통해 서로의 경험과 가치를 공유하고, 이 활동을 적극적으로 외부에 알리며 자신들이 지향하는 라이프스타일을 당당하게 표현한다.

  이 공식 커뮤니티의 가장 큰 역할은, 구성원들이 브랜드의 상징과 가치를 적극적으로 표현할 수 있는 무대를 제공하고, 이들의 활동이 외부로 자연스럽게 드러나도록 하는 데 있다. H.O.G.의 구성원들이 SNS를 통해 자신들의 라이딩 경험과 사진을 자발적으로 공유하는 이유 역시 마찬가지다. 이들은 브랜드가 가진 자유의 상징성을 자랑스럽게 여기고, 그것을 외부 사람들에게 널리 알릴 때 자신의 사회적 정체성이 강화된다는 사실을 잘 알고 있다.

이 과정에서 사람들은 자신의 정체성과 가치가 외부에서도 명확히 이해되고 인정받는 경험을 반복적으로 하게 된다. 이러한 경험이 지속될수록 구성원들의 헌신도는 더욱 강력해지고, 그들은 자신이 속한 커뮤니티를 단순히 소비하거나 즐기는 것을 넘어, 적극적으로 지지하고 보호하며 전파하는 진정한 지지자로 성장한다.

커뮤니티 설계자는 이러한 상징적 가치를 명확히 설정하고 외부로 효과적으로 전파할 수 있는 구조를 마련해야 한다. 할리데이비슨 사례처럼, 구성원들이 자신들의 가치를 적극적으로 표현하고, 외부에서도 자연스럽게 인정받을 수 있는 환경을 조성하는 것이 중요하다. 이를 통해 내부적으로 더욱 강력한 결속과 자부심을 형성하게 되고, 외부적으로도 더 많은 이들이 해당 가치를 인정하며 커뮤니티의 영향력이 확장되는 선순환이 이루어진다.

결국, 커뮤니티의 궁극적인 성공은 구성원들이 자신들이 속한 집단을 외부에서 자랑스럽게 여길 수 있을 때 완성된다. 구성원들이 커뮤니티가 제시하는 가치를 깊이 내면화하고, 그것이 외부 세계에서도 명확히 드러나 긍정적으로 인식될 때, 헌신은 더욱 강력하고 지속적으로 이루어진다. 할리데이비슨의 사례가 보여 주는 이 강력한 선순환 구조야말로, 커뮤니티 기획자들이 반드시 기억하고 실현해야 할 핵심 전략이다.

사회적 정체성이 만드는 '공유 경험'의 선순환 구조

앞선 내용에서, 소속감을 자기 정체성으로 내재화한 구성원은 단지 커뮤니티에 머무르는 데 그치지 않고 오히려 외부로 가치를 전파하고 기꺼이 기여하겠다는 동기를 키운다는 사실을 살펴봤다. 이것이 바로 커뮤니티가 단순한 모임 수준을 넘어, 지속적으로 확장되고 심화될 수 있는 가장 강력한 동력이다. 구성원이 '이 가치는 곧 나 자신'이라고 확신하게 되는 순간, 그들은 자연스럽게 새로운 활동이나 이벤트를 '스스로' 기획하고, 주변 사람들에게도 이를 경험해 보라고 권유한다. 그리고 이렇게 새로 창출된 경험은 다시 다른 이들을 끌어들이며, 초기 공유 경험보다 더 크고 풍부한 형태로 성장하는 선순환 구조를 만든다.

결국 4장에서 논의하는 '정체성 내재화'는, 커뮤니티가 스스로 증폭해 가는 핵심 기제로 작동한다. 구성원이 커뮤니티 가치와 한몸이 된 상태에서 창의적으로 만든 활동은 기존보다 훨씬 확장된 공유 경험을 낳고, 이는 또 다른 신입 멤버에게 강력한 첫인상을 심어주어 동일한 과정을 반복하게 한다. 이 절에서는 이러한 선순환 구조가 구체적으로 어떻게 형성되는지, 그리고 커뮤니티 기획자가 어떻게 이 흐름을 지원해 줄 수 있는지 살펴볼 것이다.

사회적 정체성을 적극적으로 표현하는 단계: 자발적인 경험의 확산

커뮤니티에 대한 소속감이 깊어지면, 구성원들은 단지 '이 커뮤니티에 참여하고 있다'는 인식을 넘어, '내가 중요하게 생각하는 가치가 이 커뮤니티를 통해 잘 표현되고 있다'고 느끼게 된다. 이 단계에 이르면 구성원들은 커뮤니티 기획자나 기획자가 마련해 주는 활동에 수동적으로 참여하는 수준을 넘어서, 자신이 경험한 가치를 다른 사람들과 더욱 적극적으로 나누고 싶다는 욕구를 갖게 된다. 즉, 구성원 각자가 커뮤니티의 가치를 자신만의 방식으로 드러내고, 이를 외부로 확산하는 주체가 되는 것이다.

이러한 현상은 이미 파도 실험에서 학생들이 자발적으로 학교 외부로 나가 친구들에게 실험의 의미를 설명하고, 참여를 독려하는 행동으로 나타났다. 처음 며칠간 그저 수업의 하나로 군대식 규율을 따르던 학생들이 나중에는 스스로 전단을 만들고 외부 사람들에게 적극적으로 알리는 행동을 보인 것도, 자신들이 믿는 가치가 커뮤니티를 통해 표현되고 있다는 확신 때문이었다. 이처럼 구성원들이 자신의 사회적 정체성을 명확히 확인할 수 있게 되면, 이를 자발적으로 외부에 표현하는 적극적인 활동이 나타난다.

이런 행동의 기저에는 자신이 선택한 집단에 속함으로써 개인이 더 긍정적으로 평가된다고 믿는 사회적 정체성 이론과, 자신의 선택이 옳았다는 사실을 증명하고 싶어 하는 인지부조화 이론이 결합된 심리가 작용한다. 구성원들은 커뮤니티를 통해 자신이 더 가치 있는 사람이 되었음을 느끼고, 이를 더 많은 사람에게 확인받고 싶어 한다. 그래서 누가 시키지 않아도 자발적으로 활동을 계획하고, 다른 사람들을 끌어들이기 위해 적극적으로 나선다.

이 단계에서 커뮤니티 기획자는 구성원의 적극성을 극대화하기 위해 최소한의 환경을 제공하는 역할로 전환해야 한다. 구성원들이 자유롭게 새로운 아이디어를 제안하고, 다양한 활동을 기획하며, 외부와의 접점을 자율적으로 확장할 수 있는 장치를 마련하는 것이다. 예를 들어, 특정 러닝 커뮤니티의 경우, 처음에는 기획자가 제안한 공식 모임에만 참석하던 멤버들이 시간이 지날수록 자발적으로 소규모 모임을 만들고, 이벤트를 직접 기획하여 SNS에서 인증 챌린지를 진행하기도 했다. 이들은 단순히 활동에 참여하는 것을 넘어 자신이 중요하게 여기는 가치인 '꾸준함'과 '자기관리'를 외부에 적극적으로 표현하며 다른 사람들에게 커뮤니티의 참여를 권유하게 된 것이다.

기획자 입장에서는, 이 시점부터 구성원 한 명 한 명이 마치 '마이크로 기획자'처럼 움직이는 것을 볼 수 있다. 별도의 비용이나 인력을 투입하지 않아도 구성원들이 자발적으로 창의적인 아이디어를 여러 활동으로 연결해 나가는 것이다. 다만 이를 위해서는 구성원이 자발적으로 움직일 수 있는 장치―예를 들어 새로운 활동을 제안할 수 있는 루트, 공동 협업 시스템, 아이디어를 자유롭게 펼칠 수 있는 환영받는 문화 마련 등이 필요하다. 구성원들이 자유롭게 "이건 우리 커뮤니티의 가치를 더 잘 표현할 수 있는 기획이야"라고 나설 수 있도록 최소한의 무대를 제공하는 것이 이 단계에서 기획자가 해야 할 핵심 전략이다.

한 가지 꼭 기억할 것은, 자발적 기획이나 홍보가 반드시 거창한 형태로 나타날 필요는 없다는 점이다. 단순히 SNS에 '오늘도 아침 일찍 커뮤니티 멤버들이랑 러닝 다녀왔어요!' 같은 인증 게시물을 올리는 사소한 행위 역시, 구성원 개개인에게는 '내가 선택한 가치를 널리 드러내는' 의미 있는 공유 경험의 창조다. 파도 실험에서 학생들이 넷째 날에 친구와 선생님들에게 "우리 규율을 따르니 정말 좋다"라고 설득한 사례도 같은 맥락이다. 규모가 작든 크든, 구성원들이 스스로 기획하고 자랑스레 표현하는 행동이 끊임없이 반복될 때, 커뮤니티의 가치는 더욱 단단해지고 외부로 뻗어나가는 선순환 구조를 만들게 된다.

확장된 공유 경험이 불러오는 신규 유입: 선순환을 완성하는 흐름

사회적 정체성을 적극적으로 표현하는 구성원들이 새로운 공유 경험을 자발적으로 기획하고 실행하기 시작하면, 그 경험은 다른 사람들에게도 강력한 매력을 발휘하게 된다. 왜냐하면 기존 멤버가 '이건 우리 커뮤니티가 추구하는 가치의 결정체야'라고 자부심을 느끼고 설계한 활동은, 1장에서 이야기했던 공유 경험보다 규모나 다양성 면에서 훨씬 진화한 형태일 가능성이 높기 때문이다. 그러다 보니 주변인들은 그 경험에 쉽게 호기심을 느끼고, 자연스럽게 초대나 권유를 받으면 '나도 한번 참여해 볼까'라는 마음이 생긴다. 여기서 핵심은, 새롭게 유입된 사람들이 이 확장된 경험을 통해 커뮤니티에 발을 들이면, 1장에서 말했던 "공유된 경험으로 유대감을 생성한다"라는 프로세스가 다시 가동된다는 점이다.

새로 들어온 사람 입장에서는 기존 멤버가 자발적으로 만든 이벤트나 활동이 곧 '커뮤니티의 정체성을 압축해 놓은 체험'처럼 보인다. 그들은 그 활동을 함께하면서 '이 집단이 어떤 가치를 갖고 있고, 왜 그렇게 열정적인지'를 직관적으로 느끼게 된다. 만약 그 가치가 자신이 평소에 고민해 왔거나, 시도해 보고 싶었던 방향과 맞닿아 있다면, '이곳이라면 내 생활을 훨씬 즐겁고 의미 있게 만들 수 있겠다'라는 가능성을 발견하게 된다. 그렇게 자연스럽게 호기심이 확신으로 바뀌는 순간, 이 사람은 방금 전에 단순 '참가자'에서 '새로운 구성원'으로 격상한다.

그 뒤 과정은 이미 2장과 3장에서 살핀 '안과 밖의 구분으로 소속감을 공고히 하고, 기여와 인정을 통해 그것을 심화하는' 흐름과 정확히 맞아떨어진다. 다만 기존 멤버가 만들어 놓은 확장된 경험 자체가 신입 멤버에게 강렬한 첫인상이 되므로, 그들은 비교적 빠른 속도로 '아, 이런 사람들이구나'라는 소속감을 형성한다. 조금 더 참여하다 보면, 자신도 특정 영역에서 기여할 기회를 발견하게 되고, 이를 통해 인정받으면 '나 역시 이 커뮤니티의 가치를 내 삶에 완전히 녹여낼 수 있겠구나'라는 확신을 키운다. 그리고 그 과정에서 소속감은 더욱 깊어져, 결국 4장에서 강조하는 '사회적 정체성 형성'으로 이어진다.

결국 구성원 한 명이 만들어 낸 확장된 경험 하나가, 신규 유입자에게는 또 다른 형태의 '처음 공유 경험'이 된다. 그리고 이 신규 유입자는 1장부터 3장까지 요약된 과정을 압축적으로 다시 밟으며 소속감을 다지고, 이어서 본인 역시 "이 활동이 너무 좋아. 나도 다른 사람들에게 알리고 싶어!"라고 움직인다. 여기서 선순환이 시작된다. 기획자가 별도의 마케팅 비용을 들이지 않아도, 락인(lock-in)된 멤버들이 만들어 내는 활동을 보고 속속 합류한 신입 멤버들이 다시 새로운 활동을 기획하는 식의 증폭 과정이 자연스럽게 자리 잡는다.

이런 순환 구조에서 기존 멤버의 자부심과 신규 멤버의 호기심이 만나면, 커뮤니티 전체의 동력이 크게 상승한다. 기존 멤버는 '내가 애정하는 가치를 함께 나누고, 더 많은 사람들과 재미있게 성장하고 싶다'는 욕구를 적극적으로 풀어내고, 신규 멤버는 '여기 들어오면 내가 원하는 삶의 변화를 빠르게 실현할 수 있겠다'라는 기대감을 품게 된다. 양쪽의 심리가 맞물려, 커뮤니티가 스스로 확장되고 공고화되는 것이다. 1장부터 3장까지 구축해 온 소속감과 공유 경험이 4장의 '사회적 정체성 형성' 단계에 이르면, 이렇게 폭발적인 확산력까지 갖게 된다는 사실이 파도 실험이나 여행에 미치다 같은 다양한 사례에서 입증된다.

기획자가 여기서 해야 할 일은, 확장된 경험을 손쉽게 시도하도록 유연한 무대와 도구를 마련하고, 신규 참여자들이 신속히 소속감을 느끼도록 초기 지원을 해 주는 정도다. 예컨대 오프라인 정모 장소나 SNS 챌린지 시스템처럼, 사람들이 자발적으로 행사를 만들고 홍보할 수 있는 '플랫폼'을 제공하면 된다. 굳이 기획자가 모든 행사를 지휘하지 않아도, '우리끼리도 충분히 기획해 볼 수 있다'는 분위기가 잡히면 확장된 공유 경험은 저절로 늘어난다. 그렇게 자발적 기획들이 끊임없이 일어날 때마다, 초대받은 신규 참여자들은 '와, 이곳은 활동이 풍부하네. 나도 뭔가 하고 싶다'는 감정을 느끼고 스스로 참여를 결정한다.

결국 사회적 정체성 형성은 기존 멤버와 신규 참여자 양측에게 강력한 동인이 되어, 커뮤니티를 오랜 기간 성장시킨다. 구성원 각자의 일상에서 작게나마 새로운 공유 경험이 생기면, 그것이 또 다른 누군가에게는 '처음의 공유 경험'으로 작동하고, 유대감을 빠른 속도로 전염시키는 계기가 된다. 이것이 바로 '선순환 구조'의 실체다. 기존 멤버의 사회적 정체성 형성이 더 풍부한 공유 경험을 낳고,

그 경험이 신규 멤버의 소속감을 불러일으키며, 그렇게 구성원 수와 활동 폭이 계속 확장되는 구조가 완성되는 것이다.

기획자의 '위임' 전략: 자발성과 인정이 결합된 구조적 장치

기획자가 커뮤니티 구성원에게 단순 지시가 아니라 '위임'을 할 때, 구성원은 스스로 주인의식을 느끼고 적극적으로 활동을 기획하며, 이를 통해 커뮤니티 가치가 더욱 확장된다. 지시와 위임은 겉보기에는 비슷하지만, 구성원이 느끼는 심리적 반응에선 큰 차이가 있다. 지시는 '내가 시키는 일을 수행하라'는 인상을 주어 수동적 태도를 유발하기 쉽지만, 위임은 '당신을 믿으니 자유롭게 만들어 보라'는 권한 부여로서 자기결정감을 부추긴다. 구성원 입장에서는 '내가 이 분야를 맡을 자격이 있다고 기획자가 인정해 주었구나'라는 기분을 얻게 되어, 3장에서 다룬 '기여와 인정'이 자연스럽게 결합된다.

위임의 효과를 구체적으로 살펴보면, 먼저 구성원이 활동을 '내 것'이라 느낀다는 점이 핵심이다. 사람들은 지시받은 일을 할 때보다, 스스로 결정해 시작한 일을 훨씬 진지하게 몰입한다. 이는 에드

워드 데시(Edward Deci)와 리처드 라이언(Richard Ryan)의 자기 결정성 이론(Self-Determination Theory, 1985)에서 말하듯, "자기 스스로 선택했다는 확신이 동기 수준을 크게 높인다"라는 심리 원리와도 일치한다. 즉, 구성원은 한 활동을 설계하는 과정에서 '이것은 기획자가 하라고 한 게 아니라, 내가 주체적으로 만들고 있는 프로젝트'라고 인식하기 때문에 책임감을 느끼고 기획에 열중한다. 이 몰입은 결과물을 더욱 흥미롭고 알차게 만들며, 커뮤니티 가치가 개인 정체성과 결합하는 데 큰 촉매 역할을 한다.

 실제로 예산·브랜딩 일관성 등의 최소한의 조건만 지키면, 나머지는 전적으로 맡긴다는 기획자의 태도가 구성원에게 커다란 동기부여가 된다. 예를 들어, 구성원 중 누군가가 "우리 커뮤니티의 가치를 알리기 위해 지역 카페와 협업한 미니 워크숍을 열고 싶어요"라고 제안했다고 치자. 기획자는 "좋아요, 예상 비용은 어느 정도이고, 커뮤니티 로고나 명칭은 이런 식으로만 사용해 주시면 됩니다. 나머지는 자유롭게 기획해 보세요"라고 승인한다. 이때 구성원은 자신이 진짜 '호스트'가 된 느낌을 받고, 일정을 조율하고 프로그램을 설계한다. 카페 사장님과 직접 협의하거나, SNS 홍보 전략을 고민하면서 '나는 이 커뮤니티의 가치를 대외적으로 대표하고 있다'는 자부심도 덤으로 얻게 된다.

반대로 기획자가 지나치게 세부 지침을 늘어놓고 각 단계를 일일이 보고받도록 요구하면, 구성원 입장에서는 '이건 결국 내가 하는 게 아니라, 시키는 대로 하는 거네'라는 심리가 강하게 형성될 수 있다. 이는 자기결정성을 위협하는 대표적 요인 중 하나인데, 이때 구성원은 활동 자체를 '나의 기획'이 아닌 '타인이 정해 놓은 계획을 수행하는 일'로 인식하게 된다. 그 결과 책임감이나 몰입 수준이 급격히 떨어지며, 초기에는 관심을 보이더라도 오래가지 않아 흥미를 잃고 수동적으로 변할 가능성이 크다.

이처럼 위임받은 구성원은 활동을 자신의 성과로 여기기 때문에, 성공했을 때 주변으로부터 받는 인정이 더욱 크게 다가온다. 활동이 끝난 뒤, 기획자가 "이번 미니 워크숍이 정말 호응이 좋았어요. 당신 덕분에 많은 사람이 우리 커뮤니티 가치를 더 자세히 알게 됐네요"라고 구체적으로 칭찬해 준다면, 구성원은 "역시 내가 맡을 만한 일이었어"라는 확신을 얻는다. 이는 3장에서 강조한 '기여와 인정'이 직접 결합된 형태가 되며, 구경꾼에 불과하던 다른 이들도 '나도 언젠가 저렇게 자유롭게 아이디어를 펼쳐 보고 싶다'는 긍정적 선망을 느낀다. 그 선망은 또 다른 자발적인 기획으로 이어지고, 이렇게 동력이 축적될수록 커뮤니티 전체가 발전해 가는 선순환 구조가 형성된다.

기획자의 개입은 이 선순환을 '뒤에서 받쳐 주는' 역할 정도에 그치는 것이 좋다. 최소한의 기준(예컨대 예산 사용 한도, 브랜딩 로고 사용 지침, 이벤트 일정이 중복되지 않도록 조율하는 일 등)만 관리하고, 그 이외에는 구성원이 자유롭게 선택할 수 있도록 두면 된다. 이미 사회적 정체성을 적극적으로 표현하는 구성원은 '어떤 아이디어가 커뮤니티 가치에 부합하는지'를 잘 파악하고 있으므로, 기획자가 일일이 간섭하지 않아도 일정 수준 이상의 결과물을 내놓기 마련이다. 오히려 기획자가 세부 사항에 과도하게 간섭하면 '그럼 내가 왜 이걸 맡았지?'라는 의문만 남기게 된다.

결국, '위임'은 기획자가 리더십을 발휘하는 가장 효율적이고 건강한 방법이다. 이는 지도자가 앞장서 지휘하는 것처럼 보이지 않아도, 구성원 개인이 혁신적 아이디어를 현실화하고 소속감을 깊이 다지는 데 강력한 동력이 되어 준다. 더 나아가, 이렇게 탄생한 여러 자발적 활동은 커뮤니티 외부에 '이곳은 구성원 스스로 가치 있는 일을 만들어 내는 곳'이라는 명확한 메시지를 전달한다. 파도 실험에서도 교사 론 존스가 어느 시점부터는 세부 통제를 줄이고 학생들 스스로 움직이도록 분위기를 조성했을 때, 학생들은 외부 친구에게 규율과 가치를 홍보하는 데 엄청난 열의를 보였다. 마찬가지로 현대 커뮤니티라면, 누구나 실현할 기회를 열어 두고 최소한의 가이드라인만 제시하면서 구성원의 자율성과 인정 욕구를 충족시키는 것이 곧 운영의 핵심 전략이다.

'힙한 서비스의 비밀' 커뮤니티 사례: 정체성 내재화가 불러온 자발적 확산과 공유 경험의 재생성

'힙한 서비스의 비밀', 흔히 줄여서 '힙서비'라 불렸던 이 커뮤니티는 그 이름처럼 짧은 시간에 독특하고 인상적인 성장 곡선을 그렸다. 원래는 스타트업 업계의 주니어들이 UX 기획이나 개발, 마케팅 노하우를 함께 공부하자는 취지로 시작된 작은 온라인 모임이었다고 한다. 하지만 1년이 채 안 되는 사이에 2만 명에 가까운 인원이 모여들면서, 스타트업 커뮤니티 중에서도 유난히 화제를 모았다. 물론 커뮤니티가 빠르게 커진 이유에는 여러 가지가 있겠지만, 내부를 들여다보면 결국 '정체성이 내재화된 구성원이 자발적으로 확산하고, 새로 들어온 이들에게 다시 공유 경험을 체험하게 해 준다'는 본질적 흐름이 명확하게 드러난다.

처음에 힙서비 운영진은 UX나 기획 분야를 주로 다루는 작고 전문적인 챌린지 형태를 실험적으로 열었다고 한다. SNS로 가입자를 모집해 함께 과제를 하되, 일정 금액을 보증금(디포짓)으로 걸고 과제를 제대로 마치면 일부를 돌려받는 구조였다. 요컨대 돈을 걸어 자기 의지를 북돋우는, 일종의 동기부여 장치였다. 아직 대중적 인지도는 낮았지만 '실제 문제를 가지고 직접 토론하고 결과물을 내보자'는 학습 방식이 꽤 매력적으로 받아들여져, 참가자들은 빠르게 공동 목표에 몰입했고 서로를 격려하며 첫 기수를 마쳤다. 여기까지만 보면 보통의 스터디 모임이지만, 문제는 이 첫 기수 멤버 중 일부가 '이 경험이 너무 인상적이니, 나도 새로 무언가를 만들어 보고 싶다'는 의욕을 표현했다는 점이다.

당시 기획자들은 이 멤버들에게 "그럼 직접 프로젝트 오너(PO)가 되어, 또 다른 분야의 챌린지를 열어 보라"라고 권유했다. 이것은 지시가 아니라 '위임'에 가까운 행위였다고 한다. 어떤 이는 마케팅 실무를 더 체계적으로 다루고 싶다며 '힙한 마케팅의 비밀'(힙마비) 챌린지를 기획했다. 또 다른 이들은 '힙한 주니어의 비밀'(힙주비), '힙한 데이터 분석의 비밀'(힙데비) 등의 새로운 하위 커뮤니티를 잇달아 출범시켰다. 보증금을 어떻게 관리할지, 커리큘럼을 어떻게 짤지 등 세부적인 방안은 전부 각 챌린지의 PO가 주도적으로 결정했다. 기획자들은 로고 사용이나 대외 파트너십, 예산 정산에 대한 최소한의 가이드만 주고 나머지는 전적으로 맡겼다.

일종의 '기본 골격은 갖추되, 나머지는 자유롭게 창의력을 발휘하라'는 태도였는데, 이 구조가 의외로 엄청난 동력으로 이어졌다.

당시 PO를 맡았던 사람은 자신만의 노하우를 대거 쏟아부었다. 매주 발표 세션을 열어 주고, SNS 협업도 시도했으며, 우수 성과를 낸 팀에게는 디포짓을 더 많이 환급해 주는 등 다양한 시도를 했다. 그런데 이 챌린지가 또 성공을 거두자, 그 참가자 가운데 "이번엔 발표 스킬이나 스피치 역량을 함께 연습하면 좋겠다"라는 의견이 나왔고, 그것이 '발표 스터디'라는 소모임으로 확장됐다. 이 발표 스터디를 이끈 사람도 사실은 마케팅 챌린지에서 열심히 기여해 주목받았던 멤버였다. 그러니 기획자 역시 "그럼 발표 스터디도 직접 맡아보라"라고 위임했다. 그 멤버는 주저하지 않고 "나름대로 오프라인 모임도 병행해 보자"라며, 카페를 섭외하고 Zoom 라이브 세션을 열었다. 그 과정에서 '이 활동이 정말로 내게 주어진 기회이자 책임'이라는 심리가 작용해, 한두 명의 의욕으로 끝나지 않고 여러 사람이 발 벗고 나서 도왔다.

이런 연쇄적 위임이 가능했던 이유는, 초기 챌린지를 통해 커뮤니티의 핵심 가치인 "함께 성장한다"가 구성원 각자에게 강렬한 긍정 경험으로 각인되었기 때문이다. 자신이 직접 주체가 되어 몰입해 보니 '이 커뮤니티 진짜 괜찮네, 여기서라면 내 역량을 마음껏

펼치고 인정받을 수 있겠다'는 자부심을 얻게 된 것이다. 그런 자부심은 곧 '정체성 내재화'로 이어져, '이건 단지 내가 잠시 드나드는 곳이 아니라, 내 삶과 떼려야 뗄 수 없는 공간'이라는 사고방식을 만들어 냈다. 그들에게는 더 이상 '누가 시켜서 하는 일'이 아니었다. 자연히 이들은 '이 기회를 더 많은 사람과 나누고 싶다'는 동기를 갖게 되고, 주변인들에게 "우리 커뮤니티 마케팅 챌린지 해봤는데 엄청나게 도움이 되더라, 너도 해 보지 않을래?"라고 권유했다.

이렇게 해서 외부인이나 관심 있던 동료들이 새로 유입되면, 그들은 다시금 1장(공유 경험)에서 다룬 '함께하는 활동'을 경험하게 된다. 물론 완전히 같은 챌린지가 아니라, 새롭게 발전된 형태의 프로젝트지만 핵심은 동일하다. '각자 분담한 과제를 올리고 피드백을 주고받으며, 현업에 가깝게 실습하자'는 것. 그리하여 신입 멤버들도 짧은 기간에 '소속감'을 느끼고, 2장과 3장에 해당하는 단계, 즉 안팎을 구분하는 의식과 기여에 대한 인정을 압축적으로 체험하며 빠르게 적응했다. 그러면 그 안에서 또 누군가가 "나는 이런 분야를 기획해 보고 싶다"라고 손을 들면, 기존에 내재화된 멤버가 "좋다, 네가 맡아보라"라고 힘을 실어 주는 식이었다. 그 멤버가 다시 자율적으로 기획하고 성공을 거두면, 그 성공이 SNS나 입소문을 통해 퍼지고, 또 다른 유입이 생기는 순환이었다.

이렇듯 힙서비는 특정 인원이나 조직의 강압 없이도 날개 달린 듯 커졌다. 한 프로젝트가 성공하면 그 참여자들의 성취감이 외부 전파를 부추기고, 흥미를 느낀 이들이 새로 들어오면 그들 역시 비슷한 성공을 재현해 보겠다는 열의를 보이는 식이다. 기획자는 계속해서 '프로젝트 오너(PO)를 세우고, 최소한의 예산이나 로고 사용 가이드 정도만 제시'할 뿐, 세부 사항은 알아서 결정하게 했다. 스스로 '탈중앙화 운영'이라고도 표현했는데, 결국 '이 커뮤니티의 가치는 곧 내 가치'라 느낀 이들이 하나씩 새로운 프로젝트를 일으키고, 그 안에서 또 다른 주도자가 탄생해 활동 폭이 확장되는 구조가 굳어졌기 때문이다.

결과적으로, 힙서비 사례에서 확인할 수 있는 핵심 효과는 크게 두 가지다. 하나는 '정체성을 내재화한 구성원이 자발적으로 확산을 이끈다'는 사실이다. 중앙에서 지시하거나 홍보비를 퍼붓지 않아도, 멤버들이 스스로 챌린지와 이벤트를 기획하고 외부 지인에게 '오라'고 권유하기에 커뮤니티는 무리 없이 성장했다. 다른 하나는 '새로 들어온 사람이 곧장 공유 경험을 맛봄으로써, 1장의 핵심 원리(공동 활동으로 유대감 형성)를 빠르게 재현한다'는 점이다. 혼자 겉돌지 않게 챌린지 시스템이 잘 돌아가니, 누구든 합류하자마자 일종의 협동 과업을 함께한다. 그 과업을 통해 '아, 여긴 정말로 서로 돕고 인정해 주는 문화구나'를 몸으로 익히게 되니, 소속감이 빨리 확립되는 것이다. 그리고 얼마 지나지 않아 '나도 뭔가 해 보고 싶다'는 생각이 들면, 다시 또 한 사이클이 돈다.

힙서비 운영에 직접 관여했던 사람들은 이를 두고 "멤버들이 서로를 끌어올린다"라는 표현을 썼다. 애초에 '함께 성장한다'는 메시지가 통했고, 그 메시지가 챌린지·프로젝트라는 구체적 활동으로 실현되면서, 개인에게는 학습 효과와 소속감이 같이 주어졌다. 그 결과 "이 성장 경험이 정말 좋았으니, 내 친구들도 여기에 데려오자. 그럼 더 많은 가능성이 생길 테니까"라는 '자연 발생적 전파'가 활발히 이루어졌다. 즉, 파도 실험에서 학생들이 교사의 통제 없이도 학교 밖 친구들을 스스로 설득하고 조직을 불리는 모습과 무척 흡사하다. 다만 이 커뮤니티는 통제가 아닌 '위임'이 작동 원리였다는 점에서 훨씬 민주적이고 자율적이라는 차이가 있다. 그런데도, 혹은 그래서 더욱 빠른 속도로 확장이 가능했다.

소속이 자랑스러운 커뮤니티

 이 장에서는 소속감이 단순한 모임의 유대감 수준을 넘어, 개인의 '사회적 정체성'으로 자리 잡았을 때 나타나는 근본적 변화를 다양한 사례를 통해 살펴보았다. 파도 실험 넷째 날과 마지막 날 학생들의 모습을 떠올려 보면, 처음에는 '이 반에 속한다' 정도의 의식이었지만, 어느새 '나는 제3의 물결 회원'이라는 강력한 자기소개로 바뀌면서 집단의 가치를 지키려는 의지까지 대단히 활발해졌다.

 사회적 정체성이 커뮤니티에 부여하는 최대 장점은 '지속성과 확장성'이다. 구성원 입장에서는 '이 가치는 남이 만든 것이 아니라, 곧 내 삶과 맞닿아 있는 것이다'라는 확신을 가지게 되므로, 기획자의 개입 없이도 적극적으로 주변에 홍보하거나 다양한 프로젝트를 기획해 커뮤니티의 외연을 확대하려 든다. 이러한 자발적 헌신은 강력한 상징 요소나 의례와 결합했을 때 더욱 힘을 발휘한다. 파도 실험에서 사용된 완장, 경례, 구호처럼, 현대 커뮤니티에서는 로고,

해시태그, 특정한 모임 방식 등이 사회적 정체성을 공고히 하는 역할을 맡는다.

  더 나아가, 커뮤니티 기획자는 구성원이 사회적 정체성을 자연스럽게 형성하면서 동시에 자신의 소속이 자랑스럽게 느껴지도록 노력해야 한다. '이 커뮤니티는 이런 사람들을 위한 곳'이라는 메시지와 상징이 분명하고 매력적이어야, 신규 멤버도 첫 참여 시점부터 '이건 내 이야기이기도 하네'라는 직감과 함께 '내가 여기 소속된 것을 다른 사람들에게 자랑스럽게 말할 수 있다'는 자부심까지 느끼게 된다.

  소속이 자랑스러운 구성원들은 단순한 참여자를 넘어 강력한 홍보대사로 성장하며, 커뮤니티를 더 적극적으로 확장시키는 동력이 된다. 반면 가치나 라이프스타일이 애매하거나, 구성원을 표현할 언어가 주어지지 않으면, 그들은 스스로 커뮤니티를 전파하고 확장하기보다는 단순 관찰자로 머무를 가능성이 높다.

  다음 5장에서는 이렇게 형성된 사회적 정체성이 연결한 순환이 커뮤니티에 얼마나 강력한 동력을 제공하는지, 그리고 그 확장 과정을 '플라이휠(flywheel)' 개념으로 구체화하는 과정을 살펴볼 예정이다. 4장까지가 '공유된 경험 – 안과 밖의 구분 – 기여와 인정 – 사회적 정체성'이라는 단회전 사이클이었다면, 5장에서는 이 사이클이 반복·가속되면서, 기획자가 굳이 끌어당기지 않아도 커뮤니티 자체가 지속적으로 성장하는 모습을 체계적으로 정리해 볼 것이다.

05

커뮤니티 플라이휠:
커뮤니티에 자생력을 불어넣는 성장 엔진

사회적 정체성,
자발적 확산의 씨앗

공유 경험에서 사회적 정체성 형성까지: 커뮤니티가 '나'의 일부가 되는 여정

커뮤니티를 설계하는 사람은 대부분 참여자들이 단순히 즐거운 시간을 보내는 것을 넘어, 그 경험이 구성원 각자의 삶에 의미 있는 변화를 가져다주길 바란다. 그렇다면 과연 무엇이 한때 스쳐 지나갈 수 있었던 하나의 모임을, 개인의 자아개념과 떼어놓을 수 없는 중요한 사회적 정체성의 일부로 깊숙이 자리 잡게 만드는 것일까?

우리는 이 질문의 해답을 찾기 위해 지금까지 1967년 미국 큐벌리 고등학교 교실에서 진행된 파도 실험을 단계적으로 살펴보았다. 그 첫 단계는 항상 공유된 경험(shared experience)의 제공에서 시작된다. 사람들은 낯선 규칙에 따라 함께 움직이고, 작은 목표를 달성하며 같은 감정을 공유할 때 자연스럽게 깊은 몰입과 유대감을 형성한다. 파도 실험 첫날 학생들이 군대식 규율 아래서 급속히 '우리'라는 감정을 공유했던 것처럼, 현대의 커뮤니티 역시 공동의 목표와 경험을 통해 초기 결속력을 효과적으로 다질 수 있다.

그러나 초기 유대감은 지속성 면에서 취약할 수밖에 없다. 그래서 두 번째 단계에서는 '우리'와 '그들'을 명확히 구분하는 자기 범주화 과정이 필수적이다. 파도 실험에서 둘째 날부터 학생들이 '제3의 물결'이라는 이름과 특유의 경례 방식을 사용하며 급속도로 강력한 소속감을 형성했던 것처럼, 현대의 커뮤니티 역시 구성원들이 추구하는 가치와 고유한 상징을 통해 자신을 특정한 집단의 일원으로 명확히 인식할 수 있도록 해야 한다.

이렇게 만들어진 소속감은 구성원 각자의 기여와 인정을 통해 더욱 깊어진다. 개인은 자신이 속한 집단 안에서 의미 있는 역할을 수행하고, 그 역할을 다른 구성원으로부터 인정받을 때 공동체에 대한 진정한 주인의식과 만족감을 경험하게 된다. 파도 실험에서 학생들이 자신에게 주어진 역할을 성공적으로 수행하고 이를 교사와 동료들로부터 인정받으면서 공동체의 결속력이 크게 강화된 것처럼, 현대의 커뮤니티 기획자는 구성원들의 사소한 기여라도 세심하게 발견하고 그 의미를 구체적으로 인정하며 격려하는 방식을 통해 구성원들이 주인의식을 갖도록 해야 한다.

마지막이자 결정적인 네 번째 단계는 커뮤니티의 가치와 상징이 구성원 개인의 내면에 내재화되어 '사회적 정체성'으로 완성되는 순간이다. 이 단계에서 사람들은 더 이상 외부에서 주어진 가치를 단지 수동적으로 수용하는 수준을 넘어, "내가 바로 이 집단의 일원이다"라고 자신을 적극적으로 규정하게 된다. 사회심리학의 사회적 정체성 이론에 따르면, 사람들은 자신이 속한 집단을 통해 자아를 정의하고, 그 정체성을 삶의 중심으로 삼는 경향이 있다. 파도 실험에서 학생들이 완장과 경례라는 반복적이고 상징적인 행동을 통해 '제3의 물결'을 자신의 정체성으로 깊이 받아들였던 것처럼, 현대 커뮤니티 또한 로고, 슬로건, 고유한 의식이나 특별한 언어 등 명확한 상징을 제공하여 구성원들이 자신들의 정체성을 구체적으로 표현하고 세상에 드러낼 수 있게 만들어야 한다.

사회적 정체성이 구성원들의 내면 깊숙이 자리 잡는 순간, 커뮤니티는 더 이상 기획자의 지속적인 개입과 안내에 의존하지 않는다. 구성원 스스로가 커뮤니티의 가치를 외부에 적극적으로 알리고, 새로운 사람들을 자발적으로 초대하며, 커뮤니티의 지속 가능한 확장을 이끌어내는 능동적인 주체로 변모한다. 이는 경영학자 짐 콜린스(Jim Collins)가 위대한 기업의 성장 원리로 소개한 플라이휠(flywheel)의 작동 방식과 정확히 일치한다. 플라이휠은 처음 회전할 때는 매우 큰 힘을 요구하지만, 일단 움직이기 시작하면 축적된 관성의 힘 덕분에 점점 더 적은 노력만으로도 빠르고 강력하게 돌아간다. 마찬가지로, 커뮤니티의 사회적 정체성 역시 구성원 개개인의 작은 기여와 경험을 플라이휠처럼 축적하며, 어느 시점이 되면 외부에서 큰 힘을 가하지 않아도 스스로 지속적인 성장과 확장을 이루게 된다.

이제 우리는 이처럼 구성원의 내면에 형성된 사회적 정체성이 커뮤니티 성장의 플라이휠을 돌리는 강력한 에너지원으로 작동하는 이유를 더욱 구체적으로 탐구할 것이다. 더불어 기획자가 이 플라이휠을 어떻게 의도적으로 설계하고 가속시킬 수 있는지, 그리고 이 과정에서 불가피하게 마주하게 될 '통제의 유혹'을 현명하게 극복하는 전략까지 심도 있게 다뤄 나갈 것이다.

사회적 정체성의 결과: 자발적 확산과 공유 경험의 재생성

커뮤니티가 제공하는 가치가 개인의 정체성 그 자체로 받아들여지는 지점에 도달하면 구성원들은 단지 외부의 프로그램에 참여하는 '소비자'나 '구경꾼'이 아니라, 커뮤니티의 정체성을 능동적으로 전파하고 새롭게 만들어 내는 '창조자'로 변모하기 시작한다. 여기서 말하는 정체성이란, 단순히 "나는 이 집단에 속해 있어"라는 의식 수준이 아니라 "이 집단이 추구하는 핵심 가치가 곧 나 자신을 설명하는 키워드"라는 확신을 포함한다. 앞서 언급한 사회적 정체성 이론에서 말하듯, 사람들은 자신이 속한 집단의 긍정적 이미지를 곧 자신에 대한 긍정적 평가로 연결 짓는 경향이 있다. 그래서 "이 커뮤니티의 가치는 곧 나 자신"이라고 믿게 되면, 집단의 가치를 외부에 드러내고 사회적으로 인정받으려는 욕구가 한층 강해진다.

  이처럼 사회적 정체성을 형성하게 되면, 구성원들은 기획자의 직접적인 지시가 없어도 커뮤니티를 적극적으로 알리고 홍보한다. 삶의 곳곳에서 커뮤니티의 상징을 사용하고, 소셜 미디어에 관련 게시물을 올리며, 주변 사람들에게 자연스럽게 "이 가치는 내 삶과 떼려야 뗄 수 없으니 한번 체험해 보라"고 권유하기도 한다. 일상적인 대화나 SNS 인증 한 장이 때로는 강력한 초대장 역할을 하는데, 이는 구성원이 자신의 사회적 정체성을 공고화하고 자존감을 높이는 과정과 직결된다. "이 집단에 속한 내가 멋지다"라는 사실을 주위에 알리는 동시에, 그 알림이 다시 나 자신에게도 "맞아, 나는 이런 가치관을 실천하는 사람이야"라는 긍정적 확신을 되돌려

주기 때문이다.

 이때 가장 흥미로운 연쇄 작용은, 신규 유입자들이 이런 자발적 홍보를 접하고 커뮤니티에 들어왔을 때부터 시작된다. 기존 멤버가 만든 이벤트나 프로젝트가 신입들에게는 첫 번째 '공유 경험'이 되기 때문이다. 이미 커뮤니티의 가치를 자기 삶에 녹여 낸 사람이 주도적으로 기획한 활동은, 그 가치의 정수를 함축한 형태로 나타나는 경우가 많다. 그래서 막 합류한 사람들은 그 활동에 참여하자마자 "아, 이곳의 핵심이 이런 거구나"라는 깨달음을 얻고, 빠르게 소속감과 만족감을 느낀다. 이는 곧 1장에서 논의한 '처음의 공유 경험'을 심화·재생산하는 과정으로 이어진다. 기존 구성원이 기획한 프로젝트가 신입들에게는 강력한 첫인상으로 다가서고, 그 인상이 커뮤니티 가치를 빠르게 학습할 계기가 되어 주는 것이다.

 '힙한 서비스의 비밀' 커뮤니티 역시 이와 비슷한 현상을 잘 보여 준다. 초기 멤버들이 자발적으로 만들었던 소규모 챌린지와 프로젝트가 후발 주자들에게는 첫 "함께하는 학습" 기회가 되었고, 이를 통해 커뮤니티의 정체성을 바로 체감한 이들이 다시 새로운 프로젝트를 제안하고 운영하였다. 이렇게 "기존 멤버가 쌓아 올린 가치를 신규 멤버가 첫 활동에서 생생하게 맛본 뒤, 곧장 자신만의 방식으로 또 다른 공유 경험을 만들어 낸다"라는 선순환은 커뮤니티가 지속적으로 확장하고, 내부 결속을 점점 더 탄탄하게 다져 나가는 강력한 동력으로 작용한다.

 결국, 사회적 정체성이 형성된 커뮤니티에서 벌어지는 자발적 확산은 "나와 이 집단은 떼려야 뗄 수 없다"라는 의식에서 비롯된 강력한 표현 욕구이자, 그 표현을 통해 자신의 가치를 재확인하고 자존감을 높이려는 심리가 함께 어우러진 결과물이라 할 수 있다. 그리고 이런 표현이 외부인에게는 참신하고 매력적인 초대장으로 작동해 신규 참여자를 데려오며, 그 신규 참여자는 이미 내재화된 가치를 토대로 기획된 활동을 통과 의례처럼 경험함으로써 또 한 번 강렬한 몰입을 경험한다. 이 과정을 거친 이들은 금세 "이건 내게도 꼭 맞는 가치"라 느끼며 새로운 공유 경험을 기획하거나, 친구들을 불러들이는 데 열성을 보인다. 그 결과, 4장에서 소개한 '사회적 정체성 형성 → 새로운 공유 경험'이라는 선순환 구조가 현실에서도 또렷하게 나타난다.

 바로 이 지점에서 기획자가 해야 할 가장 중요한 일은, 구성원들의 자발적 움직임을 가로막지 않고 오히려 이를 장려하는 것이다. 하나의 이벤트나 프로젝트가 다양한 변주 형태로 재생산되도록 최소한의 공간과 권한을 열어 두고, 신규 유입자에게는 "초반에 쉽게 적응할 수 있는 길잡이 역할"을 제안하는 정도의 간접적 지원만 곁들이면 충분하다. 나머지는 이미 사회적 정체성을 형성한 멤버들이 스스로 해낸다. 그들은 자신의 삶을 통해 커뮤니티의 가치를 대외적으로 드러내고, 주변 사람들을 끌어들이고, "우리와 함께하면 당신도 이런 삶을 누릴 수 있다"라는 메시지를 자연스럽게 전파한다. 이 자발적 확산이 모이고 모여, 커뮤니티는 점차 더 많은 사람들에게 매력적인 무대로 자리 잡게 된다.

결국, 사회적 정체성을 형성한 구성원이 늘어날수록, 커뮤니티는 기획자의 직접적인 개입 없이도 마치 살아 움직이듯 끊임없이 이벤트와 프로젝트를 재생산하고, 이를 매개로 새로운 이들을 불러 모으게 된다. 그들이 만들고 참여하는 활동 하나하나가 신규 참여자에게는 첫 번째 공유 경험이자 강렬한 입문 과정을 제공하기 때문이다. 이런 구조가 정착되면 커뮤니티는 한층 자립성을 띠게 되고, 외부 자극에 좌우되기보다는 내부 구성원들의 창발적 아이디어와 추진력으로 굴러가는 '자생적' 조직으로 성장하기 시작한다.

플라이휠:
자생적 성장의 원리와 설계

플라이휠: 자발적 확산을 지속 가능하게 만드는 핵심 전략

커뮤니티가 일정 규모에 도달하면 구성원들이 자발적으로 참여를 확대하고 외부로 가치를 전파하는 변화가 나타난다. 특히 구성원들이 커뮤니티의 가치를 자신의 삶과 동일시할 때, 더 이상 기획자의 독려나 강제적 장치에만 의존하지 않고, 자발적으로 커뮤니티를 외부에 알리며 새로운 참여자를 끌어들이기 시작한다. 하지만 많은 기획자가 현장에서 경험하는 현실은 다소 다르다. 초기의 뜨거운 반응과 자발적 전파에도 불구하고, 시간이 지나면서 사람들의 관심이 식고 참여가 약해지면서 커뮤니티의 성장이 중단되거나 심지어 쇠퇴하는 사례가 빈번하기 때문이다.

이처럼 초기의 자발적 확산이 저절로 지속되지 않는 이유는, 많은 커뮤니티가 확산의 원동력을 우연이나 운에만 맡기고 적극적으로 관리하거나 설계하지 않기 때문이다. 초기의 자연스러운 관심 폭발에 만족해 운영자가 손을 놓으면 구성원의 참여와 열정은 예상보다 빠르게 식어버린다. 결국 장기적이고 지속 가능한 성장을 이루기 위해서는 자발적으로 일어난 확산을 체계적으로 유지하고 더욱 강화할 수 있는 전략이 필요하다.

바로 이 지점에서 '플라이휠(Flywheel)' 개념이 필요하다. 플라이휠은 본래 물리장치로, 처음 돌리기 위해서는 막대한 힘이 필요하지만, 일정한 임계점 이상 회전 속도가 붙으면 축적된 운동 에너지가 작용하여 작은 힘만으로도 계속해서 빠르게 돌아가는 회전 바퀴를 의미한다. 커뮤니티 운영에서도 초기 단계에 구성원의 사회적 정체성을 형성하는 데 많은 자원과 노력을 투입하고, 구성원이 이를 내면화하여 스스로 확산할 수 있는 구조를 만드는 전략으로써 이 개념이 활용된다.

초기 단계에서 운영자는 구성원이 "이 커뮤니티의 가치가 곧 나의 가치"라는 인식을 확고히 하도록 명확한 장치를 마련해야 한다. 구성원들이 자신이 속한 집단이 사회적으로 긍정적 평가를 받고 있으며, 이러한 평가가 다시 자기 자신의 자존감을 높여준다는 것을 반복적으로 경험하면, 자연스럽게 이를 외부에 적극적으로 표현하고 알리고자 하는 욕구가 생긴다. 이렇게 구성원들이 스스로 외부로 가치를 전파하면, 다시 새로운 참여자들이 그 매력적인 가치에 이끌려 들어오고, 신규 참여자들이 빠르게 기존의 사회적 정체성을 받아들이며 선순환을 강화하는 구조가 만들어진다.

그러나 플라이휠의 효과가 초기에 구축된다고 해서 그 이후의 성장이 완전히 자동으로 유지되는 것은 아니다. 구성원들이 커뮤니티의 가치를 충분히 느끼고 표현할 수 있도록 운영자는 주기적으로 이를 점검하고 관리해야 한다. 운영자는 구성원들이 자신들의 경험과 성취를 적극적으로 표현하고 공유할 수 있는 장치를 지속적으로 마련하고, 신규 유입자들이 빠르게 적응하고 소속감을 형성할 수 있는 환경을 관리해야 한다. 때때로 새로운 이벤트를 마련하거나 기존 활동 중 가치와 방향성에서 벗어난 것들을 조정하여 플라이휠의 회전력이 떨어지지 않도록 세심하게 관리할 필요가 있다.

결국 플라이휠 전략이 성공적으로 작동하려면, 초기 단계의 막대한 에너지를 구성원의 사회적 정체성 형성에 집중적으로 투입하고, 구성원이 이를 외부에 표현할 수 있는 명확한 장치와 신규 참여자의 빠른 적응 환경을 동시에 마련하여 지속적인 선순환을 만들어내야 한다. 이를 통해 커뮤니티는 초기에 비해 상대적으로 적은 자원만으로도 자생적으로 지속 가능한 성장을 유지할 수 있게 된다.

플라이휠 원리의 이해: 왜 초기의 힘이 축적되고 증폭되는가?

플라이휠을 효과적인 커뮤니티 운영 전략으로 활용하려면, 먼저 그 본래 개념과 작동 원리를 정확히 이해할 필요가 있다. 플라이휠은 본래 엔진 축에 붙어 있는 무거운 회전 바퀴로, 처음 회전시키기 위해서는 막대한 힘과 에너지가 투입되어야 하지만, 일단 회전 속도가 일정 수준을 넘어서면 축적된 운동 에너지를 발판 삼아 적은 힘으로도 빠르게 회전이 지속되는 장치를 의미한다. 이 원리는 아마존을 비롯한 수많은 기업들이 전략적으로 활용하면서 비즈니스 영역에서도 강력한 성장 모델로 자리 잡았다.

대표적으로 아마존 창업자 제프 베조스가 도입한 '플라이휠 모델'이 있다. 아마존은 초기 단계에서 고객 경험을 개선하기 위해 많은 자원을 집중적으로 투자했고, 그 결과 고객 만족도가 높아져 더 많은 고객이 플랫폼을 찾기 시작했다. 고객이 증가하자 자연스럽게 더 많은 판매자들이 몰려들었고, 이에 따라 상품 선택의 폭이 넓어지면서 서비스의 질이 향상되어 다시 더 많은 고객을 끌어들였다. 이렇게 형성된 선순환 구조 덕분에 아마존은 일정 성장 궤도에 오른 이후로는 비교적 적은 추가 투자만으로도 지속적 성장을 이룰 수 있게 되었다. 초기 단계의 집중된 투입 에너지가 명확한 핵심 가치인 '고객 경험'을 중심으로 지속 가능한 성장 동력으로 축적된 결과다.

커뮤니티 운영에서도 플라이휠 원리는 동일하게 적용된다. 초기 단계에서는 커뮤니티 구성원의 사회적 정체성을 확고히 형성하는 데 많은 노력을 쏟아부어야 한다. 단지 관심이나 흥미를 끌어들이는 정도의 활동에 그치는 것이 아니라, 구성원들이 "이 커뮤니티의 가치는 나 자신의 가치와 직접 연결되어 있다"라는 깊은 내적 인식을 갖도록 반복적인 경험과 기회를 제공하는 것이 중요하다. 구성원들이 자신이 속한 집단이 사회적으로 긍정적이고 의미 있게 평가받고 있다고 느낄수록, 이들이 경험하는 작은 성공들이 지속적으로 자존감을 높이고, 이 과정에서 자연스럽게 커뮤니티의 핵심 가치를 자발적으로 외부에 표현하고 확산시키려는 행동을 보이게 된다.

이러한 자발적 행동들은 다시 외부의 새로운 사람들을 끌어들이고, 신규 참여자들이 빠르게 커뮤니티의 가치를 받아들임으로써 추가적인 성공 경험이 만들어지며, 결국에는 더욱 강력한 운동 에너지로 누적되어 전체 커뮤니티가 지속적으로 성장하는 선순환 구조가 완성된다. 여기서 중요한 것은 구성원의 사회적 정체성 형성, 이를 외부에 표현하는 기회 제공, 신규 유입자의 빠른 적응을 돕는 장치가 서로 긴밀하게 상호작용하며 플라이휠 효과를 극대화하는 구조를 만들어야 한다는 점이다.

그러나 플라이휠이 초기 에너지 투입만으로 영구적인 자생력을 갖추는 것은 아니다. 커뮤니티가 일정 궤도에 오르더라도 구성원의 사회적 정체성과 가치가 지속적으로 명확하고 매력적으로 드러나도록 세심하게 관리해야 한다. 구성원들이 경험한 성공을 외부로 표현할 기회를 정기적으로 제공하고, 신규 유입자들이 빠르게 소속감을 느끼며 커뮤니티의 핵심 가치를 습득할 수 있는 환경을 유지하는 일이 중요하다. 때때로 새로운 활력과 관심을 불러일으킬 이벤트를 진행하거나 커뮤니티의 가치와 방향성에서 벗어난 활동을 조정하는 것도 필요하다. 이처럼 운영자의 지속적인 관리와 점검이 플라이휠의 운동량을 유지하고 가속시키는 핵심적인 역할을 한다.

결국, 플라이휠 원리의 핵심은 초기에 막대한 에너지를 구성원의 사회적 정체성 형성에 집중하고, 이 과정에서 축적된 자발적 확산의 힘이 지속적으로 증폭되도록 명확한 장치와 설계를 갖추는 데 있다. 이러한 의도적 설계와 지속적인 관리가 뒷받침될 때, 커뮤니티는 더 적은 추가 자원만으로도 강력하고 지속 가능한 자생적 성장 궤도에 진입할 수 있게 된다.

'행동'이 아닌 '가치': 커뮤니티 자생력을 키우는 사회적 정체성의 핵심

커뮤니티가 초기에 활발하게 운영되다가도 어느 순간 동력을 잃는 이유 중 하나는, 표면적인 '행동'만을 공통분모로 삼고 더 깊은 차원인 '가치'와 '사회적 정체성'을 공유하지 못했기 때문이다. 앞서 잠시 언급했듯이, 단순히 함께 달리거나, 자격증을 공부하거나, 특정 프로젝트를 진행하는 행위 자체로만 모임을 규정하면, 구성원들은 해당 행동이 끝나거나 흥미를 잃었을 때 쉽게 이탈한다. 아무도 더 이상 달리지 않는 순간 달리기 동호회가 쉽게 와해되고, 자격증 시험이 끝나면 스터디 모임이 흩어지는 것과 같은 이치다.

하지만 어떤 커뮤니티는 시간이 흘러도 흔들림 없이 오히려 꾸준히 확장되기도 하는데, 이는 핵심적으로 '행동'이 아닌 '가치'로 연결되어 있기 때문이다. 예컨대 활동 형태가 변화하더라도 "우리는 이러한 삶의 태도를 지향하는 사람들"이라는 확고한 믿음이 구성원의 '사회적 정체성'으로 자리 잡는다면, 특정 행동이 중단되어도 다른 행동으로 얼마든지 자연스럽게 이어질 수 있다. 이는 플라이휠이 자가 동력을 얻기 위해 '행동'을 넘어 구성원이 공통으로 인정하는 '가치'를 중심에 두어야 하는 핵심적인 이유다.

사실 이는 2장에서 이미 언급한 '필요, 목표, 욕망' 세 가지 동기와도 깊게 연결된다. 사람들은 단순히 어떤 행동을 위해 커뮤니티에 머무르지 않는다. 처음에는 생활 정보나 편익 같은 '필요' 때문에 이곳에 들어올 수 있고, 이후에는 함께 문제를 해결하거나 성취를 노리는 '목표'를 공유하며 단단한 결속을 느낄 수도 있다. 그러나 무엇보다 커뮤니티가 오래 지속되고 스스로 성장하는 힘을 지니려면, 가장 깊은 단계인 '욕망'이 충족되어야 한다. 이 욕망은 "이 커뮤니티 안에 머무는 것 자체가 내 존재를 더 빛나게 하고, 내가 누구인지를 설명해 준다"라는 정체성과 직접적으로 맞닿는다. 행동이 일시적으로 중단되어도 사람들은 공동으로 믿는 가치를 여전히 자기 삶의 일부라고 느낀다면, 쉽게 떠나지 않고 다음 행동을 기다리거나 새로운 활동을 제안하며 커뮤니티를 스스로 지켜낸다.

즉, '행동'으로만 커뮤니티를 규정하면 그 행동이 끝나거나 동력이 식었을 때 바로 해체될 위험이 있지만, '가치'를 중심에 두면 세부 행동이 변주되더라도 근본적인 소속감은 유지된다는 점이 플라이휠의 핵심 원리다. 그리고 이 원리는 세 동기 중에서도 특히 '욕망'이라는 가장 깊은 동기와 밀접하다. 정보를 얻고자 하는 필요나, 어떤 성취를 이루려는 목표 같은 요인에 기대는 커뮤니티는 그 필요나 목표가 사라지면 쉽게 지지부진해진다. 반면 "이 공간에 속해 있는 것만으로도 내 삶이 의미 있게 느껴진다"라는 욕망이 구성원들의 사회적 정체성으로 자리 잡으면, 밖에서 보기에는 별다른 유지 노력을 기울이지 않아도 마치 바퀴가 저절로 굴러가듯 커뮤니티가 활기를 띠고 확장된다.

이처럼 "행동이 아닌 가치로 묶여야 플라이휠이 돌아간다"라는 말은 결코 빈 수사가 아니다. 실제 운영 과정에서 이 가치를 분명히 제시하지 못하면, 구성원들은 언제든 예상치 못한 시점에 활동을 그만두고 흩어질 수 있다. 반대로 가치가 깊이 스며든 모임이라면, 행사가 일시 중지된 상황에서도 커뮤니티 전체의 결속이 쉽게 흔들리지 않는다. 이는 곧 개별 행동보다 '우리에게는 이런 세계관과 정체성이 있다'라는 사실이 더 강력한 접착제라는 뜻이며, 그 접착제가 존재할 때 비로소 커뮤니티는 플라이휠의 반복과 가속을 누릴 수 있다.

하이아웃풋클럽(HOC)을 예시로 살펴보자. HOC는 표면적으로는 매일 글쓰기, 창업 아이템 실험, 프로젝트 만들기 등 다양한 실천적 행동을 촉진하는 커뮤니티다. 그러나 이 커뮤니티가 진짜로 사람들을 붙잡고 움직이는 원동력은 이 행동 자체가 아니라, 그 밑바탕에 깔린 뚜렷한 사회적 정체성, 즉 "결국 해내는 사람들"이라는 명확한 가치에 있다.

HOC는 자율적이고 자기 주도적인 성장을 추구하는 사람들, 예컨대 창업가, 프리랜서, 크리에이터와 같은 구성원들이 모인 온라인 기반의 커뮤니티다. 이들은 각자 하는 일과 도전하는 분야는 서로 다를지라도, 결과적으로는 반드시 무언가를 이루어내고자 하는 강력한 자기 확신과 실행력을 공유하고 있다. 예를 들어, 구성원들은 매일 특정한 행동(매일 글쓰기 챌린지, 온라인 창업 실험, 사이드 프로젝트 진행 등)을 수행하며 자신들의 경험을 적극적으로 공유하고, 서로의 성장 과정을 지켜보고 격려한다. 이러한 작은 경험들이 축적되면서 "우리는 결국 해내는 사람이다"라는 정체성을 더욱 강화하는 효과를 만들어낸다.

이러한 사회적 정체성은 단순히 일회적인 활동이나 프로젝트가 일시적으로 중단되거나 중간에 흔들려도 구성원들이 쉽게 커뮤니티를 떠나지 않도록 붙잡아주는 강력한 구심점이 된다. 왜냐하면 이들은 특정 행동 그 자체보다는 "어떤 상황에서도 결국에는 목표를 이루어낼 것"이라는 더 깊고 강력한 신념과 연결되어 있기 때문이다.

더 나아가, 이 가치에 공감하는 새로운 멤버들도 지속적으로 유입되면서 HOC는 자연스럽게 플라이휠 구조를 형성하고 있다. 새롭게 합류한 멤버들은 기존 구성원들이 공유하는 정체성과 문화에 빠르게 동화되고, 이 공동체의 가치와 신념을 바탕으로 다시 새로운 행동과 프로젝트를 기획한다. 이렇게 되면 기존 구성원들 역시 다시금 새로운 자극과 동기를 얻으며, 전체 공동체가 스스로 성장하며 자생적으로 확장될 수 있는 구조가 만들어진다.

결국 HOC의 사례는 커뮤니티의 지속가능성이 단순히 표면적인 활동의 다양성이나 이벤트의 횟수가 아니라, 구성원들이 공유하는 분명한 사회적 정체성과 깊이 있는 가치관을 중심으로 만들어진다는 점을 잘 보여준다.

"힙한 서비스의 비밀" 역시 프로젝트가 시즌제로 열렸다가 사라져도 전반적인 토대가 흔들리지 않는 이유가 바로 "성장하는 사람들"이라는 가치가 구성원들의 정체성으로 깊이 내재되어 있기 때문이다. 프로젝트가 종결되어도 성장이라는 가치는 변치 않으니, 언제든 새로운 경험이 재탄생할 수 있다. 이렇듯 행동이 중단되는 순간에도 커뮤니티가 동력을 잃지 않는 이유는, 그 행동을 넘어선 가치와 정체성이 이미 사람들 마음속에 확고히 자리를 잡았기 때문이다.

결국 기획자는 커뮤니티를 설계할 때 "우리는 왜 이 활동을 하며, 어떤 가치를 추구하는 사람들인가?"라는 질문에 먼저 명료하게 답해야 한다. 이를 위한 상징, 언어, 참여 구조를 충분히 마련해 주어야 구성원들이 그 가치를 자기 삶에서 구현하려 하고, 또 주변 사람들에게도 자랑스럽게 알린다. 그렇게 되면 특정 행동이 끝나거나 중단되는 상황이 와도, "나는 이런 사람이고, 이 커뮤니티가 그 정체성을 가장 잘 보여 줄 수 있다"라는 믿음 덕분에 구성원들은 자연스럽게 다음 행동을 기획하고 서로를 붙잡아 준다. 이것이 곧 플라이휠 원리가 커뮤니티에서 힘을 발휘하는 핵심 요인이며, "가치에 기반한 사회적 정체성"이 왜 가장 강력한 자생력을 만들어내는지 보여 주는 결정적 증거다.

욕망을 중심으로 목표와 필요를 정렬하기: 플라이휠을 가속화하는 동기 얼라인먼트 전략

앞서 우리는 커뮤니티의 지속가능성이 행동 자체보다는 더 깊은 차원의 가치와 사회적 정체성을 공유하는 데서 비롯된다는 점을 확인했다. 하지만 이러한 가치가 실제로 커뮤니티 내에서 안정적으로 자리 잡고 구성원의 자발적인 참여를 이끌어내려면, 몇 가지 추가적인 전략을 고민할 필요가 있다. 특히 욕망, 목표, 필요라는 세 가지 동기 요소가 어떻게 상호작용하면서 커뮤니티의 플라이휠을 지속적으로 가속화할 수 있는지 보다 구체적으로 설계하고 정렬하는 작업이 요구된다.

 많은 커뮤니티 기획자가 흔히 놓치는 부분은, '욕망'이라는 가장 깊은 동기를 제대로 설계하지 않은 채, 필요나 목표 중심으로만 커뮤니티를 구성한다는 점이다. 물론 필요(Need)가 충족되지 않으면 사람들은 일상적으로 불편을 겪기에 커뮤니티에 머무르기가 쉽지 않고, 목표(Goal)가 없다면 구성원들이 뚜렷한 성취 동력을 느끼기 어렵다. 그러나 이 두 가지가 충족되는 상태라 해도, 시간이 지남에 따라 목표가 달성되거나 필요가 해소되면 커뮤니티는 자연스럽게 흩어지기 시작한다. 반면 가장 깊은 차원의 욕망이 충족되면, 즉 "이 커뮤니티가 내 존재 자체에 의미를 부여한다"라는 정체성이 자리를 잡으면, 필요나 목표가 일시적으로 충족되거나 변화해도 커뮤니티의 근본적인 결속이 흔들리지 않는다.

 여기서 중요한 것은 욕망을 기반으로 목표와 필요를 정렬하는 전략이다. 즉, 커뮤니티가 지향하는 가장 깊은 가치를 먼저 명확히 설정한 뒤, 그 가치를 실현하거나 강화하기 위한 구체적 목표를 설계하고, 그 목표를 달성하기 위해 필요한 실질적 편익이나 정보를 제공하는 방식으로 구조를 잡는 것이다. 이를테면 "결국 해내는 사람들"이라는 욕망을 공유하는 하이아웃풋클럽(HOC)에서 창업 아이디어나 매일 글쓰기 같은 단기 목표를 제안하고, 그 목표에 참여하기 위해 필요한 정보를 데이터베이스화하거나 협업 툴을 제공하는 식이다. 목표가 설정되면 구성원들은 그 목표를 달성함으로써 욕망을 몸소 체험하게 되고, 커뮤니티는 필요(예: 실질적 자료, 동기부여 시스템)까지 제공해 구성원들이 머무를 실익을 얻게 만든다.

 이런 얼라인먼트가 잘 이루어지면, 플라이휠의 초반 회전에 속도가 붙는다. 우선 욕망이란, "이곳에 속해 있음으로써 내가 누구인지가 명확해진다"라는 깊은 만족을 일으키는 정체성의 축이다. 사람들은 이 정체성이 선명해질수록 더 오래, 더 적극적으로 커뮤니티에 머물며, 주변인들에게도 "너도 이 가치관에 공감한다면 들어와 보라"고 권유한다. 그러나 아무리 욕망이 강해도, 구체적인 목표가 전혀 없다면 사람들은 일상 속에서 무엇을 해야 할지 막막해질 수 있다. 그래서 커뮤니티는 "이번 달에는 이런 챌린지를 통해 우리의 가치를 실제로 확인해 보자" 같은 목표를 설정해, 구성원들이 '함께 성취하는' 즐거움을 맛보도록 도와야 한다. 목표가 있으면 자연스럽게 결속과 몰입이 강화되고, 커뮤니티 내부에서 "우리는 이런 식으로 서로를 북돋우며 가치를 실천한다"라는 문화가 형성된다.

 문제는 사람들이 목표만 따라 달리다가 막상 과업이 끝나면 빠져

나가 버리는 일이 종종 벌어진다는 것이다. 이때 필요가 작동한다. 목표를 완료해도, 이 커뮤니티에 계속 남아야 하는 '현실적 이유'가 있다면 사람들은 쉽게 떠나지 않는다. 예컨대 함께 창업 프로젝트를 진행하던 멤버들이, 동시에 "사업자등록 처리 노하우"나 "투자 정보" 같은 필수 정보를 커뮤니티에서만 얻을 수 있다면, 프로젝트가 끝나도 이곳을 쉽게 떠날 수 없다. 마치 아파트 주민들이 관리비 납부나 각종 공지 사항을 확인하기 위해 커뮤니티에 남는 것과 비슷한 이치다. 그러나 이 필요가 단순 정보 전달 수준이라면 빠르게 지루해질 수 있으므로, 욕망과 연결된 목표를 달성하기 위해 필요한 실용적 편익을 제공하는 형태로 세팅하는 편이 훨씬 효과적이다.

커뮤니티의 플라이휠은 '욕망 → 목표 → 필요'라는 얼라인먼트가 유기적으로 설계될 때, 강력한 자가 동력을 얻게 된다. 예시를 더 구체적으로 들어 보자. "힙한 서비스의 비밀" 커뮤니티는 "성장"이라는 욕망을 중심에 두고, 참가자들이 주기적으로 참여할 수 있는 프로젝트(목표)를 끊임없이 만들어 왔다. 각 프로젝트에 참여하기 위해서는 IT 툴 사용법이나 디자인 노하우 같은 현실적 필요가 충족되어야 하는데, 커뮤니티가 자료를 모아두거나 선배 멤버들이 친절히 공유해 주기 때문에 초심자들도 막히지 않고 진행한다.

그 결과 신규 유입자들은 "이 프로젝트를 완수함으로써 내가 얼마나 창의적이고 실험적인 사람이 될 수 있는지"를 체감하고, 동시에 "여기 있으면 실무 정보나 동료도 쉽게 구할 수 있다"라는 실익을 얻는다. 이 두 가지가 맞물려 욕망이 더욱 공고해지고, 목표 달성의 기쁨을 느끼며, 필요가 계속 충족되다 보니 커뮤니티가 끊임없이 성장하며 자발적 확산을 이어 가는 것이다.

이렇듯 욕망을 최상위 동력으로 삼아 목표와 필요를 재배치해 주면, 커뮤니티 기획자는 "이 가치를 실현하려면 어떤 목표를 설정하고, 그 목표를 위해 구체적으로 어떤 필요와 편익을 제공해야 하는가?"를 자연스럽게 그림으로 그릴 수 있다. 목표는 사람들에게 분명한 행동 지침과 성공 체험을 선사한다. 필요는 그 목표를 달성하는 과정에서 실질적인 도움과 편의를 제공한다. 두 요소가 균형을 이룰 때, 구성원들은 "단기 성취감도 느끼고, 커뮤니티에 머무는 현실적 이유도 있으며, 궁극적으로는 이 공간이 내 정체성과 맞닿아 있다"라는 만족을 얻게 된다. 그렇게 되면 행동이 일시적으로 끊겨도 욕망이 유지되고, 목표가 바뀌어도 필요가 계속 충족되며, 필요가 달라져도 궁극적인 욕망이 흔들리지 않는 강한 플라이휠 구조가 완성된다.

정리하자면, 플라이휠을 만들기 위해서는 "욕망을 중심에 두고 목표와 필요를 얼라인먼트하라"는 원칙이 필수적이다. 커뮤니티의 가장 깊은 가치를 먼저 명확히 잡은 뒤, 그 가치를 구현할 다양한 목표들을 설계하고, 목표 달성에 필요한 구체적인 편익이나 시스템을 제공함으로써 멤버들의 참여를 가속화하는 것이다. 이 얼라인먼트가 제대로 이뤄질 때, 사람들은 그저 한두 번의 이벤트로 왔다 가는 것이 아니라, 계속 돌아오고자 하는 자발적 동기가 생긴다. 그리고 그렇게 돌아온 사람들이 새로운 목표를 만들고, 필요한 자원을 서로 공유하며, 또 다른 이들에게 욕망을 전파하는 선순환이 일어난다. 결국 이 선순환이 플라이휠을 더 강력히 돌리면서, 외부 개입 없이도 커뮤니티가 확장되고 심화되는 구조를 완성하게 된다.

가속화의 핵심 원리:
스핀오프와 크로스오버

왜 스핀오프와 크로스오버인가?: 폭발적 성장을 이끄는 두 전략의 작동 원리

지금까지 우리는 구성원들이 커뮤니티의 핵심 가치를 자신의 사회적 정체성으로 내재화하고, 이를 기반으로 자발적인 참여와 확산을 이끌어내는 플라이휠의 기본 작동 원리를 살펴보았다. 그러나 플라이휠의 진정한 강점은 단순히 자발적 확산이 시작되는 데 있는 것이 아니라, 일단 시작된 성장을 어떻게 더 빠르게 가속화할 수 있는지에 있다. 실제로 커뮤니티 운영자들이 현장에서 마주하는 큰 고민 중 하나는, 초기의 성공적인 확산 이후 나타나는 정체기다. 한 번 성장 궤도에 오른 커뮤니티도 시간이 지나면서 구성원들의 관심이 식거나 반복되는 활동에 지루함을 느끼면 점차 속도가 떨어지기 때문이다. 이런 상황에서 플라이휠의 회전을 더욱 빠르고 강력하게 가속화하기 위한 전략적 접근이 반드시 필요하다.

바로 이때 효과적으로 사용할 수 있는 두 가지 핵심 전략이 있다. 첫 번째는 기존 커뮤니티의 핵심 가치를 유지하면서 이를 다양한 하위 활동으로 확장하는 '스핀오프(spin-off)' 전략이고, 두 번째는 유사한 가치를 공유하는 외부의 다른 커뮤니티와 협력하여 구성원을 교차시키는 '크로스오버(crossover)' 전략이다. 이 두 전략은 각각 독립적으로도 강력한 효과를 발휘하지만, 동시에 활용할 때 더욱 폭발적인 성장을 이끌어낼 수 있다는 점에서 특별한 의미가 있다.

먼저, '스핀오프'는 커뮤니티 내부에서 구성원들이 이미 내재화한 핵심 가치를 다양한 형태로 변주하여 새로운 하위 커뮤니티를 만들어내는 전략이다. 구성원들이 공유하는 사회적 정체성이 강력할수록 자연스럽게 다양한 아이디어와 욕구가 분출되는데, 기획자는 이 욕구를 구체적인 활동과 경험으로 발전시킬 수 있는 환경만 조성해 주면 된다. 이렇게 형성된 하위 커뮤니티는 독립적으로 운영되면서도 핵심 가치를 계속 공유하기 때문에 서로 간에 자연스럽게 연결되고, 결과적으로 전체 커뮤니티의 에너지를 증폭시킨다. 이를 통해 기존 구성원들에게는 계속 새로운 경험과 자극을 제공하고, 신규 유입자들에게는 명확한 참여 경로를 제시할 수 있다.

두 번째 전략인 '크로스오버'는 외부의 다른 커뮤니티와 협력하여 서로의 구성원을 교차시키는 전략이다. 이 전략이 특히 강력한 이유는 표면적으로는 서로 다른 활동을 하고 있더라도, 본질적으로 같은 욕구나 목적을 공유하는 사람들끼리 만나게 하면, 구성원들이 예상하지 못했던 신선한 경험을 얻고, 이를 통해 참여 동기와 몰입이 훨씬 높아지기 때문이다. 크로스오버는 신규 유입자들에게는 진입 장벽을 낮춰주는 효과가 있고, 기존 구성원들에게는 새롭고 흥미로운 경험을 제공하여 지속적 참여를 유도하는 이중의 효과를 만든다.

결국, 스핀오프와 크로스오버 전략의 핵심은 단순한 성장이나 활동의 확장을 넘어, 커뮤니티 구성원이 이미 내재화한 가치를 중심으로 다양한 경험을 끊임없이 제공하여 지속적인 흥미와 만족을 유지하는 데 있다. 이 두 전략이 동시에 작동할 때 신규 참여자의 유입 속도는 가속화되고, 기존 구성원들은 더 깊이 있는 소속감을 느끼며 더욱 활발히 커뮤니티 활동에 몰입하게 된다. 그 결과 기획자의 직접적인 개입이나 과도한 노력 없이도 자발적인 추천과 확산이 지수적으로 증가하면서 커뮤니티의 성장 속도는 더욱 빨라지게 된다.

스핀오프(spin-off): 본질적 가치를 강화하며 새로운 사이클을 만드는 방법

커뮤니티가 일정 규모를 넘어서고 구성원들이 명확히 내재화된 정체성을 공유하게 되면, 그 순간부터 예상치 못한 다양한 방향으로 활동이 확장되기 시작한다. 표면적으로 보면 갑작스럽게 여러 다른 형태의 활동이 생겨나는 것처럼 보이지만, 실제로는 본질적인 가치를 공유하면서 자연스럽게 파생된 하위 커뮤니티(spin-off)가 등장한 것이다. 이 하위 커뮤니티들은 독립성을 유지하면서도 근본적으로 동일한 가치를 추구하기에, 서로 연결되고 강화되며 결과적으로 전체 커뮤니티의 영향력을 빠르게 확대시킨다.

이러한 현상을 이해하기 위한 가장 대표적이고 성공적인 사례가 바로 '힙한 서비스의 비밀(이하 힙서비)'이다. 힙서비는 본래 스타트업 업계의 실무자와 주니어 기획자들이 "함께 성장하고 실무 능력을 높이자"라는 공통의 목표로 시작된 작은 온라인 모임이었다. 하지만 구성원들이 공유한 "함께 성장한다"라는 핵심 가치가 강하게 내재화되면서, 이내 새로운 아이디어와 욕구가 자발적으로 솟아났다. 그 결과 힙서비 내부에서는 마케팅을 전문적으로 다루는 '힙마비(힙한 마케팅의 비밀)', 주니어의 고민을 해결하는 '힙주비(힙한 주니어의 비밀)', 크리에이티브를 연구하는 '힙크비(힙한 크립토의 비밀)' 등 다양한 하위 커뮤니티가 자연스럽게 파생되었다. 각각의 하위 커뮤니티는 독립적인 영역과 목표를 가졌지만, "함께 성장한다"라는 핵심 가치는 철저히 공유했다.

이러한 하위 커뮤니티 간의 연결은 독특한 시너지를 만들어냈다. 구성원들은 여러 하위 커뮤니티에 동시에 참여하면서 "힙마비에서 얻은 인사이트를 힙크비 모임에서 활용하고, 힙주비에서 만난 동료들과 함께 새로운 프로젝트를 기획"하는 방식으로 활발한 교류와 협업을 이루었다.

그 결과 개별적으로 움직였다면 이루기 어려웠을 속도의 성장이 가능해졌고, 이 생태계를 통칭 '힙니버스(hip + universe)'라고 부르며 스스로를 하나의 우주로 정의할 정도로 거대하게 발전했다. 구성원들은 각자의 하위 커뮤니티 활동을 통해 새로운 공유 경험을 끊임없이 창출하고, 이는 신규 유입자들에게 더욱 매력적인 진입점으로 작용하여, 커뮤니티 전체가 폭발적인 성장의 플라이휠을 형성하게 되었다.

스핀오프 전략을 성공적으로 활용하기 위해 기획자는 다음 세 가지 사항을 반드시 기억해야 한다. 첫째, 무엇보다도 "핵심 가치의 내재화"가 선행되어야 한다. 가치가 명확하지 않은 상태에서 단순히 하위 커뮤니티가 늘어나면 오히려 방향성을 잃고 흐지부지될 위험이 크다. 둘째, 하위 커뮤니티 운영진에게 충분한 자율성을 부여하되 최소한의 거버넌스(브랜딩 사용 가이드라인, 예산 관리 원칙 등)는 명확히 정리해 주어야 한다. 그래야 구성원들이 자유롭게 활동하면서도 전체 커뮤니티의 정체성을 유지할 수 있다. 마지막으로, 하위 커뮤니티 간의 정기적인 교류와 협업 채널을 제공하여 상호작용을 촉진하는 것이 좋다. 이렇게 되면, 한 하위 커뮤니티의 구성원이 자연스럽게 다른 커뮤니티에도 관심을 갖고 참여하게 되어 전체 커뮤니티의 결속력이 강화된다.

요컨대, 스핀오프는 "하나의 가치에서 다양한 활동을 파생시킴으로써 전체 커뮤니티를 더 크고 강력하게 만드는 전략"이다. 구성원이 자발적으로 아이디어를 내고 이를 실행할 수 있도록 환경만 제공해 주면, 기획자가 상상한 것 이상으로 커뮤니티는 빠르게 성장하고 탄탄하게 자리 잡을 수 있다. 힙서비 사례가 보여주듯, 제대로 설계된 스핀오프는 단순한 확장을 넘어 서로가 서로를 더욱 강력히 지지하고 발전시키는, 완벽한 시너지 효과를 만들어 낸다.

크로스오버(crossover): 같은 목적을 가진 서로 다른 커뮤니티의 교차

스핀오프가 내부에서 파생된 하위 커뮤니티를 통해 플라이휠을 가속화하는 전략이라면, 크로스오버는 커뮤니티 외부에서 비슷한 목적과 가치를 공유하는 집단과 연결하여 더 큰 시너지와 폭발적 성장을 만들어내는 전략이다. 겉보기에 전혀 다른 활동을 하는 커뮤니티라도 근본적으로 같은 욕구나 라이프스타일을 추구하는 구성원들이라면, 함께 만나 새로운 경험을 창출하고 예상치 못한 시너지를 만들어낼 수 있다. 이렇게 서로 다른 커뮤니티가 만나 '뜻밖의 매력'을 발견할 때, 구성원들은 기존 활동에 대한 신선함을 느끼고 동시에 새로운 참여 동기와 연결 고리를 얻는다.

이를 잘 보여주는 사례가 바로 서울 모닝 커피 클럽(SMCC)과 글로벌 피트니스 브랜드 F45의 크로스오버 협업이다. SMCC는 이미 1장에서 소개한 바와 같이, 아침 출근 전 커피와 대화를 즐기며 긍정적인 하루를 시작하는 커뮤니티다. 반면 F45는 호주에서 시작해 한국에서도 활발히 운영 중인 피트니스 커뮤니티로, 45분의 짧고 집중적인 팀 트레이닝을 통해 건강한 에너지를 충전하려는 사람들을 위한 커뮤니티로 출근 전 시간을 잘 활용하고자 하는 사람들에게 인기가 많다. 두 커뮤니티는 언뜻 보면 활동 방식도, 추구하는 구체적인 활동도 다르지만 "출근 전 시간을 잘 활용하고자 하는 아침형 인간의 라이프스타일"이라는 본질적인 목적과 가치를 공유하고 있었다.

두 커뮤니티는 이 공통점을 기반으로 '크로스오버 이벤트'를 열었다. 매주 수요일 아침 6시 30분에 F45에서 45분간 운동한 후, 인근의 카페로 이동해 8시부터 1시간 동안 SMCC의 모닝 커피 모임에 참여한 뒤 출근하는 일정이었다. 일반적인 직장인이라면 "운동 후 커피까지 마시고 출근한다는 것은 너무 힘들지 않을까?"라고 생각하기 쉽지만, 이 두 커뮤니티의 구성원들에게는 이 조합이 오히려 강력한 매력을 발휘했다. 이미 이른 아침 활동에 익숙하고, 오히려 이를 더욱 적극적으로 활용하고 싶었던 사람들은 이 새로운 경험을 통해 강력한 에너지와 만족감을 얻었다. 실제로 참가자들은 "혼자라면 절대 일어나지 못할 시간에 운동과 커피까지 함께하니 하루가 달라진다"라고 평가하며 열광적인 반응을 보였다.

이러한 크로스오버 이벤트가 성공할 수 있었던 이유는 분명하다. 표면적 활동은 달라도 두 커뮤니티가 근본적으로 원하는 바와 욕망이 완벽히 일치했기 때문이다. 이들은 출근 전 자신의 하루를 능동적으로 디자인하는 사람들로, F45에서 운동을 끝내고 SMCC에서 대화와 커피를 즐기는 흐름이 자연스럽게 맞아떨어졌다. 그 결과, 기존의 F45 멤버가 SMCC의 가치를 체험하고 다시 참여하거나, SMCC 멤버들이 F45 운동 프로그램을 새롭게 시작하는 등 구성원 간의 활발한 교차 참여가 일어났다.

 이 사례를 통해 확인할 수 있는 크로스오버 전략의 핵심 포인트는 다음 세 가지다. 첫째, 명확한 '가치 교집합'을 찾는 것이다. 단순히 사람 수가 많다고 해서 무작정 협력하는 것이 아니라, 참여자들이 근본적으로 추구하는 가치와 목적이 얼마나 맞아떨어지는지를 정확하게 파악해야 한다. SMCC와 F45는 "출근 전의 의미 있는 아침 활동"이라는 명확한 교집합을 가지고 있었기에 시너지 효과가 강력했다. 둘째, "뜻밖의 경험"을 제공하는 것이다. 구성원들이 크로스오버 이벤트를 통해 자신이 평소 하던 활동의 가치를 재발견하거나 전혀 예상하지 못한 새로운 만족을 느낄 수 있어야 한다. SMCC 멤버들은 운동 후의 상쾌함이 가져다주는 효과를 처음 체험했고, F45 멤버들은 출근 전 편안한 커피 타임이 얼마나 하루를 활기차게 만드는지 새롭게 깨달았다. 셋째, 크로스오버 이벤트 이후 지속적인 참여가 가능하도록 연결 지점을 명확히 하는 것이다. SMCC와 F45는 단순한 일회성 행사에 그치지 않고 4주 동안 매주 다른 지점에서 반복적으로 행사를 진행했다. 이를 통해 참여자들이 편하게 재참여하거나 지인들을 초대할 기회를 제공했고, 결국 자연스럽게 지속적인 유입과 확대가 이루어졌다.

이처럼 크로스오버는 겉으로 전혀 관련 없어 보이는 활동을 하는 커뮤니티를 서로 연결하여 각 커뮤니티의 장점을 극대화하고, 신규 구성원의 유입 속도를 빠르게 높인다. 구성원들은 본래의 활동에 대한 충성도를 잃지 않고 오히려 새로운 경험과 네트워크를 통해 기존 커뮤니티에도 더욱 적극적으로 참여하게 된다. 결과적으로 크로스오버는 외부와의 연결점을 통해 플라이휠의 회전을 더욱 강력히 가속화하며, 각 커뮤니티의 성장 속도를 획기적으로 높이는 강력한 전략이다.

스핀오프와 크로스오버가 만드는 시너지: 자발적 추천과 지수적 성장의 메커니즘

지금까지 우리는 플라이휠을 가속화시키는 두 가지 전략, 내부의 하위 커뮤니티를 확장하는 스핀오프와 외부 커뮤니티와의 협력을 통해 구성원을 공유하는 크로스오버의 원리를 살펴보았다. 각각의 전략도 개별적으로 효과적이지만, 이들이 동시에 작동할 때 커뮤니티 성장은 단순한 선형적 성장을 넘어 지수적으로 폭발하는 현상을 보인다. 그렇다면 스핀오프와 크로스오버의 만남이 왜 이토록 강력한 시너지를 발휘하는 것일까?

여기서 핵심은 처음부터 가치에 공감하는 사람들을 대상으로 한다는 점이다. 신규 멤버를 끌어들일 때 완전히 새로운 가치를 설득하거나 설명하는 대신, 이미 비슷한 관심과 라이프스타일을 가진 사람끼리 연결된다. 힙서비의 파생 커뮤니티들, SMCC와 F45의 협업 이벤트와 같은 사례에서 보았듯, 이들은 이미 공유된 가치에 대한 깊은 공감대가 형성된 상태에서 만나기에, 첫 경험부터 빠르게 몰입할 수 있다.

가치에 대한 저항이 없으면 신규 구성원들은 즉각적으로 만족스러운 첫 경험을 하게 되고, 그 만족감이 곧바로 주변 사람들에게 자발적으로 커뮤니티를 추천하는 행동으로 이어진다. 이는 그로스해킹에서 말하는 레퍼럴이라는 개념과 정확히 맞닿아 있다. 여기서 레퍼럴이란 기존 구성원이 본인의 긍정적 경험을 주변 사람들에게 자발적으로 전파하는 현상을 말한다. 이 과정이 활발히 일어나면, 신규 유입자가 다시 추가적인 신규 유입자를 만들어내는 선순환 구조가 완성된다. 이 선순환을 수치화한 것이 바로 바이럴 계수이다. 바이럴 계수가 1을 넘으면 외부의 마케팅 노력 없이도 자생적으로 성장이 가능해지는데, 스핀오프와 크로스오버가 동시에 활발히 진행되는 커뮤니티에서는 바이럴 계수가 쉽게 1을 훌쩍 뛰어넘는다.

그 이유는 간단하다. 한 사람이 단지 한두 명만 데려오는 방식이 아니라, 다양한 형태의 하위 커뮤니티와 이벤트를 통해 동시에 여러 명의 신규 유입을 가능하게 하는 구조가 형성되기 때문이다. 예를 들어, 힙서비의 다양한 하위 커뮤니티가 각자 이벤트를 열면 여러 명이 동시에 유입되고, 그들이 다시 새로운 행사를 기획하면서 또 다른 그룹의 사람들을 끌어들인다. 크로스오버 역시 마찬가지다. SMCC와 F45처럼 두 커뮤니티가 함께 행사를 열면 각자 속해 있던 구성원들이 자연스럽게 상대 커뮤니티로 흘러가면서 여러 명이 동시에 신규로 합류하게 된다. 이처럼 여러 방향에서 동시에 신규 유입이 이뤄지는 구조가 자연스럽게 구축된다면, 전체 커뮤니티의 성장 속도는 폭발적으로 가속화된다.

흥미로운 점은 이 과정에서 신규 유입자뿐 아니라 기존 구성원의 만족감과 소속감 역시 동시에 증대된다는 것이다. 구성원들은 계속해서 새로운 유형의 경험을 접하기 때문에, 지루해질 새가 없다. 커뮤니티의 가치가 다양한 활동을 통해 지속적으로 재발견되면, 이들은 자연스럽게 소속감을 강화하며 더 깊이 커뮤니티에 몰입하게 된다. 즉, 신규 구성원 유입만 증가하는 것이 아니라, 기존 구성원들의

'락인' 효과까지 강력해지는 것이다.

 이러한 흐름이 여러 갈래에서 동시에 펼쳐지면, 초기의 성장 예측을 뛰어넘는 빠른 속도로 커뮤니티가 팽창하게 된다. 구성원들이 가치 중심으로 결속되어 있기 때문에 기획자는 모든 활동을 세세히 관리할 필요가 없으며, 오히려 기본적인 규칙이나 가이드라인만 제공하고 구성원들이 자발적으로 협업할 수 있도록 환경을 조성하는 편이 더욱 효율적이다. 사회적 정체성의 일부로 받아들인 커뮤니티 가치를 공유한 구성원들은 자발적으로 커뮤니티의 방향성을 유지하며 자정 작용을 해 나가기 때문이다.

 결국, 스핀오프와 크로스오버 전략이 동시에 작동할 때 나타나는 가장 큰 효과는, 기존 구성원의 높은 만족도를 바탕으로 한 자발적 추천이 폭발적인 신규 유입을 만들어 낸다는 데 있다. 가치 중심의 새로운 공유 경험을 지속적으로 제공하면서 신규 구성원이 빠르게 소속감을 느끼고, 기존 구성원이 더 깊은 애착을 느끼게 되기 때문이다.

 중요한 점은 기획자가 이 강력한 성장 메커니즘을 이해하고, 구성원의 자발성을 극대화하는 환경을 만드는 일에 집중해야 한다는 것이다. 그럴 때 커뮤니티 플라이휠은 외부 개입 없이도 스스로의 힘으로 빠르게 가속화되는 모습을 보여줄 것이다.

성장의 역설:
통제의 유혹과 기획자의 역할

성장한 커뮤니티를 무너뜨리는 '통제의 유혹'

커뮤니티가 플라이휠 효과를 타고 급성장하면, 기획자에게는 아이러니하게도 새로운 위기가 찾아온다. 규모가 커지고 다양한 하위 커뮤니티가 자율적으로 번창할수록 기획자의 통제력은 상대적으로 약해지기 때문이다. 이에 따라 기획자는 불안감을 느끼고, 자연스럽게 '통제의 유혹'을 마주하게 된다. 하지만 기획자가 성장한 커뮤니티의 모든 세부 사항을 다시 통제하려는 순간, 그동안 축적되어 온 자율성과 활력은 급격히 소멸되기 시작한다.

초기에는 창립자의 강력한 비전과 가치가 커뮤니티의 성장을 촉진하고 구성원들을 강하게 결속시킨다. 그러나 시간이 지나면서 구성원들은 그 비전과 가치를 스스로 내면화하고 자발적으로 진화시킨다. 문제는 바로 이 지점에서 발생한다. 기획자가 이미 구성원들의 정체성이 된 가치를 다시 자신의 통제 아래 두려고 시도하면, 구성원들은 강력한 반발과 저항을 보이며 커뮤니티 자체가 와해될 위험에 처하게 된다.

커뮤니티가 성숙할수록 기획자의 역할은 통제자가 아니라 생태계 관리자로 바뀌어야 한다. 구성원들의 자율성과 창의성을 존중하고 그들의 움직임을 촉진하는 방향으로 전환할 때, 커뮤니티는 더욱 강력한 자생력을 확보할 수 있다. 하지만 반대로, 커뮤니티의 가치를 기획자의 권한으로 독점하려는 순간 구성원들의 맹렬한 저항과 함께 커뮤니티 전체가 흔들리는 결과가 나타난다.

대표적인 사례가 세계적인 피트니스 브랜드인 '크로스핏(CrossFit)'의 창립자 그렉 글래스먼(Greg Glassman)의 사례다. 크로스핏은 단순한 운동법이 아니라 "피트니스는 곧 커뮤니티적 경험"이라는 가치를 중심으로 성장한 커뮤니티였다. 구성원들은 서로를 독려하며 함께 운동하고 발전하는 문화를 통해 강력한 결속력을 만들어냈다. 그러나 2020년, 크로스핏의 창립자 글래스먼은 SNS에 인종차별적이고 경솔한 발언을 하며 논란을 일으켰다. 구성원들이 강력히 반발하자 글래스먼은 문제를 수습하기보다, "크로스핏의 방향과 가치는 내가 결정한다"라며 구성원의 비판을 무시하고 권위적으로 대응했다.

이 태도는 크로스핏의 핵심 가치를 공유하며 전 세계에 형성된 수많은 크로스핏 박스(지점)의 대규모 이탈을 불러왔다. 유명한 인플루언서와 트레이너들이 대거 크로스핏과의 관계를 단절했고, 구성원들은 스스로 "우리가 공유했던 가치를 더 이상 대표하지 않는다"라고 판단하여 떠나기 시작했다. 결국 창립자인 글래스먼은 CEO 자리에서 물러나야 했고, 크로스핏 커뮤니티는 돌이킬 수 없는 손상을 입었다. 구성원들이 떠나면서 남은 크로스핏 브랜드는 크게 흔들렸으며, 커뮤니티의 핵심 가치인 커뮤니티성은 심각하게 훼손됐다. 기획자의 지나친 통제가 브랜드와 커뮤니티를 얼마나 빠르고 처참히 무너뜨릴 수 있는지 극명하게 드러난 사례다.

이와 유사한 사례로 '레딧의 API 변경 사태'도 주목할 만하다. 레딧은 초창기부터 '개방성'과 '사용자 중심', '탈중앙화된 자율성'이라는 핵심 가치를 내세워 성장한 세계 최대의 온라인 커뮤니티 플랫폼이다. 레딧 사용자들은 스스로 콘텐츠를 생산하고 자율적으로 커뮤니티를 관리하며, 플랫폼의 성장과 발전을 주도해 왔다. 이러한 문화 덕분에 수많은 서브레딧 커뮤니티들이 활성화됐고, 사용자들은 레딧에 강한 소속감을 느끼며 깊이 몰입했다.

그러나 2023년 6월, 레딧 운영진은 사용자들과 충분한 논의 없이 일방적으로 API 가격 정책을 크게 변경했다. 이 결정은 단순히 비용 문제에 대한 불만을 넘어, 사용자들이 그동안 레딧의 핵심 가치로 여기고 있던 '사용자 주도성과 개방성'에 대한 근본적인 배신으로 여겨졌다. 구성원들이 레딧에 느끼던 소속감과 애정은 바로 이 자율성에서 비롯됐는데, 운영진의 독단적 결정은 그 근본적인 신뢰를 무너뜨린 셈이었다. 특히 레딧 CEO 스티브 허프먼(Steve Huffman)은 사용자들의 항의에 대해 "이 플랫폼의 방향은 우리가 결정할 권리가 있다"라는 태도를 고수하며, 커뮤니티가 추구해 온 가치 자체를 위협했다.

이에 분노한 수천 개의 주요 서브레딧이 동시에 운영을 중단하는 대규모 '블랙아웃 시위'를 벌였다. 이 과정에서 수백만 명의 사용자들이 커뮤니티를 떠나거나 활동을 멈추었고, 심지어 주요 광고주마저 이탈하며 레딧은 극심한 위기를 겪었다. 레딧 커뮤니티는 결국 자신들의 정체성과 삶의 일부였던 가치가 운영진에 의해 무너지는 경험을 하며, 급격히 와해되기 시작했다. 레딧 운영진의 통제 욕구가 사용자들의 신뢰를 파괴했고, 브랜드 가치에도 심각한 타격을 입힌 것이다.

이 두 사례의 공통점은 명확하다. 기획자가 자신이 제시한 가치를 독점적으로 소유하고 일방적으로 통제하려 했다는 점이다. 그러나 커뮤니티의 가치는 일단 구성원들이 사회적 정체성으로 받아들이는 순간 더 이상 기획자의 독점물이 아니다. 커뮤니티 가치는 구성원들의 자발적 참여와 협력을 통해 지속적으로 진화하는 '공동의 자산'이다. 구성원들이 깊이 내면화한 가치를 기획자의 권한으로 통제하려는 순간, 맹렬한 저항과 함께 커뮤니티 붕괴라는 심각한 역풍이 발생하게 된다.

커뮤니티가 성숙할수록 기획자는 자신의 역할을 재정립해야 한다. 구성원들의 자율적인 가치 발전을 존중하고 촉진하는 방향으로 전환해야 한다. 이미 스스로 굴러가는 플라이휠에 무리하게 제동을 걸어서는 안 된다. 구성원들의 창의적이고 자율적인 움직임을 존중하고 지지할 때, 커뮤니티는 더욱 견고해지고 강력한 생명력을 발휘할 수 있다.

크로스핏과 레딧의 사례는 커뮤니티가 추구하는 가치와 정체성을 기획자가 일방적으로 통제하거나 권력을 행사하려 할 때 얼마나 치명적인 결과가 벌어질 수 있는지를 생생히 보여준다. 기획자는 결코 커뮤니티 가치의 소유자가 될 수 없다. 기획자의 올바른 역할은 구성원들이 그 가치를 지속적으로 발전시킬 수 있도록 '돕고 관리하는 생태계 관리자'가 되는 것이다. 플라이휠이 커질수록 이 역할 전환은 더욱 중요해지며, 이것이야말로 커뮤니티의 지속 가능성을 결정짓는 핵심 요소임을 명심해야 한다.

커뮤니티는 기획자의 소유가 아니라 '구성원의 파트너'다: 통제 대신 신뢰를 구축하라

커뮤니티가 어느 정도 규모와 활기를 갖추고 자생적인 플라이휠을 만들어 내면, 기획자에게는 미묘한 변화가 찾아온다. 바로 '기획자는 커뮤니티의 가치를 창출하는 유일한 주체가 아니다'라는 현실을 인정해야 하는 순간이다. 초기에 기획자는 커뮤니티의 방향과 가치를 명확하게 정의하고, 구성원이 이 비전에 몰입하도록 이끄는 절대적인 역할을 한다. 그러나 일단 구성원들이 가치를 사회적 정체성으로 받아들이고 자발적으로 움직이는 단계에 이르면, 기획자는 더 이상 '가치를 소유하거나 독점하는 사람'이 아니라, 구성원들과 함께 그 가치를 공유하며 발전시키는 파트너의 역할로 전환해야 한다.

기획자가 여전히 "이 커뮤니티는 내가 만들었으니, 내가 원하는 방향으로만 움직여야 한다"라고 생각하면, 반드시 갈등이 생긴다. 왜냐하면 구성원들은 이미 커뮤니티가 제공하는 가치를 자신의 정체성과 라이프스타일에 깊이 결합했기 때문이다. 그들에게 이 커뮤니티는 단지 기획자의 개인적 산물이 아니라, '자신들의 일부'로 느껴진다. 따라서 기획자가 일방적으로 방향성을 강제하면, 구성원들은 본능적으로 자신들의 정체성이 위협받는다고 느끼고 강력한 저항을 보인다.

이러한 상황에서 기획자에게 필요한 가장 중요한 자세는 바로 신뢰 기반의 파트너십이다. 신뢰는 단순히 구성원들의 자율성을 허용하는 소극적 태도가 아니라, 구성원들이 스스로 옳은 결정을 내리고 커뮤니티를 발전시킬 수 있다는 믿음을 적극적으로 표현하는 것이다. 신뢰가 확립되면 구성원들은 단순히 수동적으로 주어진 가치를 소비하는 존재가 아니라, 커뮤니티의 가치를 적극적으로 재창조하는 주체로 자리 잡게 된다. 이것이 바로 기획자가 파트너십을 통해 얻을 수 있는 가장 큰 성과다.

이를 잘 보여주는 대표적인 사례가 바로 'TEDx'다. TED는 세계적인 강연 브랜드로 잘 알려져 있지만, 초기에 모든 콘텐츠를 중앙에서 엄격히 관리했다. 그러나 TED가 폭발적인 성장을 이룬 계기는 중앙에서 콘텐츠를 독점하는 대신, TEDx라는 독립적인 지역 단위 이벤트를 자유롭게 열 수 있도록 자율권을 허용하면서부터였다. TED 운영진은 "우리가 TED라는 브랜드를 만들었지만, 가치를 만들어내는 것은 전 세계의 자발적인 TEDx 기획자들"이라는 철학을 수용하고, 지역 기획자들에게 신뢰를 기반으로 권한을 위임했다. 그 결과 TED는 중앙 운영진이 일일이 관리하지 않아도 세계 곳곳에서 새로운 아이디어와 창의적 콘텐츠가 끊임없이 탄생하며 더욱 확장할 수 있었다.

이 사례가 커뮤니티 기획자에게 주는 교훈은 매우 명확하다. 커뮤니티의 진정한 가치는 결국 구성원들의 자발성과 창의성에서 비롯되며, 이를 이끌어내는 핵심 원동력은 기획자가 가진 권력이 아니라 구성원에 대한 믿음이다. 물론 기획자는 처음부터 가치를 제시하고 명확한 비전을 세우는 역할을 맡지만, 커뮤니티가 성숙할수록 기획자의 역할은 구성원들이 가치를 자발적으로 발전시킬 수 있도록 신뢰와 지원을 제공하는 파트너로 변화해야 한다.

이런 관점에서 기획자는 "이 가치는 내가 제시했으니, 내 방식대로 유지되어야 한다"라고 주장하는 대신, "이제 구성원들이 이 가치를 가장 잘 이해하고 발전시킬 수 있다"라고 생각해야 한다. 구성원들의 자유로운 커뮤니티 재창조를 장려하고 지원하는 것이 기획자의 중요한 역할이 된다. 신뢰 기반의 파트너십이 형성되면 구성원들은 커뮤니티에 대한 주인의식과 책임감을 더 강력히 느끼고, 커뮤니티의 가치를 확장시키는 자발적인 행동을 하게 된다.

이제 기획자는 구성원과의 파트너십을 실천하는 구체적인 방법을 고민해야 한다. 예를 들어 커뮤니티가 다음 단계로 나아갈 때, 모든 세부적인 사항을 기획자가 결정하고 통제하기보다, 구성원들의 의견을 충분히 듣고 그 의견이 반영될 수 있는 구조를 만들어야 한다. 구성원들이 제안한 새로운 활동이나 아이디어를 실험적으로라도 운영해 보고, 그 결과를 다시 공유하면서 구성원들이 "나도 이 커뮤니티를 발전시킬 수 있다"라고 느끼게 하는 것이 중요하다.

이러한 과정이 반복되면 구성원들은 커뮤니티를 기획자의 소유물이 아닌 자신들의 삶과 직접 연결된 공동의 가치로 인식하게 된다. 이는 기획자가 일방적인 통제를 포기한 대신 얻을 수 있는 가장 값진 성과다. 결국 커뮤니티는 기획자의 소유가 아니라 구성원들의 공유 자산이자 파트너십의 산물이며, 이를 적극적으로 받아들일 때 비로소 지속 가능한 성장과 건강한 발전이 가능하다. 기획자의 진정한 성공은 얼마나 강력히 통제하는가에 있지 않고, 구성원들이 얼마나 자발적이고 창의적으로 움직일 수 있도록 신뢰의 문을 열어 두는가에 달려 있다.

커뮤니티 기획자의 올바른 역할: '통제자'가 아니라 '생태계 관리자'가 되어야 한다

커뮤니티가 플라이휠 구조를 타고 빠르게 성장하면 기획자의 역할은 자연스럽게 변화할 수밖에 없다. 초기 단계에서는 기획자가 모든 것을 주도하며 방향성을 제시하는 '통제자'의 역할이 필요하지만, 구성원들이 자율성을 확보하고 가치를 사회적 정체성으로 받아들이기 시작하는 순간부터는 전혀 다른 방식으로 접근해야 한다. 기획자는 더 이상 세세한 사항을 통제하는 관리자가 아니라, 구성원들이 가치를 중심으로 자율적으로 움직일 수 있도록 지원하는 '생태계 관리자'의 역할로 전환되어야 한다.

커뮤니티가 성숙할수록 기획자의 가장 중요한 임무는 구성원들이 공유하는 핵심 가치를 명확하고 일관되게 유지하는 것이다. 이 과정에서 기획자의 역할은 브랜드의 표면적인 메시지를 내세우는 것이 아니라, 구성원들이 실제로 경험하는 의사결정 과정에서 커뮤니티의 가치를 끊임없이 투명하게 보여주는 것이다. 커뮤니티가 추구하는 목적과 가치는 광고나 마케팅 문구로 전달되는 것보다, 구성원 간의 상호작용이나 비언어적 신호로 더욱 강력하게 드러난다. 따라서 기획자는 단순히 겉으로 드러나는 커뮤니케이션 방식보다, 커뮤니티 내부의 수많은 의사결정이 가치에 충실하게 이루어지고 있는지 세심하게 관찰하고 지원해야 한다.

이러한 방식은 스티브 잡스(Steve Jobs)가 애플을 운영하면서 실천했던 방식과 유사하다. 잡스는 2006년 CNBC 인터뷰에서 "애플이 다시 성공하려면 브랜드 광고나 메시지를 앞세우는 것이 아니라, 사람들의 신뢰를 얻어야 한다"라고 강조한 바 있다. 그는 인터뷰에서 "신뢰는 마치 은행 계좌처럼 쌓아 올릴 수도 있고, 잘못된 결정 하나로 쉽게 사라질 수도 있는 자산이다. 애플이 하는 모든 의사결정은 바로 이 신뢰를 축적하거나 소모하는 행동이 된다"라고 말했다.

실제로 잡스가 애플로 복귀한 이후, 광고보다는 제품의 디자인과 품질, 그리고 모든 작은 결정들이 일관되게 애플의 핵심 가치를 나타냈다. 이러한 일관된 의사결정을 통해 소비자들은 비언어적으로 애플이 지향하는 가치를 자연스럽게 인식했고, 결국 애플을 다시 신뢰하게 되었다.

커뮤니티 기획자 역시 잡스와 같은 맥락에서, 자신이 가진 권력을 행사하거나 일방적인 지시를 내리는 것보다, 매일 일어나는 크고 작은 의사결정이 커뮤니티의 가치에 부합하는지를 끊임없이 확인하고 기준점을 명확히 설정하는 데 집중해야 한다. 이 기준이 명확할수록 구성원들은 스스로 자정 작용을 통해 가치 중심의 질서를 유지한다. 기획자는 각 구성원이 어떤 행동을 했는지 세부적으로 통제하는 것이 아니라, 구성원들이 의사결정을 내릴 때 가치 중심의 원칙을 따를 수 있도록 지원하는 역할을 해야 한다.

이러한 자정 작용의 대표적인 사례로는 글로벌 오픈소스 프로젝트인 리눅스(Linux) 커뮤니티가 있다. 리눅스는 수많은 프로그래머들이 자발적으로 참여해 만들어진 소프트웨어 커뮤니티다. 운영 체제 개발을 총괄하는 리누스 토르발스(Linus Torvalds)는 소프트웨어 코드 작성의 세부 사항을 일일이 관리하지 않고, 오히려 구성원들이 자발적으로 협력하고 문제를 해결할 수 있도록 환경을 만들어주는 데 초점을 맞췄다. 커뮤니티 내부에서는 코드의 품질과 효율성이라는 명확한 가치가 공유되고 있으며, 이를 어기거나 가치에 부합하지 않는 행동은 기획자의 개입 없이도 구성원들 스스로가 지적하고 수정한다. 그 결과 리눅스는 놀라울 정도로 빠르게 발전하고 성장했으며, 세계에서 가장 성공적인 자율형 커뮤니티 중 하나로 꼽히게 되었다.

기획자는 궁극적으로 커뮤니티가 자율적으로 작동하고 성장할 수 있는 생태계를 만들어야 한다. 초기 단계에서 필요했던 강력한 리더십이나 직접적인 통제는, 커뮤니티가 스스로 작동할 수 있는 단계로 진입하면 오히려 독이 될 수 있다. 기획자의 역할이 생태계 관리자로 전환된다는 것은 단순히 책임을 회피하거나 권한을 포기하는 것이 아니라, 구성원들이 가치를 중심으로 더욱 적극적이고 자율적으로 참여할 수 있도록 방향을 제시하고 기준을 명확하게 제공하는 것이다.

  정리하자면, 커뮤니티 기획자는 스스로를 지휘자라고 착각하지 말고, 구성원들이 자발적으로 협력하고 가치를 중심으로 자정 작용을 하며 지속적으로 발전할 수 있는 환경을 조성하는 생태계 관리자가 되어야 한다. 스티브 잡스가 애플의 신뢰를 쌓았던 것처럼, 기획자 역시 커뮤니티의 모든 작은 의사결정과 행동을 통해 구성원들에게 커뮤니티가 추구하는 가치가 일관되고 투명하게 전달될 수 있도록 해야 한다. 바로 이 지점에서, 커뮤니티는 기획자의 직접적 통제를 벗어나 자율적으로 성장하며 장기적으로 성공할 수 있는 강력한 기반을 마련하게 된다.

토스의 조직문화: 가치를 명확히 하고 '나대는 사람'이 나댈 수 있게 하라

  지금까지 우리는 커뮤니티 기획자의 역할이 구성원의 자율성을 극대화하고, 구성원들이 스스로 가치를 기준으로 자정 작용을 할 수 있도록 환경을 조성하는 데 있음을 강조했다. 기획자는 직접 모든 의사결정을 내리는 것이 아니라, 명확한 가치를 구성원들에게

투명하게 전달하고, 그들이 스스로의 판단과 열정을 따라 자유롭게 행동할 수 있도록 길을 열어줘야 한다. 이러한 이상적인 역할을 실제로 매우 성공적으로 구현한 사례가 바로 국내 핀테크 기업 토스(Toss)의 조직문화다.

토스의 조직문화는 매우 독특한데, 먼저 이 조직은 내부 구성원들을 스스로 '토스 커뮤니티'로 부른다는 점에서부터 커뮤니티적 특성을 명확히 드러낸다. 실제로 토스는 단순히 업무상 목표를 공유하는 팀이 아니라, 서로 명확한 가치와 지향하는 라이프스타일을 공유하는 하나의 커뮤니티로 운영되고 있다. 구성원들이 업무를 하면서 느끼는 몰입감과 소속감이 일반적인 회사의 수준을 넘어서는 것도 바로 이 때문이다.

토스가 지향하는 핵심 가치는 '자율과 책임', '빠른 실행', 그리고 '임팩트에 대한 집착' 등으로 요약된다. 그런데 이런 가치들이 실제 업무 현장에서 어떻게 살아 움직이는지 가장 극명하게 보여주는 사례가 있다. 바로 2020년 코로나19 긴급재난지원금 지급 당시 있었던 '금요일 아이디어가 월요일 전에 실현된 사건'이다.

2020년 5월, 정부가 코로나19 긴급재난지원금 지급을 결정한 직후, 금요일 오후 한 개발자가 토스 내부 메신저에 아이디어를 제안했다. "재난지원금을 토스 앱으로 빠르게 신청하고 조회하는 서비스를 주말 사이 만들어보자"라는 제안이었다. 특별한 승인이나 보고가 없었고, 심지어 이 개발자는 이 일을 담당하는 부서가 아니었지만, 전사에 이 아이디어가 빠르게 공유되자 즉시 수십 명이 뜻을 모았다. 금요일 오후 7시 30분 임시 킥오프 미팅이 열렸고, 개발·디자인·운영 등 약 30명 내외의 핵심 인원이 프로젝트에 착수했다. 놀랍게도 100명이 넘는 다른 팀원들도 길드 채널에 들어와 "도울 일 없나요?"라며 지원 의사를 밝혔다.

　놀라운 점은, 아무도 이들에게 일을 강요하거나 명령하지 않았다는 것이다. 토스 내부에는 이미 명확한 가치와 방향성이 공유되어 있었고, 이를 공감한 구성원들은 주말 내내 자발적으로 개발과 디자인, 테스트에 뛰어들었다. 심지어 평소 주말에 열지 않는 사내 카페의 바리스타들마저 자발적으로 나와 일하는 동료들을 지원할 만큼 강력한 몰입감과 팀워크가 형성됐다. 결국, 단 이틀 만에 완성된 이 서비스는 정부 공식 신청 시작 전 이미 80만 명의 신청자를 확보하며 놀라운 성과를 기록했다.

　이 사례가 특별한 이유는 단지 빠른 실행력 때문만이 아니다. 토스 조직문화의 핵심은 바로 '자율성과 신뢰'였다. 당시 프로젝트를 주도한 구성원들은 리더의 허락이나 개입 없이 스스로 프로젝트의 필요성과 중요성을 판단했고, 이를 실현할 수 있는 권한이 자연스럽게 주어졌다. 토스의 창립자 이승건 대표 역시 한 언론 인터뷰에서 이 사례를 언급하며 "팀원 한 명의 아이디어에 동료들이 호응해, 주말 동안 80명이 모여 서비스를 만들었다"라고 회고했다. 이는 토스가 조직적으로 권한 위임을 실천하고 있음을 단적으로 보여주는 대목이다.

이러한 자율성을 기반으로 한 토스의 빠른 실행 문화는 우연히 생긴 것이 아니다. 실제로 토스에서는 조직문화를 전담으로 관리하는 '컬처 얼라인먼트 매니저(Culture Alignment Manager)'라는 직무를 별도로 운영하며, 구성원들이 가치를 명확히 인지하고 의사결정의 기준을 가질 수 있도록 돕는다. 주목할 점은 이 직무들이 구성원들에게 '어떤 결정을 해야 하는지' 일일이 지시하지 않고, 오직 커뮤니티가 지향하는 가치와 원칙을 구성원들이 잘 이해하고 자신의 것으로 받아들이도록 돕는 역할에만 집중한다는 점이다.

실제 토스 재직자를 대상으로 인터뷰를 진행해 본 결과, 토스가 혁신적이고 민첩한 실행력을 유지할 수 있는 가장 큰 이유는 "어떤 복잡한 제도적 장치가 아니라, 그저 나대는 사람이 나댈 수 있도록 환경을 만들어 주기 때문"이라고 답했다. 즉, 조직 내부에 이미 뚜렷한 가치와 방향성이 공유되어 있으므로, 새로운 아이디어나 혁신적 시도를 하고 싶은 사람들은 허가를 기다리지 않고 자연스럽게 목소리를 내고 직접 실행할 수 있는 환경이라는 것이다.

이러한 자율적 환경은 조직 내부에서 스스로의 기준으로 가치를 보호하고 지켜나가는 강력한 자정 작용으로 이어진다. 구성원들이 이미 '어떤 행동이 토스다운 것인지' 명확히 이해하고 있기 때문에, 가치에서 벗어난 아이디어나 행동은 자연스럽게 배제되고, 가치를 강화하는 시도만 조직 전체의 공감과 지지를 받게 되는 것이다. 따라서 기획자는 모든 행동과 결정에 간섭할 필요 없이, 오직 커뮤니티의 가치가 명확히 공유될 수 있도록 하고, 구성원들이 이를 투명하게 이해하고 실천하도록 지원하기만 하면 된다.

이러한 사례가 강조하는 핵심 메시지는 분명하다. 커뮤니티가 빠르게 성장할수록 기획자는 모든 통제 욕구를 내려놓고, 오직 구성원들이 스스로 가치를 명확히 인지할 수 있도록 환경을 조성해야 한다는 것이다. 구성원들이 이미 가치를 사회적 정체성의 일부로 받아들였기에, 별도의 통제 없이도 스스로 자율적으로 움직이며 강력한 결과를 만들어낼 수 있다. 토스의 사례는 이러한 자율과 신뢰의 문화가 실제로 조직을 얼마나 강력하게 만드는지를 분명히 보여준다.

커뮤니티가 스스로 성장 동력을 발휘하기 시작하는 플라이휠 단계에 이르면, 기획자는 통제 욕심을 내려놓고 구성원의 자율성을 존중하는 근본적인 전환이 필수적이라는 것을 앞선 사례들은 명확히 보여준다. 특히 토스의 조직 문화 사례에서 보았듯이, 기획자가 모든 세부 사항을 직접 결정하고 통제하기보다 구성원들이 스스로 가치를 명확히 인지하고 자발적으로 움직이도록 환경을 조성할 때, 커뮤니티는 훨씬 강력한 실행력과 자정 작용을 발휘하며 성장을 이어간다. 기획자의 역할 변화는 선택이 아닌, 성장을 지속시키기 위한 필수 조건이 된다.

 이러한 단계에서 기획자가 수행해야 할 새로운 역할은 바로 생태계 관리자이다. 생태계 관리자는 커뮤니티라는 복잡하고 살아있는 시스템을 세세하게 통제하는 대신, 공동체의 핵심 가치를 명확히 하고 구성원들에게 공유하여 이들이 스스로 방향을 잡고 활동할 수 있도록 지원하는 데 집중한다. 구성원들이 이미 내면화한 가치를 믿고, 그들이 가진 열정과 아이디어를 자유롭게 펼칠 수 있는 환경을 조성함으로써 커뮤니티의 자생적인 성장이 지속되도록 촉진하는 역할이다. 이는 기획자가 가진 권력을 행사하거나 일방적인 지시를 내리는 '통제자' 역할과는 근본적으로 다르다.

 결국 생태계 관리자는 구성원들의 '나대는', 즉 자발적이고 창의적인 움직임을 격려하고, 이러한 에너지가 공동체의 핵심 가치와 일관될 수 있도록 기준점을 명확히 제시하는 역할을 수행한다. 생태계 관리자로서 기획자는 구성원들이 가치를 기준으로 스스로 판단하고 책임감을 갖고 행동할 수 있도록 신뢰를 기반으로 권한을 위임하며 지지한다. 바로 이러한 '통제자'가 아닌 '생태계 관리자'의 역할 전환이야말로 커뮤니티가 초기 성장을 넘어 스스로의 힘으로 지속 가능한 발전을 이루는 핵심 비결이며, 성장 동력을 장기적으로 유지하는 궁극적인 운영 방식이다.

06

**커플링:
생존과 붕괴를 가르는 연결**

파도 실험 5일 차:
깨어진 연결, 붕괴의 시작

정점에서 나락으로: 깨어진 신뢰와 기대

파도 실험 5일 차는 짧았지만 강렬한 순간이었다. 이 날은 커뮤니티가 도달할 수 있는 최고의 결속력과 그곳에서 추락할 때의 처참함을 동시에 드러냈다. 불과 며칠 만에 '파도'라는 이름 아래 모인 학생들은 이전보다 훨씬 강력한 소속감과 명확한 목적 의식을 공유하게 되었다. 그들은 단순한 실험 참여자를 넘어, '규율을 통한 힘', '공동체를 통한 힘', '행동을 통한 힘'이라는 구호 아래 하나로 뭉친 공동체의 일원이었다. 복도에서 서로 경례하고, 규칙을 따르며, '파도' 외부와는 다른 강한 유대감을 느꼈다. 이는 물리적 공간을 넘어선 심리적 연결이었고, 개인이 '파도'라는 집단과 강력하게 일체화되는 경험이었다. 이 시점에서 그들은 서로 깊이 신뢰했고, '파도'가 약속하는 미래에 대해 큰 기대를 품었다.

그러나 그 정점은 예상보다 취약했다. 5일 차 강당에 모인 학생들에게 론 존스가 보여준 것은 그들이 기대했던 '가상의 전국 조직'이 아니었다. 화면은 비어 있었고, 비로소 이것이 전체주의의 위험성을 알리기 위한 실험이었음이 밝혀졌다. 그 순간, 학생들의 얼굴에 가득했던 기대와 열기는 충격과 부끄러움으로 바뀌었다. 그들이 맹목적으로 따랐던 가치의 진실이 드러나고, 전부라 믿었던 공동체의 실체가 허상이었음이 명백해졌다.

이때 무너진 것은 단순한 객관적 이해가 아니었다. 서로에게 느꼈던 동지애, 함께 나눈 비밀스러운 의식, '파도'를 통해 얻었던 새로운 지위와 인정 등 커뮤니티를 구성하고 연결했던 모든 유대가 한 순간에 끊어진 것이다. 전날까지 자랑스럽던 행동은 부끄러워졌고, 열심히 수행했던 역할이 민망해졌다. '우리'라는 강력한 정체성은 산산조각 났고, '파도'를 통해 실현될 것이라 믿었던 기대는 신기루처럼 사라졌다.

파도 실험 5일 차의 충격은 내재화된 가치, 공유된 경험, 기여에 대한 기대라는 커뮤니티의 근본적인 연결고리가 깨졌을 때, '우리'라는 개념이 얼마나 쉽게 흔들리는지를 여실히 보여준다. 구성원들이 더 이상 소속에 자부심을 느끼지 못하고 공동체의 목적과 미래에 대한 기대를 상실하는 순간, 아무리 강력해 보였던 관계도 급격히 약화되며 붕괴로 향하게 된다. 이 정점에서 나락으로의 추락은 단순한 개별 구성원의 사기 저하를 넘어, 커뮤니티를 지탱하는 핵심 연결 구조 자체가 파괴되는 '디커플링' 현상의 시작이었다. 그 강력했던 커뮤니티가 그토록 순식간에 무너져 내린 근본 원인은 몇몇 요소의 약화가 아니라, 바로 이 핵심적인 '연결'의 파괴에 있었다.

'우리'는 누구였는가?: 정체성과 목적의 증발

신뢰와 기대가 무너진 자리는 깊은 혼란으로 채워졌다. 파도 실험 5일 차, 론 존스의 충격적인 진실이 강당을 휩쓴 후, 학생들은 서로의 얼굴을 마주하며 근본적인 질문에 직면했다. 불과 몇 시간 전까지만 해도 강력한 '파도'의 일원으로서 특별한 정체성을 공유했던 그들은 이제 자신이 무엇에 속해 있었는지, 그들이 믿고 따랐던 '우리'의 실체가 무엇이었는지 의심하기 시작했다. "우리는 누구였는가?"

커뮤니티가 성공적으로 형성될 때, 구성원들은 집단과의 동일시를 통해 자신의 정체성을 확장한다. '파도' 학생들에게 '파도'의 일원이라는 정체성은 학교 내에서 자신을 차별화하고, 새로운 소속감을 주며, 심지어 우월감까지 느끼게 하는 강력한 기반이었다. 그들은 '파도'라는 이름 아래 새로운 규칙과 의식을 공유하며 내부 집단을 형성했고, 이를 통해 외부 학생들과는 구분되는 '우리'라는 감각을 만들었다. 이 '우리' 의식은 개인과 집단, 그리고 집단 내 개인들이 강력하게 연결되어 있음을 보여주는 확실한 증거였다.

하지만 론 존스가 실험의 실체를 밝히는 순간, 이 '우리'라는 정체성은 뿌리째 흔들렸다. '파도'가 전체주의 위험을 교육하기 위한 실험이었다는 사실은, 그들이 며칠간 쌓아 올린 정체성의 토대 자체가 허상이었음을 의미했다. 그들이 자랑스럽게 여겼던 소속감, 강한 유대감, 특별함이 모두 의도적으로 만들어진 것이라고 느끼게 되었다. 자신을 '파도'의 일원으로 규정했던 개인의 정체성은 집단 정체성의 붕괴와 함께 갈 곳을 잃었고, 기만당했다는 수치심으로 얼룩졌다.

마찬가지로 '파도'의 목적 또한 순식간에 증발했다. '규율', '공동체', '행동'을 통해 세상을 바꾸겠다는 원대한 목표는 사라지고, 그 자리에는 '전체주의 교육'이라는 차갑고 현실적인 목적만 남았다. 학생들은 왜 그토록 열광하고 복종했으며 무엇을 위해 행동했는지 그 이유를 잃어버렸다. 공유된 목적은 구성원들을 한 방향으로 이끌고 에너지를 집중시키는 구심점 역할을 하지만, 이 구심점이 사라지자 커뮤니티의 에너지는 사방으로 흩어지고 말았다. 정체성의 붕괴와 목적의 증발은 커뮤니티를 하나로 묶어주던 핵심 연결이 파괴되었음을 보여주는 또 다른 강력한 신호였다.

 파도 실험 5일 차에 발생한 '우리'라는 정체성의 상실과 목적의 증발은 커뮤니티 붕괴가 단순한 기능 부전을 넘어선 존재론적 위기임을 시사한다. 커뮤니티는 단순히 사람들이 모인 장소가 아니다. 그것은 사람들이 공유된 의미와 가치를 통해 '우리'라는 집단 정체성을 형성하고, 공동의 목적을 향해 나아가는 살아있는 유기체에 가깝다. 이 정체성과 목적이라는 핵심 연결고리가 끊어지는 순간, 커뮤니티는 더 이상 '우리'가 아닌, 의미를 잃은 개인들의 파편적인 모임으로 전락하게 된다. 깨어진 신뢰와 기대, 그리고 정체성과 목적의 증발은 커뮤니티의 핵심 연결이 얼마나 쉽게 파괴될 수 있는지를 보여주는 생생한 예시이다.

작은 균열에서 연쇄 붕괴까지: 왜 순간적으로 무너졌는가?

 앞에서 신뢰와 기대가 무너지고, 정체성과 목적이 증발하는 순간을 파도 실험을 통해 살펴보았다. 그렇다면 왜 이 커뮤니티는 그토록 짧은 시간 안에, 마치 잘 쌓아 올린 성이 폭파되는 것처럼 흔적도 없이 무너져 내렸을까? 많은 사람들은 커뮤니티 붕괴의 원인을 개별 구성원의 참여율 저하, 리더의 역량 부족, 콘텐츠의 질 하락 등 특정 요소가 약해진 결과라고 생각하기 쉽다. 물론 이러한 요소들의 약화도 커뮤니티의 활력을 떨어뜨리는 데 기여할 수 있다. 하지만 파도 실험의 사례, 그리고 우리가 주목해야 할 커뮤니티 붕괴의 본질은 단순히 개별 요소의 약화 수준을 넘어선다.

파도 실험에서 학생들의 참여율은 5일 차 아침까지 오히려 최고조에 달했다. 론 존스는 강력한 리더십을 보여주었고, '파도'라는 콘텐츠(구호, 의식, 규칙) 또한 매우 몰입도가 높았다. 개별 요소들은 약해지지 않았거나 오히려 강화된 것처럼 보였다. 그럼에도 불구하고 커뮤니티는 순식간에 붕괴했다. 이는 붕괴의 진짜 원인이 개별 요소의 '약화'가 아니라, 그 요소들을 끈끈하게 '엮어주던 연결고리'의 파괴, 즉 '디커플링(Decoupling)'에 있었음을 강력하게 시사한다.

커뮤니티는 공유된 경험, 사회적 정체성, 기여와 인정, 목적과 가치 등 다양한 핵심 요소들이 복잡하게 얽히고설켜 만들어진다. 개별 요소 하나하나는 실과 같으며, 이 실들을 엮어 하나의 그물로 만드는 것이 바로 '커플링'이다. 신뢰, 기대, '우리'라는 정체성, 공유된 목적 의식 등이 바로 이 커플링을 가능하게 하는 강력한 매듭 역할을 한다.

 파도 실험 5일 차에 론 존스가 실험의 진실을 폭로했을 때 파괴된 것은 개별 요소들 자체가 아니었다. 학생들은 여전히 학생이었고, 론 존스는 여전히 선생님이었다. 하지만 학생과 론 존스 간의 '신뢰'라는 연결고리, '파도'의 일원이라는 '정체성'으로 서로 엮여 있던 연결고리, '세상을 바꾼다'는 '목적'으로 함께 묶여 있던 연결고리가 결정적으로 끊어져 버렸다. 가장 핵심적인 몇몇 연결고리가 끊어지자, 커뮤니티를 지탱하던 강력한 '커플링' 구조 전체에 균열이 가기 시작했고, 이 균열은 삽시간에 전체 구조로 퍼져나가며 연쇄적인 붕괴를 일으켰다.

 마치 다리에서 핵심 부품 몇 개가 떨어져 나가면 다리 전체가 순식간에 무너지듯, 커뮤니티에서도 핵심적인 '커플링'이 파괴되면 다른 모든 연결고리들도 의미를 잃고 끊어지게 된다. 기여와 인정은 '우리'라는 공동체가 존재할 때 의미가 있고, 공유된 경험은 함께 미래를 기대할 때 가치를 가진다. 신뢰와 정체성, 목적이라는 핵심 커플링이 깨지자, 이 위에 세워졌던 다른 모든 연결고리들이 힘을 잃고 흩어져 버린 것이다.

 따라서 파도 실험 5일 차의 순간적인 붕괴는 커뮤니티의 생존과 안정성이 개별 요소들의 건재함보다는 요소들 간의 연결(Coupling)이 얼마나 강력하게 유지되고 있는가에 달려 있음을 극적으로 보여준다. 그리고 붕괴는 개별 요소의 '약화'에서 서서히 진행되기보다, 핵심 연결고리의 파괴에서 비롯된다는 것을 경고한다.

커플링과 디커플링: 커뮤니티의 생과 사

왜 커뮤니티는 '그물망' 연결이 필요한가?: 네트워크 이론과 커플링

'파도' 실험에서 우리는 커뮤니티를 지탱하던 연결이 파괴될 때 얼마나 치명적인 결과가 발생하는지 목격했다. 그렇다면 커뮤니티를 강하고 안정적으로 유지하기 위한 연결은 구체적으로 어떤 형태를 가져야 하며, 왜 그 형태가 필수적인가? 이 질문에 답하기 위해 사회 연결망 연구의 권위자인 데이먼 센톨라(Damon Centola)의 통찰을 살펴볼 필요가 있다. 센톨라는 그의 저서 『How Behavior Spreads: The Science of Complex Contagions』를 통해 아이디어, 행동, 규범 등이 사회 연결망을 통해 확산되는 방식을 연구하며, 정보 확산과 행동 변화가 서로 다른 네트워크 구조를 요구한다는 것을 밝혀냈다.

센톨라는 정보를 빠르게 퍼뜨리는 '단순 전염(Simple

Contagion)'과 달리, 행동, 규범, 복잡한 아이디어처럼 사회적 지지나 반복적인 노출을 통해 확산되는 '복합 전염(Complex Contagion)'이 있음을 구분한다. 단순 전염은 한 사람에게서 다른 사람에게 쉽게 전달되지만, 복합 전염은 여러 소스로부터의 강화가 필요하다.

그는 이러한 두 유형의 전염에 효과적인 네트워크 구조가 다르다고 설명한다. 단순 전염은 소수의 중심 노드에서 다수의 주변 노드에게 정보가 일방적으로 빠르게 퍼져나가는 구조, 즉 '불꽃놀이'나 '스타' 형태의 네트워크에서 효율적이다. 이는 미디어의 정보 확산 방식과 유사하며, 정보는 넓게 퍼지지만 수용자들 간의 상호 연결은 약하다.

반면, 복합 전염은 노드들(사람들)이 서로 밀접하고 중복된 연결을 많이 가지는 구조, 즉 '그물망' 혹은 '클러스터' 형태의 네트워크에서 훨씬 효과적이다. 이 네트워크에서는 정보나 행동이 여러 연결 경로를 통해 반복적으로 전달되고 사회적 지지를 받기 때문에, 느리지만 구성원들의 행동 변화나 집단적 규범 수용과 같은 복합적인 확산이 잘 일어난다.

센톨라가 복합 전염에 필수적이라고 강조하는 이러한 '그물망' 형태의 네트워크 구조, 즉 밀접하고 중복된 연결의 강하고 촘촘함

이야말로 우리가 이 책에서 커뮤니티의 안정과 성장에 핵심적이라고 이야기하는 '커플링'의 본질이다. 센톨라의 이론은 커뮤니티의 본질이 단순한 정보 전달을 넘어선 가치 공유, 상호작용을 통한 정체성 형성, 공동 목표를 향한 협력 등 복합 전염이 활발하게 일어나는 살아있는 시스템임을 보여주며, 이러한 기능이 안정적으로 유지되고 확산되기 위해서는 구성원들이 서로 촘촘하고 다층적으로 연결된 '그물망' 구조, 곧 강력한 '커플링'이 필수적임을 역설한다. 미디어의 '불꽃놀이'처럼 약하고 단방향적인 연결로는 커뮤니티가 필요로 하는 복합적인 상호작용과 그를 통한 안정적인 성장을 이끌어내기 어렵다.

앞선 장들에서 우리는 커뮤니티 성장의 동력인 플라이휠을 설계하고 각 요소를 정렬하여 구동하는 방법을 논의했다. 이제 이 장에서는 그 플라이휠이 안정적으로, 그리고 지속적으로 회전하기 위해 어떤 '구조적 기반'이 필요한가를 탐구한다. 데이먼 센톨라가 말하는 복합 전염에 유리한 밀접한 연결망 구조는 커뮤니티 플라이휠이 단순한 요소의 합이나 정렬을 넘어, 그 요소들이 서로 '그물망'처럼 단단하게 '커플링'될 때 비로소 흔들림 없이 강력한 추진력을 유지할 수 있다는 사실을 이론적으로 지지한다. 커뮤니티의 강력한 '커플링'은 단순한 연결의 양적 많음을 넘어, 플라이휠의 각 요소들이 서로 유기적으로 힘을 주고받으며 시스템 전체의 안정성을 담보하는 '구조적 단단함'이다. 결국 커뮤니티 빌딩은 바로 이러한 '그물망', 즉 강력한 커플링을 엮는 기술에 다름 아니다.

커뮤니티 빌딩은 '커플링'이다: 그물망을 엮는 기술

우리는 '파도' 실험의 극적인 파국을 통해, 아무리 강력해 보였던 커뮤니티도 핵심적인 연결이 끊어졌을 때 얼마나 무력하게 무너질 수 있는지를 생생하게 목격했다. 정보가 빠르게 퍼지는 데는 나뭇가지처럼 뻗어나가는 구조로도 충분할지 모른다. 하지만 사람들의 마음을 움직이고, 행동을 변화시키며, 집단적인 문화를 만들어가는 커뮤니티와 같은 복합적인 시스템은 훨씬 더 촘촘하고 단단한 연결망을 요구한다. 마치 한두 가닥의 실이 끊어져도 전체 형태를 유지하고 충격을 흡수하는 튼튼한 그물처럼 말이다. 데이먼 센톨라의 통찰처럼, 커뮤니티의 생명력과 안정성은 바로 이러한 '그물망'처럼 얽히고설킨 연결, 즉 '커플링'의 강도에 달려 있다. '파도'의 붕괴는 이 잘 엮였던 그물망이 순식간에 풀어헤쳐진 '디커플링'의 비극이었다.

그렇다면 우리가 앞선 장들에서 커뮤니티를 기획하고 성장시키는 과정에 대해 이야기했던 모든 노력, 즉 커뮤니티 성장의 플라이휠을 구상하고 가치, 정체성, 기여와 인정, 목적 같은 요소들을 정렬하며 추진력을 얻는 과정은 궁극적으로 무엇을 위한 것이었을까? 그것은 단순히 개별적인 실오라기(개별 요소나 사람)들을 많이 모으는 작업이 아니었다. 그것은 바로 이 실오라기들을 하나하나 이어가며, 서로 지지하고 강화하는 촘촘하고 단단한 '그물망'을 직조하는 과정이었다. 커뮤니티 빌딩은 그물 코 하나하나를 엮어 전체의 형태를 만들고, 장력을 부여해 쉽게 찢어지지 않도록 만드는 '커플링' 기술이다.

우리가 커뮤니티의 첫 시작에서 핵심 가치를 정립하는 것은 그물망의 가장 굵고 튼튼한 기준선, 즉 핵심 가치 커플링을 세우는 일과 같다. 이 가치야말로 다양한 사람들이 하나의 그물 안에 들어오게 되는 근본적인 이유가 되며, 이후 모든 연결의 방향을 제시한다. 그리고 '우리'라는 사회적 정체성을 함께 만들어가는 과정은 이 날실 위로 씨실을 교차시키며 정체성 커플링이라는 그물 코의 모양을 잡아가는 것이다. '파도'의 학생들이 공유된 구호와 행동으로 서로를 알아보고 강한 동질감을 느꼈듯이, 공동의 상징, 이야기, 의례는 구성원들 간의 심리적 거리를 좁히고 '우리'라는 강력한 그물 코를 형성한다. 이 코들이 단단할수록 그물은 쉽게 형태를 잃지 않는다.

  커뮤니티 안에서 활발한 기여와 인정이 오고 가는 환경을 만드는 것은 상호작용 커플링을 통해 그물망 내부의 연결을 촘촘하게 만들고 매듭을 단단히 묶는 과정이다. 서로 배우고 가르치고 돕고 격려하는 상호작용은 그물 코와 코 사이를 수없이 많은 얇지만 질긴 실로 이어주며, 이는 단순한 정보 전달을 넘어 신뢰, 협력, 정서적 유대와 같은 복합적인 관계가 흐르는 통로가 된다. 이렇게 엮인 연결들이 많고 단단할수록 그물망은 외부의 충격에 강한 복원력을 갖게 된다.

  마지막으로, 모두가 공감하고 함께 추구하는 공동의 목적을 설정하는 것은 목적 커플링을 통해 그물망 전체에 일정한 장력을 부여하는 것과 같다. '세상을 바꾼다'는 '파도'의 이상처럼, 공동의 목표는 개별 구성원들의 에너지를 한 방향으로 결집시키고 그물망이 특정한 형태로 유지되도록 긴장감을 불어넣는다. 목적이라는 장력은 그물 코들이 느슨해지지 않도록 붙잡아 주며, 커뮤니티를 단순한 정체 상태가 아닌 살아 움직이며 나아가는 유기체로 만든다.

  이처럼 커뮤니티 빌딩은 단순히 많은 사람을 모으거나 화려한 이벤트를 여는 표면적인 활동이 아니다. 그것은 눈에 보이지 않는 사람들의 마음과 관계를 엮어, 신뢰, 정체성, 상호작용, 목적이라는 단단한 실로 촘촘하고 유연한 '그물망'을 직조하는 정교한 기술이다. 커뮤니티의 진정한 강함은 그물망을 이루는 개별 실의 굵기보다, 그 실들이 얼마나 꼼꼼하고 튼튼하게 서로 엮여 있는지, 즉 '커플링'이 얼마나 강력한지에 달려 있다. '파도' 실험이 우리에게 남긴 교훈은 명확하다. 그물망 직조를 소홀히 하고 핵심적인 연결이 끊어지는 순간, 아무리 거대했던 그물이라도 속절없이 풀어헤쳐지며 무너져 내린다는 것이다.

무엇이 커뮤니티를 강하고 약하게 만드는가: 요소 약화 vs 커플링 파괴

커뮤니티의 진정한 취약성이 개별 요소의 약화가 아닌 핵심적인 '커플링', 즉 구성원과 요소들을 엮어주는 그물망의 파괴에 있음을 깊이 논의했다. 그렇다면 커뮤니티의 건강성을 논할 때 흔히 저지르는 실수는 무엇일까? 바로 커뮤니티의 약화를 개별 '요소'들의 문제로만 치부하는 것이다. 예를 들어, 온라인 커뮤니티가 시들해지면 '사람들이 글을 안 쓴다'거나, '기획자가 피드백이 느리다'거나, '올라오는 정보의 질이 낮아졌다'는 식의 진단이 나온다. 물론 이러한 개별 요소들의 약화 또한 커뮤니티의 활력을 떨어뜨리고 성장을 둔화시키는 원인이 될 수 있다. 참여율 감소, 리더십 부재, 낮은 품질의 콘텐츠는 커뮤니티라는 시스템의 일부 부품이 제 기능을 다하지 못하게 만드는 것과 같다.

하지만 '파도' 실험 사례는 단순히 몇몇 부품의 성능 저하 수준을 넘어선 현상을 보여주었다. 5일 차 아침까지만 해도 학생들의 참여와 열정, 그리고 론 존스의 리더십은 그 어느 때보다 강력했다. 개별 요소들은 약해지지 않았거나 오히려 강화된 것처럼 보였음에도 불구하고 커뮤니티는 눈 깜짝할 사이에 무너져 내렸다. 이는 붕괴의 진짜 원인이 개별 요소의 '약화'가 아니라, 그 요소들을 끈끈하게 엮어 하나의 시스템으로 기능하게 하던 '연결고리'의 파괴, 즉 '디커플링'에 있었음을 강력히 시사한다.

커뮤니티를 우리가 앞서 비유한 '그물망'에 다시 비추어 생각해보자. 개별 요소의 약화는 그물망을 이루는 특정 실 한두 가닥이 조금 낡거나 얇아지는 것에 비유할 수 있다. 그 실들이 약해지면 그 부분이 다소 취약해지고, 전체 그물망의 내구성이 조금 떨어질 수는 있다. 하지만 그 실들이 완전히 끊어지지 않는 한, 그리고 주변의 다른 실들이 여전히 단단하게 엮여 있는 한, 그물망 전체가 순식간에 해체되지는 않는다. 시스템은 약해진 부분을 보완하며 어느 정도 기능을 유지한다. 예를 들어, 핵심 기여자 몇 명이 활동을 줄이더라도 다른 멤버들의 활발한 참여와 운영진의 노력이 있다면 커뮤니티는 어느 정도 버텨낼 수 있다.

반면, '커플링 파괴'는 그물 코를 묶는 매듭 자체가 풀려버리거나, 여러 가닥의 실이 한꺼번에 끊어져 버리는 것과 같다. 이는 단순히 실 한 가닥이 낡아지는 문제를 넘어선다. 매듭이 풀리면 그 매듭을 중심으로 엮여 있던 여러 실들의 연결이 동시에 느슨해지거나 끊어지며, 그 영향이 주변의 다른 매듭과 연결로 빠르게 확산된다. 신뢰라는 핵심 매듭이 풀리면, 그 매듭으로 묶여 있던 리더와 구성원, 구성원과 구성원 사이의 여러 연결고리가 동시에 약화된다. '우리'라는 정체성의 씨실이 끊어지면, 이 씨실로 엮여 만들어졌던 수많은 상호작용과 공유 경험의 그물 코들이 의미를 잃고 풀려나간다. 예를 들어, 운영진이 약속을 반복적으로 어기거나 불공정한 운영을 할 경우(신뢰 커플링 파괴), 핵심 멤버들이 느끼는 소속감(정체성 커플링)이 흔들리고 활발했던 소통(상호작용 커플링)마저 급감하며 커뮤니티 전체가 빠르게 와해될 수 있다. 이는 단순히 몇몇 요소가 약해진 결과와는 차원이 다른 충격이다.

즉, 개별 요소의 약화가 커뮤니티 성능의 점진적인 저하를 가져온다면, 커플링 파괴는 커뮤니티라는 시스템 자체를 지탱하는 구조적 기반을 흔들고 해체시킨다. 요소 약화는 감기처럼 앓고 지나가거나 꾸준한 관리를 통해 회복될 수 있는 문제일 수 있지만, 커플링 파괴는 암처럼 치명적이며 순식간에 생명을 앗아갈 수 있는 위협이다. 파도 실험의 경우, 리더(론 존스)에 대한 신뢰 파괴, '파도'라는 공동 정체성의 허상 노출, '세상을 바꾼다'는 공유된 목적의 증발 등 여러 핵심적인 커플링이 동시에 파괴되면서 연쇄적인 그물망 해체가 일어났고, 이는 커뮤니티의 순간적인 붕괴로 이어졌다. 따라서 커뮤니티의 안정성과 지속 가능성은 개별 요소들이 얼마나 뛰어난가보다는, 그 요소들이 서로 그리고 구성원들과 얼마나 단단하게 '커플링'되어 있는가에 달려 있다고 할 수 있다. 커뮤니티 운영과 리스크 관리는 단순히 참여율이나 콘텐츠 만족도를 넘어, 그물망의 핵심 매듭(신뢰, 정체성, 목적 등)이 얼마나 튼튼한지, 그리고 그 매듭들이 서로 어떻게 연결되어 전체 그물망을 지지하는지를 끊임없이 살피고 강화하는 데 집중해야 한다. 개별 요소 약화는 경고 신호일 수 있지만, 커플링 파괴야말로 커뮤니티 붕괴의 직접적이고 치명적인 원인이며, 이러한 커플링 파괴가 바로 붕괴의 임계점을 넘어서는 순간을 만들어낸다.

디커플링: 붕괴의 임계점을 넘어서는 순간

그렇다면 이 커플링의 파괴는 어떤 순간에, 어떤 과정을 통해 커뮤니티를 회복 불가능한 상태로 몰아가는 걸까? 바로 여기에 '임계점(Tipping Point)'의 개념이 등장한다. 임계점은 어떤 시스템이 작은 변화에도 불구하고 이전 상태를 유지하다가, 특정 역치를 넘어서는 순간 급격하고 비가역적인 변화를 겪게 되는 지점을 의미한다. 커뮤니티의 디커플링은 바로 이 붕괴의 임계점을 넘어서게 하는 결정적인 힘이다.

'파도' 실험 5일 차 아침, 강당에 모인 학생들은 그 어느 때보다 강력하게 커플링되어 있었다. 그들은 맹목적으로 리더를 신뢰했고, '파도'의 일원이라는 정체성에 깊이 몰입했으며, '세상을 바꾼다'는 목적 아래 일사불란하게 움직였다. 그 시점까지는 어쩌면 '파도'라는 커뮤니티의 성장세나 응집력이 정점을 향해 가고 있었을지도 모른다. 하지만 론 존스가 진실을 폭로하고 '가상의 전국 조직'이 허상이었음을 밝힌 순간, 핵심적인 세 가지 커플링(리더에 대한 신뢰, 공동 정체성, 공유된 목적)이 동시에, 그리고 치명적으로 파괴되었다.

이 파괴는 단순한 균열이 아니었다. 그것은 댐에 생긴 작은 구멍이 아니라, 댐의 핵심 구조가 한순간에 무너져 내리는 것과 같았다. 신뢰가 깨지자 리더십이라는 구심점이 사라졌고, 정체성이 허상임이 드러나자 '우리'라는 그물 코들이 의미를 잃고 흩어지기 시작했다. 목적이 증발하자 그물망 전체에 가해지던 장력이 사라지면서 그물은 축 늘어지고 힘을 잃었다.

이 핵심 커플링의 동시적인 파괴는 커뮤니티라는 시스템을 지탱하던 근본적인 구조를 순식간에 해체시켰고, 이는 연쇄적인 디커플링 반응을 일으켰다. 어제의 동지들은 서로를 의심하고 비난하기 시작했고, 함께 했던 활동과 의식들은 공허한 조롱거리가 되었다. 긍정적인 상호작용을 통해 강화되던 그물망의 매듭들이 급속도로 풀려나간 것이다.

이 순간 '파도' 커뮤니티는 붕괴의 임계점을 넘어섰다. 임계점을 넘어서기 전에는 개별 요소의 약화나 부분적인 연결의 느슨함이 발생하더라도, 커뮤니티는 스스로 복원하거나 문제를 해결하려는 메커니즘을 작동시킬 수 있다. 마치 튼튼한 그물망의 일부가 손상되어도 주변의 다른 연결들이 이를 지지하고 보완하여 전체 형태를 유지하려는 탄성을 가진 것처럼 말이다. 하지만 핵심 커플링이 파괴되어 임계점을 넘어선 순간, 시스템은 더 이상 자정 능력이나 복원력을 발휘하지 못한다. 파괴적인 악순환의 고리가 작동하기 시작하며 붕괴 과정이 자기 강화된다. 깨진 신뢰는 추가적인 불신을 낳고, 흩어진 정체성은 서로를 더욱 소외시키며, 사라진 목적은 무관심과 냉소를 증폭시킨다. 그물망은 스스로를 해체시키는 방향으로 속도를 내기 시작하며, 처음의 작은 균열은 순식간에 전체를 집어삼키는 거대한 구멍이 된다.

주목할 점은 임계점을 넘어서는 순간 붕괴의 속도가 기하급수적으로 빨라진다는 것이다. '파도' 실험의 경우처럼, 불과 몇 시간 만에 열광적인 공동체는 충격과 혼란, 배신감에 휩싸인 해체된 집단으로 변모했다. 이는 커플링 파괴가 단순한 성능 저하를 넘어, 커뮤니티라는 복잡계 시스템의 상태 자체를 근본적으로 변화시키는 트리거 역할을 하기 때문이다.

임계점을 넘은 커뮤니티는 더 이상 '성장'이나 '유지'라는 정상 궤도로 돌아가기 어렵다. 그것은 이미 '붕괴'라는 새로운 궤도에 진입했으며, 이 과정은 외부의 강력한 개입 없이는 멈추기 힘들다. 따라서 커뮤니티 붕괴의 진정한 위험은 개별 요소의 서서한 약화에 있는 것이 아니라, 핵심적인 연결고리가 파괴되어 붕괴의 임계점을 넘어서는 '디커플링'의 순간에 있다. 이 순간 커뮤니티는 스스로를 파괴하는 폭주 기관차처럼 되어버리며, 기획자나 구성원이 손 쓸 틈도 없이 와해된다. 커뮤니티의 진정한 리스크 관리는 개별 요소의 상태를 넘어 '연결'의 건강성과 단단함을 지키는 데 있다. 임계점을 넘어서는 디커플링을 막는 것이야말로 지속 가능한 커뮤니티 운영의 핵심 과제인 것이다.

붕괴의 시그널:
세 가지 디커플링 지점

커뮤니티 붕괴의 세 가지 디커플링 지점: 커플링이 파괴되는 메커니즘의 이해

　모든 커뮤니티는 구성원들을 서로 연결하고 묶어내는 다양한 연결고리, 즉 '커플링' 위에서 유지된다. 앞서 살펴본 것처럼, 커플링은 커뮤니티 내부에서 구성원들이 경험을 공유하고 가치를 함께 실천하며, 사회적 정체성을 형성하는 과정에서 자연스럽게 만들어진다. 하지만 이러한 연결고리는 절대 영구적이지 않으며, 오히려 다양한 내·외부 압력으로 인해 점차 약해지거나 때로는 갑작스럽게 파괴되기도 한다.

　커뮤니티의 붕괴는 대개 이 연결고리가 파괴되는 지점, 즉 '디커플링(decoupling)'에서 시작된다. 디커플링은 말 그대로 한때 강력했던 구성원 간의 연결이 끊어지고 분리되는 현상을 말한다. 이는 단순히 참여율이 낮아지거나 일시적으로 관심이 떨어지는 수준을 넘어, 커뮤니티의 근본적인 결속력을 약화시키고 구성원들이 공통의 정체성을 유지하지 못하게 만든다. 따라서 기획자나 운영자가 커뮤니티의 지속 가능한 성장을 유지하기 위해 가장 먼저 해야 할 일은 이 디커플링이 발생하는 지점들을 정확히 이해하고, 그 신호를 조기에 감지하는 것이다.

커뮤니티가 디커플링에 직면하는 지점은 크게 세 가지로 나눌 수 있다. 첫째, 커뮤니티가 약속한 경험과 구성원이 실제로 경험하는 활동 사이에 괴리가 발생하는 '핵심 경험 디커플링(Core Experience Decoupling)'이다. 둘째, 구성원들의 활동이나 행위가 본래 커뮤니티가 추구하던 가치로부터 분리되는 '행위-가치 디커플링(Act-Value Decoupling)'이다. 마지막으로, 커뮤니티의 핵심 가치 자체가 변화된 시대적 가치와 충돌하며 더 이상 외부 환경과 조화를 이루지 못하는 '가치-시대 디커플링(Value-Era Decoupling)'이다.

이 세 가지 디커플링 지점은 각자 독립적으로 발생하기도 하지만, 실제 커뮤니티에서는 서로 밀접하게 연결되어 연쇄적인 파괴 과정을 촉진한다. 예를 들어, 커뮤니티가 구성원들에게 약속한 핵심 경험이 일관되게 제공되지 못하면(핵심 경험 디커플링), 구성원들의 활동은 의미와 가치를 잃고 습관적으로 형식화되기 시작한다(행위-가치 디커플링). 이어서 가치와 행위의 단절이 심화되면, 시대가 바뀌었을 때 새로운 가치를 받아들이지 못하고 외부로부터 비판과 공격을 받는 상황(가치-시대 디커플링)에 직면하게 된다. 그리고 이러한 디커플링들이 서로 상호작용하며 붕괴를 급격히 가속화하는 위험한 연쇄 반응이 나타난다.

중요한 것은 디커플링이 어느 한순간 갑자기 일어나는 사건이 아니라, 점진적이고도 다양한 신호를 보내며 발생한다는 점이다. 운영자들은 이 세 가지 디커플링 지점을 구체적으로 인식하고 각 지점에서 나타나는 미세한 균열을 사전에 포착하여 대응할 수 있어야 한다. 이를 무시하거나 너무 늦게 대응하면, 작은 균열이 커뮤니티 전체의 붕괴로 이어지는 파괴적 연쇄 반응을 일으킬 수 있기 때문이다.

이제부터는 각 디커플링 지점에서 발생하는 메커니즘과 신호들, 그리고 이를 정확히 인식하고 대응하는 방법을 하나씩 자세히 살펴보겠다. 커뮤니티의 붕괴를 막고 지속 가능한 성장을 유지하려면, 무엇보다 이 세 가지 디커플링이 발생하는 지점에서 일어나는 위험한 변화의 흐름을 명확히 이해하는 것이 필수적이다.

핵심 경험 디커플링(Core Experience Decoupling)

커뮤니티의 심장이 멈춰간다는 첫 번째 신호는 바로 '핵심 경험 디커플링'이다. 이는 커뮤니티가 약속하거나 구성원이 기대하는 본질적인 '핵심 경험'과 실제 활동을 통해 겪는 경험 사이의 괴리 및 분리 현상을 의미한다.

예를 들면, 처음에는 취미나 흥미로 시작한 성장한 커뮤니티도 성장에 따라 운영상 리소스, 더 많은 기회의 창출, 이익의 증대 등의 수익성 개선에 대한 압박을 받기 시작한다. 그때 가장 쉽게 유혹을 받는 것이 커뮤니티의 구성원을 잠재적 구매자로 보는 것이다.

그렇게 커뮤니티 내부에 커머스를 도입한다. 물론 기획자는 커뮤니티 구성원들에게 검증된 상품을 낮은 가격으로 공급한다는 목적성을 가지는 경우가 많다. 하지만 이 순간, 커뮤니티에 참여하는 목적이 기존의 공유된 경험을 위한 사람들과 새로 발생한 구매 목적을 위한 사람들이 한 공간에 섞이게 된다. 이들은 커뮤니티에 대해 근본적으로 다른 목적을 가지게 되며, 이는 원래 커뮤니티를 지탱하던 '공유된 경험'의 해체로 이어진다. 그리고 이러한 공유된 경험의 해체는 자연스럽게 구성원 각자의 소속감 약화, 더 나아가 상호 간의 유대감 해체로 귀결된다. 서비스에서 하나의 핵심 경험이 중요하듯, 커뮤니티 역시 마찬가지다. 핵심 경험의 왜곡은 곧 커뮤니티의 정체성과 결속력을 직접적으로 파괴하는 것이다.

이 핵심 경험 디커플링은 연쇄적인 메커니즘을 통해 커플링을 파괴한다. 먼저, 알고리즘 및 UI 자원이 상업적 '서비스 루프' 중심으로 재배치되면서 사용자 간 연결(커플링)을 강화하는 요소들이 약화된다. 그 결과, 사용자 주도의 커뮤니티 행동(게시글 작성, 댓글 소통, 자발적 참여)의 노출과 보상이 줄어들고, 구성원들의 상호작용과 기여라는 커플링의 핵심 활동이 위축된다. 나아가 구성원은 '내가 만들고 기여하는 주체'라는 정체성 대신 '단순히 무언가를 소비하는 소비자'로 커뮤니티를 인식하게 되며, 공유된 정체성이라는 강력한 커플링이 약해진다. 커뮤니티에 깊이 기여하며 커플링을 주도하던 핵심 사용자(파워 유저) 집단이 이탈하는 것은 이 과정의 치명적인 결과다. 이는 그물망에서 가장 굵고 중요한 매듭들이 떨어져 나가는 것과 같아, 전체 커플링 강도가 급격히 약해진다. 결국 이러한 자발적 큐레이션 및 기여, 신뢰 네트워크의 붕괴는 커뮤니티 행동 루프를 마비시키고, 커뮤니티 전체의 성장 동력인 플라이휠의 회전을 멈추게 하며 커플링이 완전히 파괴되는 단계에 이른다.

2010년 8월 딕(Digg) v4 개편 사태는 핵심 경험 디커플링이 커플링 파괴로 이어진 비극적인 사례를 생생히 보여준다. 당시 딕은 수익화를 위해 외부 파트너 뉴스와 광고를 첫 화면에 대거 노출시키고, 추천 알고리즘에서 '사용자 제출 링크'의 가중치를 50%에서 15%로 대폭 낮추는 치명적인 변화를 단행했다. 딕의 핵심 경험은 사용자들이 직접 좋은 콘텐츠를 발굴하고 추천하며 함께 뉴스를 만들어가는 '사용자 주도 큐레이션'이었다. 이 경험은 사용자들이 '우리가 이 커뮤니티의 핵심'이라는 강한 정체성을 형성하게 했고, 활발한 상호작용과 기여를 이끌어내는 강력한 커플링의 기반이었다.

그러나 v4 개편은 이러한 사용자들의 기여를 시스템적으로 무시하고 미리 정해진 파트너 콘텐츠를 소비하게 만드는 '서비스 우선' 정책을 노골적으로 드러냈다. 이는 사용자들의 '큐레이션 주체'라는 핵심 경험을 왜곡하고 그들이 커뮤니티에 기여할 연결고리를 끊어낸 행위였다.

결과는 커뮤니티의 파괴였다. 핵심 파워 유저들이 대거 경쟁 서비스인 레딧(Reddit)으로 집단 이주했고, 한 달 만에 딕의 트래픽은 50% 급감했다. 한때 수억 달러로 평가받던 회사의 가치는 몇 년 뒤 100만 달러 미만으로 쪼그라들었다. 이 사건은 단순히 사용자가 떠난 것이 아니라, 플랫폼이 커뮤니티의 핵심 경험과 그를 지탱하던 사용자의 정체성, 즉 가장 중요한 커플링을 스스로 파괴했을 때 어떤 결과가 벌어지는지를 극명하게 보여주었다. 핵심 경험 디커플링은 이처럼 커뮤니티라는 그물망을 안에서부터 찢어내는 가장 위험한 파괴 과정이다.

행위-가치 디커플링(Act-Value Decoupling)

커뮤니티의 결속력이 내부에서부터 약화되고 있다는 두 번째 위험 신호는 '행위-가치 디커플링'에서 포착된다. 앞서 정리했듯 커뮤니티는 공동의 가치를 추구하고 그 가치를 행동으로 실현하며 연결되는 살아있는 시스템이다. 구성원들의 특정 행위나 활동은 커뮤니티 가치를 구체적으로 표현하고 강화하는 핵심적인 수단이 된다. 그리고 이 행위와 가치의 단단한 결합이야말로 구성원들이 집단에 의미 있게 기여하고 그에 대한 인정을 받으며, 나아가 공동의 사회적 정체성을 형성하고 깊은 소속감을 만드는 근본 원리이다.

행위-가치 디커플링이란 이처럼 행위와 그 행위가 담고 있는 공동체적 가치 사이의 근본적인 연결고리가 끊어지는 현상이다. 이는 단순히 불쾌한 경험을 넘어, 구성원의 특정 활동 자체가 공동체 내에서 가지는 의미와 가치를 상실시킨다.

이 디커플링은 구성원들이 커뮤니티 내에서 익숙한 활동을 형식적으로 지속하기는 하지만, 그 행위가 원래 담고 있던 공동의 가치나 의미로부터 분리되고 단절될 때 발생한다. 행동은 겉모습만 남고 그 안에 담겨 있어야 할 가치의 생명력이 빠져나가는 것이다. 이러한 행동들은 더 이상 커뮤니티가 추구하는 가치의 자연스러운 표현이나 진정한 기여가 되지 못한다. 이는 특히 커뮤니티 운영의 투명성 부재나 신뢰 부족과 같은 근본적인 문제가 드러날 때 더욱 심화되며, 구성원들이 자신이 쏟은 활동의 의미를 재평가하게 만든다.

행위-가치 디커플링이 심화될수록 커뮤니티의 핵심 기능은 마비되기 시작한다. 가치 내면화가 약해지면서 활동 참여 동기 자체가 저하되고, 정해진 행위에 감정을 쏟는 정도가 줄어든다. 행위가 가치와 연결되지 않으니, 이는 진정한 기여로 인식되지 못하고 따라서 다른 구성원들로부터 진정성 있는 인정 또한 받기 어려워진다.

기여와 인정의 선순환 구조가 깨지면서 구성원들은 자신이 커뮤니티 내에서 의미 있는 역할을 하고 있다는 감각을 잃게 되고, 이는 곧 소속감의 약화로 이어진다. 나아가, 자신의 행동을 통해 커뮤니티의 가치를 표현하고 '나는 이런 사람이다'라는 사회적 정체성을 강화하려던 시도가 좌절된다. 행위가 가치를 담지 못하니, 그 행동만으로는 집단 소속을 통해 자신의 가치관을 드러내려는 욕구가 충족되지 못하는 것이다.

 이러한 과정은 때로는 점진적인 쇠퇴 곡선을 따르지만, 힙서비 사태와 같이 내부 비리 폭로나 외부 충격이 발생했을 때는 신뢰가 급격히 무너지면서 모든 단계가 빠르게 진행되거나 순서가 뒤섞여 나타나며 더 치명적인 결과를 초래하기도 한다. 결국, 같은 행동을 반복하면서도 '내가 이걸 왜 하고 있지?', '이게 무슨 의미가 있지?'라는 공허함과 회의감이 커뮤니티 내에 집단적으로 확산된다. 행위와 가치, 그리고 그에 기반한 기여, 인정, 소속감, 사회적 정체성으로 이어지는 핵심 연결고리가 완전히 단절된 공동체는 겉모습만 남은 '껍데기 커뮤니티'로 전락하게 된다.

 IT 계열 주니어들을 중심으로 공동의 성장을 목적으로 하는 커뮤니티였던 '힙한 서비스의 비밀(힙서비)' 사태는 행위-가치 디커플링이 커뮤니티를 어떻게 파괴하는지 보여주는 대표적인 사례다. 커뮤니티의 성장 동력을 설명하는 과정에서 살펴보았듯, 힙서비는 '함께 성장한다'라는 강력한 가치를 기반으로 했다. 참가비를 내고 챌린지에 참여하거나, 나아가 프로젝트 오너(PO)나 리더로서 운영 실무를 자발적으로 수행하는 행위들은 초기에는 이 '성장'이라는 가치를 실현하고 공동체에 기여하는 의미 있는 활동으로 받아들여졌다. 이러한 행위와 가치의 단단한 결합 덕분에 구성원들은 빠르게 몰입하고 인정받으며 소속감과 정체성을 형성할 수 있었다.

그러나 운영 과정의 불투명성, 자금 사적 유용 의혹, '열정 착취' 논란 등이 불거지면서, 커뮤니티를 지탱하던 신뢰라는 근본적인 기반이 급격히 허물어졌다. 구성원들은 자신들이 투자한 활동이 투명하게 관리되고 공동의 가치(함께 성장, 공동의 이익)를 위해 사용되지 않았다는 사실을 깨달았다. 이 과정에서 그들의 행위는 원래 목표했던 '성장을 위한 가치 있는 기여'가 아닌, '운영자 개인의 이익을 위해 부당하게 이용당한 노력'으로 그 의미와 가치가 절하되었다. 참여하는 행위의 의미가 '성장을 추구하는 사람'의 행동이 아닌, '부당하게 이용당한 사람'의 행동으로 변질된 것이다. 이 순간, 행위(참여, 기여)와 가치(공동 성장, 투명성, 신뢰) 사이의 결정적인 연결고리, 즉 커플링이 파괴되었다.

비록 힙서비 참여를 통해 얻는 지식이나 경험, 인맥 등 참여자들의 '성장' 자체가 물리적으로 없어진 것은 아닐 수 있다. 하지만 그것은 커뮤니티 시스템 내에서의 행위가 가지는 공동체적인 의미와 가치와는 별개의 문제다. 행위가 커뮤니티의 핵심 가치와 단절되고 심지어 부정적인 의미(착취)와 연결되자, 구성원들은 공동체 자체에 대한 신뢰와 참여의 의미를 근본적으로 상실했다. 그 결과, 비록 개인적인 효용이 남았을지라도 커뮤니티라는 공동체적 기반과 연결고리는 무너지게 되었다. 힙서비 사태는 행위-가치 디커플링이 어떻게 커뮤니티의 근본적인 의미 기반을 허물어뜨려 공동체 붕괴를 초래하는지를 극명하게 보여주는 사례이다.

가치-시대 디커플링(Value-Era Decoupling)

커뮤니티의 방향성이 완전히 상실되고 외부로부터 거센 공격을 받는 세 번째 위험 지점은 '가치-시대 디커플링'에서 발생한다. 이는 커뮤니티 내부에서 중요하게 여기고 공유하는 핵심 가치가 시간이 흐르거나 외부 사회의 변화된 시대, 인식, 기대와 충돌하면서 분리되는 현상이다. 내부 가치가 외부 환경과의 연결성, 즉 '적합성'을 잃고 분리되면서, 커뮤니티는 더 이상 사회와 조화되지 못하고 외부로부터 부정적인 시선이나 비판, 즉 거센 역풍에 직면하게 된다. 이는 커뮤니티 정체성의 마지막 보호막마저 무너뜨리는 최종 단계의 위험 신호다.

가치-시대 디커플링의 충돌 트리거는 다음과 같은 단계를 거치는 경우가 많다. 첫째, 시대에 따른 외부 규범 변화(지속가능성, 다양성, 윤리, 공정성 등에 대한 사회적 기준 변화)가 일어난다. 둘째, 변화된 규범의 관점에서 커뮤니티의 낡은 가치나 관련 행위가 미디어, SNS 등을 통해 폭로되거나 비판받는다. 셋째, 비판이 심화되면 해당 커뮤니티나 관련 대상에 대한 정책 규제나 불매 운동 등 구체적인 압박이 가해진다. 넷째, 이러한 외부 압박과 내부 가치에 대한 회의감으로 커뮤니티 내부에서 분열이 일어나거나 핵심 구성원들이 이탈한다.

한때 한국 사회에서 '인생은 한 번뿐, 지금을 즐겨라!(You Only Live Once)', 즉 YOLO 가치는 불안정한 미래와 치열한 경쟁에 지친 젊은 세대를 중심으로 특히 큰 공감을 얻으며 시대를 풍미했다. 미래에 대한 과도한 불안보다는 현재의 행복과 경험을 우선시하자는 이 가치는 여행, 취미, 소비 등 다양한 영역에서 커뮤니티와 콘텐츠의 강력한 동력이 되었다. 많은 사람이 YOLO적 삶을 긍정하며 관련 경험을 공유하고 추구했다.

그러나 2020년대에 들어서며 장기화된 경제 불황, 강화된 개인 경쟁, 팬데믹 이후의 변화된 사회 분위기 속에서 사회 전반의 시대적 기대가 변화하기 시작했다. '작지만 확실한 행복'을 추구하는 소확행(小確幸)을 넘어, 꾸준한 자기계발, 성실한 일상 관리, 계획적인 소비와 저축 등을 통해 미래를 대비하고 생산적인 삶을 영위하려는 '갓생'과 같은 새로운 사회 가치가 강력하게 부상했다.

이러한 변화된 사회 가치(갓생)의 관점에서 볼 때, 미래 준비보다는 현재의 쾌락과 소비를 중시하는 YOLO적 태도는 비판의 대상이 되었다. 미디어에서는 YOLO 추구가 낳은 소비 중독이나 재정적 어려움에 대한 경고성 기사가 등장했고, 온라인 커뮤니티와 SNS에서는 '철없다', '무계획적이다', '한심하다' 등 YOLO를 부정적으로 평가하는 여론이 확산되었다. 미래를 등한시하고 충동적인 삶을 부추긴다는 비판과 함께, YOLO가 현실적인 어려움 속에서 책임을 회피하는 태도로 해석되기도 했다.

이러한 외부의 부정적인 평가와 비판은 YOLO라는 가치 자체에 대한 사회적 낙인으로 이어졌다. 비록 정책적 규제나 대규모 불매 운동 같은 직접적인 압력은 아니었지만, 사회적 지지 기반을 상실하면서 YOLO를 긍정하던 기존의 커뮤니티나 관련 콘텐츠들은 점차 매력을 잃고 쇠퇴했다. '인증' 문화로 대표되던 YOLO적 소비나 경험 공유는 '과시적이고 허세스럽다'라는 비난에 직면하며 줄어들었고, 갓생 관련 커뮤니티나 콘텐츠가 그 자리를 빠르게 대체했다.

결과적으로 '현재의 행복 극대화'라는 YOLO의 핵심 가치는 '미래 설계와 꾸준한 성실함'을 중시하는 갓생 중심의 새로운 사회 가치와 디커플링되면서, 한때 사회적 동력이었던 정체성이 이제는 비판과 외면의 대상이 된 대표적인 사례라 할 수 있다. 이는 커뮤니티의 근간을 이루는 가치가 외부 사회의 변화된 시대상과 조응하지 못할 때 어떻게 그 생명력을 잃고 쇠퇴하는지를 보여준다.

2000년대 '완벽한 몸매와 계층 우월' 이미지를 팔던 의류 브랜드 아베크롬비 앤 피치(Abercrombie & Fitch)의 사례도 가치-시대 디커플링을 보여준다. 그들의 배타적 가치는 2010년대 이후 다양성과 포용성을 중시하는 사회 가치와 정면으로 충돌하면서 대중의 거센 비판과 역풍에 직면했다. 2022년 다큐멘터리 〈White Hot〉이 과거 광고와 정책을 '배제의 아이콘'으로 규정하며 대중적 인식이 쐐기를 박았다. 가치-시대 디커플링은 외부 언론이나 SNS 부정 언급량 급증, 매출 급감 등으로 나타났고, 결국 사과와 리뉴얼 뒤에도 팬 커뮤니티는 복원되지 못했다. 한 번 디커플링된 가치는 다시 변화된 시대에 맞게 묶어내기가 극도로 어렵다.

가치-시대 디커플링 위험에 직면한 커뮤니티는 심각한 내부 분열을 겪거나 '우리 가치가 정말 문제인가?'라며 스스로를 공격하는 자가포식 현상이 나타나기도 한다. 이러한 상황에서 커뮤니티가 살아남기 위해서는 낡은 가치 재정의(예: 포용, 책임, 지속가능 같은 메타 프레임으로 확장), 유해 관습의 공개적 철폐, 새로운 행동 가이드 제시 같은 노력이 필요하다. 때로는 논란이 되는 특정 가치나 상징을 공식적으로 폐기하거나, 심지어 '가치를 축소하거나 전환한다'고 공개 선언하는 뼈아픈 결정을 내려 변화된 시대와의 디커플링을 해소해야 한다.

커플링 파괴의 가속화와 연쇄 반응: 그물망 전체가 찢어질 때

지금까지 우리는 커뮤니티 붕괴를 유발하는 세 가지 핵심 디커플링 유형, 즉 핵심 경험 디커플링, 행위-가치 디커플링, 가치-시대 디커플링이 어떻게 발생하는지 살펴보았다. 하지만 위험은 이러한 디커플링이 개별적으로만 작용하지 않는다는 데 있다. 커뮤니티라는 복잡하고 상호 연결된 그물망 시스템에서는 특정 연결고리의 손상이 다른 부분으로 빠르게 확산되는 파괴적인 연쇄 반응이 일어난다. 하나의 디커플링 지점에서 발생한 약화나 단절은 도미노처럼 다른 연결고리들을 연쇄적으로 무너뜨리며 디커플링 과정 전반을 걷잡을 수 없이 가속시킨다.

이 연쇄 반응은 파괴적인 악순환의 고리를 통해 작동하며 붕괴를 가속하는 악순환을 형성한다. 세 가지 디커플링 유형은 서로 물고

물린다. 핵심 경험 디커플링이 지속되어 구성원들이 커뮤니티에서 기대와 다른 경험을 하고 동력을 잃으면, 이는 행위-가치 디커플링, 즉 행동은 남지만 의미가 빠진 의례화 단계로 밀려나게 만든다. 의례화가 고착되면 내부 가치가 외부 변화에 둔감해져 시대와 어긋나는 가치 노후로 이어지고 가치-시대 디커플링에 취약해진다.

이렇게 약해지고 시대에 뒤떨어진 가치는 다시 구성원들의 핵심 경험에 대한 기대를 꺾고(핵심 경험 디커플링 심화), 활동 참여 동기를 저하시켜 행위-가치 디커플링을 가속하는 파괴적인 순환을 만든다. 핵심 경험 디커플링 → 행위-가치 디커플링 → 가치-시대 디커플링 → 다시 핵심 경험 디커플링 심화라는 악순환 고리가 작동하면서 붕괴는 걷잡을 수 없이 빨라진다.

여기에 리더십의 불투명성, 관리되지 않는 갈등과 같은 내부 요인과 새로운 경쟁자의 등장, 기술 변화와 같은 외부 요인들이 복합적으로 작용하며 그물망의 약화를 더욱 부채질한다. 내부에서 썩어가는 실과 외부에서 가해지는 장력이 맞물리면서 그물망은 버틸 수 있는 한계를 넘어선다.

이 연쇄적인 디커플링 과정이 가속화되어 되돌릴 수 없는 지점을 넘어서는 순간이 바로 붕괴의 임계점이다. 임계점을 넘어서면 디커플링은 외부 개입이나 내부 노력만으로는 막기 어려운 자기 강화적인 과정이 된다. 부정적인 상호작용이 불신을 낳고, 불신은 소통 단절로 이어지며, 소통 단절은 오해와 갈등을 증폭시키는 파괴적인 악순환 고리가 작동하기 시작한다. 그물망은 스스로를 찢어내는 힘에 의해 빠르게 해체되며, 순식간에 커뮤니티의 형태를 잃고 파편화된다. '파도' 실험의 5일 차 오후, 불과 몇 시간 만에 강력했던 공동체가 와해된 것이 바로 이 커플링 파괴의 가속화와 연쇄 반응, 그리고 임계점을 넘어서는 비극적인 과정의 대표적인 결과였다.

 커뮤니티 붕괴의 위험은 단순히 문제가 '있다'라는 사실 자체보다, 문제가 서로 얽히고설켜 세 가지 핵심 디커플링을 일으키며 임계점으로 치닫는 '과정의 가속화'에 있음을 우리는 반드시 기억해야 한다. 이러한 가속화는 활성 사용자 수의 급격한 감소, 핵심 활동 지표의 수직 낙하와 같은 정량적인 데이터를 통해 명확히 드러나기도 한다.

 따라서 우리가 사랑하고 지키고 싶은 커뮤니티가 있다면, 붕괴를 막는 것은 바로 이 세 가지 주요 디커플링 지점에서 나타나는 약화의 조짐을 끊임없이 경계하고 살피는 데 달려 있다. 작은 균열이 큰 파괴로 이어지는 연쇄 반응이 시작되지 않도록 즉각적으로 대응하고 관리하는 것, 그것이 붕괴 앞에서 커뮤니티를 구할 수 있는 유일한 길이다. 붕괴를 막는 것은 그물망이 찢어지기 시작하는 지점들을 이해하고, 그 연쇄 반응을 차단하는 기술에 달려 있다.

당신의 커뮤니티는 지금, 어떤 디커플링 신호를 보내고 있는가? 그 신호를 읽고 행동할 때다.

리커플링:
와해된 연결을 재건하는 기술

수익화 과정에서 핵심 경험을 지키는 법: 구성원을 공동 창작자로 만들기

 앞서 우리는 커뮤니티의 핵심 경험이 기존 구성원의 기대와 분리될 때 발생하는 '핵심 경험 디커플링' 현상을 살펴보았다. 한 가지 짚고 넘어갈 점은, 커뮤니티의 수익화 자체는 문제가 아니라는 것이다. 수익 발생 과정에서 기존의 공유 경험과 전혀 다른 목적을 가진 경험(주로 구매 경험)이 커뮤니티 안에서 혼재될 때 핵심 경험 디커플링이 발생한다.

 이러한 위험한 디커플링을 피하기 위한 가장 효과적인 전략은, 구성원을 단지 상품이나 서비스를 소비하는 대상이 아니라 커뮤니티가 지향하는 가치를 함께 구현하고 발전시키는 '공동 창작자'로 명확히 자리매김하는 것이다. 여기서 중요한 것은 단순한 형식적 참여나 의견 수렴이 아니라, 커뮤니티가 추구하는 가치의 구체적인 상징으로 브랜드를 포지셔닝하고, 구성원이 이 가치를 실제로 구현하는 상품 개발 참여를 커뮤니티의 가치에 기여하는 행위로 자연스럽게 받아들이도록 만드는 것이다.

이 전략을 가장 잘 구현한 대표적인 사례가 룰루레몬이다. 룰루레몬은 단순히 운동복을 판매하는 브랜드가 아니라, 구성원들이 추구하는 '스웻 라이프(Sweat Life)'라는 명확한 라이프스타일을 상징적으로 구현한 브랜드다. 여기서 스웻 라이프란 단지 신체적 운동만을 의미하는 것이 아니라, 신체적 건강을 통해 정신적, 사회적으로도 더욱 충만한 삶을 추구하는 룰루레몬 고유의 라이프스타일 개념이다. 룰루레몬의 구성원들은 브랜드를 통해 단순한 제품 소비 이상의 정체성을 표현하며, 스웻 라이프를 자신의 일상에서 구체적으로 실현하고 있다.

이러한 브랜드의 명확한 가치 포지셔닝을 바탕으로 룰루레몬은 '앰배서더 프로그램'과 '스웻 컬렉티브(Sweat Collective)'를 운영한다. 구성원들은 이 프로그램들을 통해 상품 개발 과정에 단순히 의견을 제시하는 수준이 아니라, 자신이 추구하는 '스웻 라이프'를 실제로 구현하고 이를 다른 구성원과 공유하는 적극적 활동으로 인식하게 된다. 남성용 ABC 팬츠, 여성용 Enlite 브라와 같은 대표 상품들이 바로 이 과정에서 탄생했다.

구성원들이 제공한 아이디어와 피드백은 구체적인 상품으로 구현되고, 개발 과정과 결과는 커뮤니티에서 지속적으로 공유 가능한 콘텐츠로 제공된다. 이를 통해 구성원들은 상품 개발 참여 자체를 브랜드의 핵심 가치인 스웻 라이프를 공동으로 실현하는 의미 있는 기여 행위로 느끼게 되었다. 상품의 판매와 그에 따른 피드백은 커뮤니티 구성원들의 인정으로 작용하여, 상품 개발과 마케팅, 판매 과정을 통해 공유된 경험은 더욱 공고해진다.

이 과정에서 중요한 점은 브랜드의 가치(스웻 라이프)가 단순히 선언적 수준에서 끝나는 것이 아니라, 실제 상품 개발 과정과 결과물을 통해 구성원의 일상 경험 속에서 지속적으로 실현되고 가시화된다는 점이다. 구성원은 자신의 참여와 의견이 상품으로 구체화되는 과정을 통해 자신이 단순히 제품을 소비하는 존재가 아니라, 브랜드의 가치와 문화를 적극적으로 만들어가는 공동 창작자라는 명확한 정체성을 얻게 된다.

이처럼 브랜드를 커뮤니티 가치의 명확한 상징으로 확립하고, 상품 개발 참여 자체를 가치의 구체적인 실현과 공유 가능한 콘텐츠로 만드는 접근법을 통해 우리는 핵심 경험 디커플링이라는 위험한 함정을 근본적으로 피할 수 있게 된다. 즉, 구매 경험이 단순한 소비 행위가 아니라 커뮤니티의 핵심 가치와 경험을 실현하는 구체적인 수단이 될 때, 커뮤니티의 공동체적 연결은 훼손되지 않고 더욱 강화된다.

와해된 행위와 가치의 재결합: 참여에 의미를 불어넣는 전략

 행위-가치 디커플링은 단순히 운영진에 대한 신뢰 상실과 같은 단일 원인으로만 발생하는 것은 아니다. 특정 행위가 외부 맥락 변화로 인해 더 이상 커뮤니티의 고유한 가치를 제대로 표현하지 못하게 될 때도 발생할 수 있다. 예를 들어, 과거 특정 서브컬처 내에서 그들만의 독특한 가치와 정체성을 강력히 드러내던 상징적인 행위가 주류 문화에 흡수되거나 보편화되면서, 원래 담고 있던 깊은 의미와 가치와의 연결이 끊어지고 껍데기만 남는 경우가 이에 해당한다. 앞서 말했던 중요한 것은 행위 자체가 공동체의 가치를 효과적으로 표현하거나 실현하는 기능을 상실한다는 점이다. 행위가 공동체의 가치를 담지 못하고, 심지어 반하는 의미와 연결될 때, 구성원은 자신의 행동에서 의미를 잃고 깊은 단절감을 느낀다.

 이러한 행위-가치 디커플링에 맞서 커뮤니티의 생명력을 되살리는 과정은 단순히 처음 커뮤니티를 만들 때처럼 행위와 가치를 연결하는 '커플링'을 반복하는 것이 아니다. 이는 이미 깨진 신뢰, 실망감, 의미의 퇴색, 그리고 행위에 부정적인 의미가 덧씌워진 상태를 극복해야 하는 '리커플링(Recoupling)'이라는 훨씬 어렵고 복잡한 과정이다. 마치 한번 금이 간 관계를 회복하는 것처럼, 리커플링은 단순히 새로운 행위를 제시하거나 가치를 외치는 것을 넘어, 과거의 실패나 변화를 직시하고 손상된 연결을 복구하며 새로운 의미를 공동으로 창조해 내는 노력을 요구한다. 이는 커뮤니티라는 그물망에서 찢겨 나간 매듭을 다시 엮되, 이전보다 더 단단하고 신뢰할 수 있으며 현재 맥락에 부합하는 방식으로 엮어내는 기술이다.

행위-가치 리커플링을 성공적으로 이루기 위해서는 다음과 같은 접근 방식이 필요하며, 이 과정은 초기 커플링보다 더 의도적이고 섬세해야 한다.

첫째, 손상된 행위와 가치의 연결을 진단하고 근본 원인에 투명하게 접근하는 것이 복구의 시작이다. 어떤 행위가 커뮤니티의 어떤 가치와 왜 분리되었는지, 혹은 어떤 부정적인 의미와 연결되었는지를 구성원들의 목소리와 변화된 맥락을 통해 정확하게 파악해야 한다. 운영상의 불투명성이 문제였다면 관련된 사실을 투명하게 공개하고 신뢰 회복 노력을 기울여야 하고, 행위의 의미가 퇴색한 것이라면 왜 그렇게 되었는지 공동으로 분석해야 한다. 신뢰는 모든 커뮤니티 관계의 기반이며, 특히 리커플링 과정에서는 깨진 신뢰나 와해된 의미를 회복하려는 진심 어린 노력이 행위와 가치를 다시 연결할 수 있는 최소한의 토대를 마련한다.

둘째, 가치를 다시 담아낼 행위를 재설계하거나 새롭게 기획하는 것이다. 기존의 특정 행위가 커뮤니티 가치와 너무 동떨어졌거나, 심지어 부정적인 의미와 강하게 연결되어 복원이 불가능하다고 판단될 수 있다. 이러한 경우에는 기존 행위를 억지로 복구하려 하기보다, 커뮤니티의 가치를 명확히 드러내고 실현할 수 있는 대안적인, 혹은 완전히 새로운 행위를 적극적으로 기획하고 제시해야 한다. 예를 들어, 특정 형태의 '운영 기여'가 착취 논란으로 의미가 변질되었다면, 그 활동을 중단하고 '투명한 재능 공유 프로젝트'나 '공동의 목표 달성을 위한 자발적 팀 활동'과 같이 가치를 새롭게 구현하는 행위를 만드는 것이다. 1장에서 강조했듯, 커뮤니티는 '공유된 경험'을 통해 형성된다. 리커플링 과정에서는 가치를 담은 새로운 '공유된 경험'을 창출할 행위를 설계하는 것이 핵심이 된다. 이는 앞서 이야기한 1장부터의 사이클을 새로 굴려 '행위와 가치'의 결합을 통한 긍정적인 '사회적 정체성' 형성을 다시 가능하게 하는 길이다.

셋째, 관성적인 행위를 걷어내고 가치 기반의 새로운 행위에 집중하는 시스템을 구축하는 것이다. 리커플링 단계에서는 의미와 가치를 잃었음에도 습관적으로 반복되는 행위들이 커뮤니티의 에너지를 소모하고 새로운 가치 기반 행위가 뿌리내리는 것을 방해하는 경우가 많다. 따라서 이러한 관성적인 행위들이 더 이상 커뮤니티 내에서 주목받거나 '기여'로 인식되지 않도록 관리해야 한다. 3장에서 논의한 '기여와 인정'의 시스템을 가치 기반의 새로운 행위에 집중시키고, 의미가 퇴색된 행위에 대해서는 인정을 철회하거나 가시성을 낮추는 방식으로 점진적인 에너지 전환을 유도한다. 새롭게 설계되거나 재정의된 행위가 커뮤니티 가치 실현에 어떻게 기여하는지를 구성원들에게 명확히 전달하고, 이러한 행위에 참여한 구성원들에게 '기여와 인정'의 선순환이 강력하게 작동하도록 지원해야 한다. 특히 리커플링 단계에서는 과거의 실망감이나 회의감을 극복하고 새로운 행위에 대한 참여를 끌어내기 위해, 가치에 부합하는 작은 행위라도 놓치지 않고 진정성 있게 인정하고 감사하는 노력이 필요하다. 이는 자기효능감과 소속감을 회복하고, 새로운 행위가 커뮤니티 내에서 긍정적인 의미와 가치를 확립하도록 돕는다.

넷째, 가치에 기반한 명확한 경계를 재설정하고 이를 행위를 통해 일관되게 보여주는 것이다. 행위-가치 디커플링은 행위가 커뮤니티의 경계를 효과적으로 드러내지 못해, 2장에서 논의한 경계 자체가 흐려지고 모호해질 때 발생한다. 경계가 흐려지면 어떤 행위가 '우리'의 가치에 부합하고 어떤 행위가 그렇지 않은지를 분별하기 어렵게 되고, 결국 행위들이 가치와의 연결성을 잃고 만다. 리커플링 과정에서는 바로 이렇게 와해된 경계를 명확히 다시 세우고, 어떤 행위가 커뮤니티의 가치를 지키는 행동인지, 어떤 행위가 그 가치를 훼손하는지를 구성원들의 '행위'와 이에 대한 공동체의 '반응'을 통해 분명하게 보여주는 것이 중요하다. 이는 공동체의 핵심 가치를 재확인시키고 구성원들의 행동 방향을 명확히 학습하게 한다. 경계를 명확히 재설정하는 방법은 두 가지 축으로 이루어진다. 하나는 커뮤니티의 핵심 가치와 어떤 행위가 그 가치를 따르고 위반하는지(과거 디커플링 유발 행위 포함)를 명확히 정의하고 가이드라인으로 만들어 모든 구성원에게 알리는 것이다. 다른 하나는 이보다 더 중요하다. 바로 가이드라인 위반 사례 발생 시, 사전에 정해진 절차와 기준에 따라 누구에게나 신속하고 투명하며 일관성 있게 대응하는 '행위'를 통해 경계를 '보여주는 것'이다. '이 정도는 괜찮겠지'라는 예외나 불공정한 처리는 어렵게 회복된 신뢰와 행위-가치 연결을 순식간에 다시 무너뜨릴 수 있다. 가치에 반하는 행위를 방치하는 것은 리커플링 노력을 무위로 돌리고 다시 디커플링을 심화시키는 지름길이 된다. 명확하게 설정되고 행위로 뒷받침되는 경계만이 행위에 다시 가치를 불어넣고 공동체를 건강하게 유지할 수 있다.

행위-가치 리커플링은 커뮤니티의 영혼에 치유와 재건의 과정을 거치는 것과 같다. 이는 단순히 운영 효율을 높이는 문제가 아니라, 구성원들이 커뮤니티 내 자신의 활동에서 다시금 의미와 자부심을 느끼고 '우리'라는 공동체에 대한 신뢰를 회복하는 근본적인 작업이다. 과거의 실패나 변화를 인정하고, 투명성을 통해 신뢰의 기반을 다지며, 가치를 다시 담아낼 수 있는 행위를 신중하게 선택하거나 새롭게 창조하고, 이에 대한 의미 부여와 인정을 강화하며 명확한 경계를 설정할 때, 커뮤니티는 행위-가치 디커플링이라는 치명적인 위기를 극복하고 더욱 단단한 '우리'로 거듭날 것이다.

변화하는 시대와의 조화: 공동체 가치의 유연한 재정의

커뮤니티는 살아있는 생명체와 같다. 한 번 정립된 목적과 가치가 시간이 지나도 그대로 유지될 것이라고 기대하는 것은 현실적이지 않다. 외부 환경과 사회적 기대가 끊임없이 변화하는 가운데, 커뮤니티 역시 목적과 가치를 지속적으로 점검하고 시대에 맞게 재정렬해야 한다.

그러나 많은 커뮤니티가 이 변화를 인지하지 못하거나 변화를 위협으로 간주하고 거부함으로써 '가치-시대 디커플링'에 빠지고 만다. 한때 성공의 원천이었던 가치가 시간이 흐르면서 더 이상 매력적이지 않거나, 시대에 역행하는 요소로 변질되는 순간, 커뮤니티는 급격한 쇠퇴와 붕괴의 위험에 처하게 된다.

그렇다면 어떻게 하면 우리가 공유했던 목적과 가치를 유지하면서도 변화하는 시대에 유연하게 적응할 수 있을까? 이를 위한 전략은 크게 두 가지 방향으로 전개된다.

첫 번째 전략은 기존의 가치를 시대적 맥락에 맞게 새롭게 재해석하고 확장하는 방법이다. 이는 본래 커뮤니티가 중요시하던 핵심 정신을 유지하되, 이를 시대 변화에 부합하는 방식으로 조율하고 적용 범위를 넓혀가는 방식이다. 대표적인 사례로는 미국의 청소년 조직인 보이스카우트(BSA)가 있다. 보이스카우트는 "청소년 리더십 육성"이라는 본연의 핵심 가치를 유지하면서도, 성평등이라는 사회적 흐름에 발맞춰 2018년부터 여학생들에게도 문호를 개방했다. "소년들만을 위한 조직"에서 "모든 청소년을 위한 리더십 조직"으로 확장한 이 결정은 회원 감소 위기를 극복하고 수만 명의 신규 여성 회원을 유입시키는 데 성공하였다. 결과적으로 전통 조직의 가치 확장이 시대적 변화와 맞물려 공동체의 지속 가능성을 높인 것이다.

이와 유사하게 글로벌 온라인 커뮤니티 Reddit 역시 초기에는 표현의 자유를 강조하며 자유로운 토론의 장을 표방했으나, BLM 운동을 계기로 혐오 발언 규제에 대한 사회적 요구가 증가하자 기존의 가치를 "선의를 기반으로 한 자유"로 재해석하며 콘텐츠 규정을 강화했다. 결과적으로 Reddit은 표현의 자유라는 본래 가치를 유지하면서도 플랫폼의 안전성과 신뢰성을 높여 광고주와 사용자들로부터 긍정적인 평가를 얻었다.

K-POP 팬덤인 BTS의 아미(ARMY) 역시 기존의 "스타를 응원하고 지지하는" 목적에서 출발했지만, 사회적 책임과 가치소비를 중시하는 MZ세대의 흐름에 따라 "스타의 선한 영향력 확장"이라는 새로운 의미를 추가하였다. BTS가 인종차별 반대운동(BLM)에 기부하자 팬덤은 이를 따라 "MatchAMillion" 캠페인을 통해 24시간 만에 100만 달러 이상의 기부금을 모으는 등 사회적 영향력을 크게 확장했다. 이 과정에서 팬들은 스타 응원이라는 기존의 가치를 유지한 채 이를 더욱 큰 사회적 가치로 승화시켜 팬덤 자체의 사

회적 정당성과 자부심을 높였다.

두 번째 전략은 구성원들과 함께 지속적으로 목적과 가치를 검토하고 참여적인 방식으로 재정의하는 방법이다. 이는 단순히 소수의 리더나 경영진이 일방적으로 목적과 가치를 정립하는 것이 아니라, 커뮤니티 구성원 모두가 참여하여 새로운 시대에 맞는 가치관을 형성하는 방식이다. 이 방법의 대표적 사례는 글로벌 IT기업 IBM이다. IBM은 2000년대 초 경영 위기를 겪으면서 급변하는 글로벌 환경 속에서 과거의 가치가 더 이상 유효하지 않다는 것을 깨달았다. 이에 IBM은 전 세계 30만 명의 직원들이 참여한 72시간 온라인 대토론회인 'ValuesJam'을 통해 시대 변화에 맞는 새로운 가치를 도출했다. "모든 고객의 성공에 대한 헌신", "세상에 의미 있는 혁신의 실천", "신뢰와 책임의 모든 관계 구축"이라는 세 가지 새로운 가치는 구성원들의 공감 속에 정착되었고, IBM이 이후 수십 년 동안 변화와 혁신의 파고 속에서도 일관된 방향성을 유지할 수 있도록 하는 북극성 역할을 하였다.

또한, 위키미디어 재단은 전 세계 자원봉사자들과 함께 장기적인 전략을 수립하는 '위키미디어 운동 2030 전략'을 통해 구성원의 참여로 목적과 가치를 재정립했다. 이 과정에서 "자유로운 지식 공유"라는 기존의 핵심 가치를 유지하되, 디지털 시대의 정보 불균형과 지식 형평성 문제를 반영하여 "지식 형평성과 다양성"이라는 새로운 가치를 추가하였다. 구성원 주도로 합의된 이 새로운 전략은 조직 전체의 강력한 지지를 얻으며 공동의 미래 비전으로 자리 잡았다. 이러한 전 구성원의 참여적 가치는 미래의 변화 대응력을 높이고 공동체 내 신뢰와 협력을 강화하는 데 결정적 기여를 하였다.

이 두 전략의 공통된 시사점은 명확하다. 커뮤니티의 목적과 가치가 시대의 변화와 조화를 이루기 위해서는 기존 가치를 고정불변의 것이 아니라 유연하게 확장하거나, 구성원들과의 참여적 소통을 통해 재정의하는 노력이 필수적이라는 점이다. 이는 공동체가 변화의 압력에 굴복하거나 무너지는 것이 아니라, 핵심 정체성을 유지하면서도 새로운 사회적 요구와 가치를 통합해 보다 탄력적이고 지속 가능한 공동체로 진화할 수 있는 길을 열어준다.

Epilogue
성공적인 커뮤니티 설계를 위한 마지막 코드

 이 책은 '파도 실험'을 통해 커뮤니티가 만들어지는 과정의 뼈대를 비추어 보았다. 인간 본성의 취약성과 집단 심리를 자극하는 동시에, '함께한다는 것의 힘'과 '사람과 사람의 연결'이라는 본질의 중요성을 생생히 보여주었다. 이 실험이 던진 '무엇을 경계하고 무엇에 집중해야 하는가'라는 질문에 대한 답을 찾기 위해, 우리는 커뮤니티의 역동성 이면에 숨겨진 '커뮤니티 코드', 즉 공동체를 움직이고 성장시키는 실질적인 알고리즘을 해독하려 했다. 이 책의 목적은 바로 그 해독을 바탕으로 커뮤니티를 효과적으로 구축하고 성장시키는 방법론을 제시하는 것이다.

 이 책에서 제시하는 '커뮤니티 코드'는 단순한 지침이 아니라, 커뮤니티라는 살아있는 유기체의 핵심 알고리즘을 설계하고 구현하는 과정에 관한 가이드라인이다. 명확한 목표 설정에서 시작되는 이 알고리즘 설계는 초기 동력 확보를 위한 강력한 '공유 경험' 설계와 명확한 '경계 설정'으로 사람들을 빠르게 몰입시키는 단계,

멤버들의 지속적인 참여를 이끌어내는 '기여와 인정'의 선순환 구조 설계, 그리고 커뮤니티 활동을 개인의 중요한 '사회적 정체성'으로 연결하는 전략에 이르기까지, 커뮤니티의 핵심 구성 요소들을 아우른다. 이러한 코드들은 여러분의 커뮤니티를 단단하게 만드는 실질적인 기반이 되어 줄 것이며, 이는 정해진 공식이 아닌 각 커뮤니티 특성과 목적, 그리고 변화하는 환경에 맞게 끊임없이 새로이 적용하고 개선해야 할 진화하는 작동 원리이다.

커뮤니티가 성장함에 따라 기획자의 역할도 진화한다. 감이 좋은 독자들은 이미 눈치채고 있겠지만 커뮤니티를 기획하고 운영하는 사람의 목표는 양적 성장이 아닌 질적 성장에 있어야 한다. 우리가 살고 있는 이 행성의 크기는 중력에 의해 결정된다. 그리고 중력은 질량에, 질량은 밀도에 의해 결정된다. 커뮤니티 역시 '밀도', 즉 코어에 있는 사람들이 지닌 동기의 강도와 응집력에 의해 정해지며, 그 크기는 종속적으로 결정된다. 커뮤니티라는 네트워크의 특이점을 만드는 것은 결국 단계적 위임에 있다. 크기를 키우기 위해서 사람을 불러 모으는 역할은 누군가에게 위임이 가능하며, 기여할 기회를 만들기 위해 오히려 위임이 필요한 부분이다. 그러나 밀도를 높이는 작업은 철저하게 기획하고, 운영하는 사람의 역할이다.

커뮤니티 기획은 복잡하고 때로는 수고스러운 과정이지만, 이 책에 제시된 핵심 원리들을 이해하고 실무에 적용한다면 여러분의 목표를 달성하는, 강력하고 효과적인 커뮤니티를 충분히 만들 수 있다. '파도 실험'의 교훈을 잊지 않되, 함께하는 힘을 긍정적으로 활용하여 개인의 자율성과 비판적 사고가 존중받는 자발적 참여 기반의 네트워크를 만드는 여정에 이 책이 실질적인 나침반이 되기를 바란다. 우리가 지을 것은 거대한 '집'이 아닌, 함께 살아갈 단단한 '관계' 그 자체이다.

COMMUNITY CODE

발 행 일 | **초판 1쇄** 2025년 7월 23일
　　　　　초판 2쇄 2025년 8월 15일
지 은 이 | 김원호
이 메 일 | 754e74@gmail.com
S　N　S | https://www.threads.com/@growth.bite

발 행 처 | 레코드나우
I S B N | 979-11-88588-66-4
이 메 일 | debate1838@gmail.com
본문디자인 | 에디터 뷰이(https://litt.ly/editorv)
표지디자인 | 최우진(https://litt.ly/detail_fin)

책　　값 | 26,000원

이 책은 저작권법에 따라 국내에서 보호받는 저작물이므로
무단 전재와 복제를 금합니다.